保险企业经营竞争力研究

王成辉　著

南开大学出版社
天　津

保险学等基础性理论，在因子分析、数据包络分析等分析工具的帮助下，对中国保险企业的竞争力进行基于价值链角度的理论分析和建立在统计、计量方法上的经验分析，以求全面反映中国保险企业经营竞争力的现状，并寻求保险企业发展中值得改进和调整的方面及领域。

本书从中国保险市场全面开放、中国保险公司竞争力的提升以及保险企业价值链界定三方面进行研究，进行了一个创造性的转化，将对保险企业竞争力的研究转向对保险企业经营价值链的研究。通过对保险企业价值链上关键要素的考察，得到其价值链优化的现实选择，由此提高保险企业的竞争优势。不同于一般价值链研究对所有企业均适用的特点，本书非常突出保险企业的经营特点，相对其他研究保险企业竞争力的文献，作者通过保险企业的价值链将经营各环节紧密联系，并找到提升保险企业竞争力的一般规律和内在逻辑。

《保险企业经营竞争力研究》一书，是王成辉博士在他的博士学位论文基础上进一步修改完成的一本专著。应当说，它倾注了作者在四年博士生学习期间严谨治学的心血。对于本书的特色之处，我认为以下几点是颇值得重视的：第一，本书应用迈克尔·波特的价值链理论对保险企业经营竞争力进行了分析；第二，应用因子分析方法分析了中国保险业竞争力现状；第三，采用 DEA 方法研究了中国保险业的价值链优化与竞争力提升；第四，将保险企业组织形式引入保险企业经营竞争力分析的框架。

在中国保险业面对激烈竞争的形势下，研究保险企业经营竞争力是发展中国保险业的需要。近年来世界保险市场竞争日趋激烈，在科学技术迅速发展的背景下，新的保险需求不断产生，导致新的险种大量涌现，保险产品快速增加。另外，保险机构的规模日趋庞大，加剧了竞争的激烈程度，竞争的结果必然是优胜劣汰。结合中国保险业的发展背景，从价值链角度研究保险企业经营竞争力，本研究对于提高中国保险公司的经营竞争力具有极强的理论创新和可操作性。关于竞争和竞争力的理论研究，在现实中对中国的保险业发展具有重要的指导意义，但是尚缺乏一定理论的具体应用研究，尤其是利用价值链理论来分析中国保险企业经营竞争力缺少较为完整的理论体系。本书的主要内容就是建立在对保险企业价值链进行明确研究基础之上的，然后将涉及保险企业经营的各方面重要环节放置在其价值链上，以价值链优化和竞争力提升作为归结。

对于创新的研究成果来说，本书难免会存在一些不足或有待进一步研究的问题。但我相信，这部专著的出版，对保险理论的创新，特别是对提高保险企业的竞争力，无疑将有所裨益。

江生忠

2008 年 10 月 27 日

目　录

第一章

导　论

第一节　研究的背景与意义

一、问题的提出

中国现代保险业是在上世纪 70 年代末逐渐发展起来的。由于历史原因，中国保险业走的是一条与外国保险业发展截然相反的道路。国外保险业经历了从竞争到垄断的发展历程，现在的垄断竞争市场结构是经历了若干年激烈的竞争后所实现的制度选择。而中国则刚好相反，是从人保公司的完全垄断发展到现在这种大、小保险企业，中、外资保险企业，国有、股份制保险企业竞争的特殊格局。在这种情况下，2004 年底中国保险市场履行入世承诺，开始全面开放。外资保险企业频频在中国实施全国布局的发展战略，中国保险业的竞争愈加激烈。

在这种复杂的经营背景下，如何判断保险企业的竞争力就成为一个令人费解的问题。例如，在中国寿险业，以中国人寿保险公司和美国友邦保险公司分公司为例进行对比，二者哪一家的竞争力更强呢？若从经营规模方面考察，无疑中国人寿是极具竞争力的；但若将经营效益作为衡量保险企业竞争力的指标，美国友邦的各项财务数据反映出其强劲的竞争力。因此，保险企业的竞争力是一个多维度的立体系统，不能仅从一个方面判断保险企业的竞争力。

鉴于这种情况，我们提出一个问题，即：保险企业的竞争力是否具有可比性？如果标准不同，判断也不同的话，那我们究竟应该如何对保险企业的竞争力进行判断？本书的切入点就是对这个问题的回答。面对多维度的保险企业竞争力系统，理所当然的想法是选取同样具有多维特性的衡量体系。因此，本书将竞争力理论和价值链理论作为理论依据，通过构造保险企业的经营价值链，可以将反映其竞争力的不同方面按照科学、合理的顺序在价值链上加以体现。也即本书进行了一个创造性的转化，将对保险企业竞争力的研究转向对保险企业经营价值链的研究。通过对保险企业价值链上关键要素的考察，得到其价值链优化的现实选择，由此提高保险企业的竞争优势。

一方面，不同于一般价值链研究适用于所有企业的特点，本书非常突出保险企业的经营特点；另一方面，相对其他研究保险企业竞争力的文献，本书又通过保险企业的价值链将经营各环节紧密联系在一起，并找到提升保险企业竞争力的一般规律和内在逻辑。

二、研究的背景

本书的研究背景是从中国保险市场全面开放、中国保险公司竞争力的提升以及保险企业价值链界定三方面进行的，分别代表了中国保险业发展到今天的竞争现状——宏观层面、中观层面和微观层面。在此背景下，对中国保险企业经营竞争力进行关于价值链的有关研究。

（一）保险企业经营价值链的确定

保险企业的价值链具有双重属性：首先，作为企业，保险企业经营价值链具有一般企业价值链的共通性；其次，保险企业是经营风险这种极其特殊的"产品"的特殊企业，其价值链与一般生产性、服务性企业相比，又具有特殊性。确定保险企业的价值链意义重大，但是目前还缺少相应的研究。

保险企业的价值链尽管特殊，但是仍然是一个统一的系统或体系，并不是简单的保险企业内部个别经济活动的单纯加总。实际上，保险企业的价值链仅仅是保险业创造价值的整体活动的一部分，因为保险业价值的最终实现有赖于消费者购买保险产品。由于保险业经营的特殊性，作为营销渠道的银行等中介机构也是介于保险企业与消费者中间不可忽视的一环。

价值链决定保险企业的竞争优势，而竞争优势是所有竞争战略的核心所在；要取得竞争优势，保险企业就必须在所有影响企业成本及差异性的方面作出选择；运用价值链分析方法有助于保险企业明确认识其所面临的竞争优势和自身劣势所在。

（二）中国民族保险业和中资保险公司竞争力的提升

中国保险业发展相对较晚，但是尽管如此，在短短二十几年时间里发展到如今这种规模和水平已使世界为之惊叹。随着 2004 年底中国保险市场全面开放，原先觊觎中国保险市场的跨国保险公司纷纷进入，在全国范围内开设分支机构。中国保险业与发达国家相比，无论是企业规模、经营理念、管理手段，还是风险控制、资金运用等方面都存在很大的差距。

中国保险业发展晚，其规模相对于银行等金融行业还非常有限，在整个国民经济中并没有充分发挥应有的作用。这既说明中国保险业发展潜力非常巨大，同时也表现出保险业在中国由于时间和经验上的先天不足，发展程度还远远不够。中国保险市场发展过程不同于一般保险市场从竞争自发发展到各种寡占结构的发展规律，走的是一条截然相反的从人保公司完全垄断到现在的竞争格局的发展路径。因此，研究中国的保险市场组织问题也不能够完全照搬国际经验，当然必要的借鉴还是应该有的。由于中国对保险行业一直进行相对比较严格的管制，可供选择的保险公司的组织形式就非常有限。国际保险市场早已出现相互制保险公司、保险企业集团等组织形式，尤其是保险集团更是世界保险业未来发展的方向，但这些在中国保险业都还刚刚起步，如何在中国发展还有待进一步的理论研究和实践工作的检验。另外，中国保险公司的险种单一，产品雷同，不能满足投保人多方面、多层次的保险需求；保险基金投资收益低和经营成本过高造成保险公司进行价格竞争到一定程度就会亏损；专业人才奇缺导致保险领域人力资本价格严重偏高。这些都严重影响了中国保险公司的竞争力。尽管如此，中国保险业仍具有自身独特的相对优势：第一是中国保险业具有本土文化优势；第二是许多中资企业都已具有相对发达的营销网络和相当的经营规模；第三是中国保险业具有后发优势。尽管中国保险业尚处于幼稚阶段，但有竞争便有交流，通过交流可以学习对方成熟的专业技术和管理经验，加速自身的成熟和发展。

（三）中国保险业的全面开放

2004 年底，中国保险市场全面开放，民族保险业面临来自国际保险市场的挑战。应该看到，对外开放为中国保险业发展注入了新的活力，是具有积极意义的。实践证明，保险市场对外开放对加快保险业发展、提高保险业整体水平起到了积极的促进作用。首先，对外开放促进了中国保险市场体系的建立与完善，从1992 年外资保险公司进入中国市场以来，中国境内的保险公司数量从 6 家增加到目前的近百家，其中有一半以上是外资保险公司，外资保险公司已成为中国保险体系的重要组成部分。外资保险公司参与中国保险市场的深度和广度逐步加深，不仅从数量上丰富了中国保险市场的主体，而且促进了中国保险市场组织形式的多样化。其次，对外开放加快了中资保险公司体制改革步伐。外资保险公司进入中国二十多年来，向我们展示了现代保险公司的运作机制和先进的管理方式，促进了中国保险业服务水平的提高，加快了中国金融改革的深化。与此同时，外资保险公司积极参股中资保险企业，增强了中资保险公司的资本实力，改善了公司治理结构。1993 年，平安保险公司引入了摩根和高盛两家外资股东，2002 年又吸收汇丰保险控股有限公司参股，目前平安保险公司的外资参股比例已经达到 23.74％。新华、泰康、华泰等多家保险公司也纷纷通过增资扩股的形式吸收境外金融保险企业作为战略投资者，外资持股比例分别达到 24.90％、25.00％和 22.13％，进一步优化了股权结构，改善了经营机制。最后，对外开放推进了保险产品和服务方式的创新。1992 年以来，外资保险公司的进入为中国保险市场带来了先进的管理经验、经营理念及高附加值的服务，这对国内保险公司是一个非常大的促进。1992 年美国友邦保险公司进入上海市场，带来了全新的寿险营销制度。这是一种一对一的服务，它使客户更直接地认识了保险，这种销售方式促进了中国保险市场的进一步繁荣。在有外资保险公司积极参与的良性市场竞争环境下，中资保险公司不断进行产品创新。1999 年 10 月，平安保险公司在上海推出了中国大陆第一份投资连结保险，掀起了中国保险产品和服务创新的热潮。此后各家保险公司陆续开发了投资连结保险、分红保险等一系列新型保险产品。同时，在中国不断扩大对外开放的同时，外资保险公司自身也获得了极大的发展，中国保险业的对外开放呈现良性互动、共同发展的双赢局面。外资保险公司正在逐步地适应和融入中国保险市场，成为影响中国市场竞争格局的一支重要力量，其规范的运作、丰富的经验以及雄厚的资本在引起中资保险公司紧张的同时，客观上也规范了中国保险市场，促进了民族保险业的繁荣和中资保险公司的发展，因此，对于提高中国保险业和保险公司的竞争力具有重要作用。

针对上述三个主要背景，可以总结如下：一方面中国本土保险企业总体上更加注重规模而忽视对经营绩效和竞争力的培育。另一方面，目前已进入或即将进入中国保险市场的外国保险公司中不乏世界重量级的金融机构，他们的资金实力和经营管理水平明显高于中国的保险企业，他们进入中国市场，必然会对中国保险业的发展产生积极的影响，但同时，也会给中国的保险业带来很大的压力。具体来说，中国保险业发展面临如下问题：

首先，外资保险公司的进入和中国保险市场的全面开放对中国民族保险业的能力提出了更高的要求，民族保险业将面临更大的挑战。竞争规则要求优胜劣汰，竞争力强的公司必然会逐步占领市场。保险行业是规模经济发挥重要作用的行业，对资金、经验和声誉的要求都非常严格。与外资保险公司相比，中资保险公司显然存在很多不成熟的地方。其次，外资保险公司进入中国保险市场出现"水土不服"的现象，为解决这一问题，外资保险公司最常采用的方法就是人才本土化策略，曾经出现过新成立的外资保险公司将某中资公司的一个领导团队全部挖走的情况，民族保险业好不容易培养起来的人才轻易流失的问题直接影响到中国保险业的竞争力。最后，中国人的传统观念中认为进口的东西要比国产的东西好，由于思维领域的思维定势与路径依赖，对金融产品的偏好也会存在类似问题。很多外资保险公司打出了为高端客户服务的旗号也是出于对国人这一观念的考虑。当外资保险公司以高质量掩护下的高价格从中国赚取了大笔外汇时，受到损害的已经不仅仅是保险公司和民族保险业，而是一个涉及国家金融稳定的大问题。

综上所述，入世后中国民族保险业面临前所未有的机遇和挑战，而要在保险业全面开放的前提下抓住机遇、迎接挑战，就必须提高中国保险行业和保险企业的竞争力。现有研究大多在保险公司经营的某一具体环节上纠缠过多，缺乏将保险公司的竞争力作为一个完善系统加以考察的总体研究，曾经出现过的一些所谓总体研究也仅仅是保险公司经营不同环节的单纯加总。这样的结果是既缺乏不同经营环节间的关联性分析，同时也不能很好地将保险公司经营以一条相对清晰的主线进行整合，于是造成无法正确认识保险公司经营管理中的不足，不能对其竞争力提升做到"对症下药"的问题。本研究的观点是，科学提升保险企业的竞争力需要建立在对保险企业的价值链充分了解的基础之上。

三、研究的意义

随着中国改革开放的深入和经济的高速发展，民众风险意识与保险意识不断增强，保险运行机制基本建立，市场体系初步形成，产业规模基本形成，长期保持着年均 35％以上的快速增长势头，对 GDP 的贡献率一直较高。尽管中国保险资源丰富，是未来世界最有潜力的保险市场，但是，中国保险业与发达国家相比，还存在很大差距。随着中国保险业入世承诺的履行，全面开放已成现实，保险公司是保险业的基本"细胞"，中国保险公司如何在物质技术层面、组织制度层面等与其日常经营活动密切相关的领域提升竞争力，迎接国际保险公司全面进入中国保险市场的挑战，在这方面的系统研究还未深入展开。而这正是中国这种转型国家的保险业必须面对的重大现实问题。在开放市场经济条件下，国际保险市场上保险竞争力体现为既能提供优质低价的保险服务产品，同时又能改善本国人民生活福利。这种竞争力是相对于国际保险市场上竞争对手所表现出来的生产能力和持续发展能力。

作为企业，保险公司的经营流程也具有其独特的价值链条，按照保险业的经营特点反映着客观的保险运行规律。通过对保险公司价值链的认知和调整，可以实现优化价值链结构、提高保险企业竞争力的目的。因此，选择基于价值链的保险企业经营竞争力研究，可以全面系统地对中国保险业发展微观影响因素进行详细研究，具有重大的理论和现实意义。

结合中国保险业的发展背景，从价值链角度研究保险企业经营竞争力，主要有以下几个重要意义：

第一，本研究对于提高中国保险公司的经营竞争力具有极强的理论创新和可操作性。关于竞争和竞争力的理论研究，在现实中对中国的保险业发展具有重要的指导意义，但是尚缺乏一定理论的具体应用研究，尤其是利用价值链理论来分析中国保险企业经营竞争力缺少较为完整的理论体系。本书主要内容就是建立在对保险企业价值链进行明确研究的基础之上，然后将涉及保险企业经营各方面的重要环节放置在其价值链上，以价值链优化和竞争力提升作为归结。

中国保险业恢复以来，经过二十多年来的发展，从垄断走向竞争，从国内局部竞争走向国内全面竞争，从国内竞争走向国际竞争。尤其是在中国入世以后，中国保险业面临着全面的对外开放，国外保险机构进入中国保险市场的势头强劲，对中国保险业的发展将会产生巨大的压力。中国保险公司不仅受到国内同行之间的竞争，还面临国际大保险公司的挑战。因此，有必要客观评价中国保险业的竞争力，引导中国保险业在国际竞争中处于有利地位。但是目前各方面的理论研究过于空泛，若拿掉"保险"二字则与一般企业的竞争力分析无异。鉴于这种情况，本研究认为从保险企业的价值链角度进行分析具有重要的意义。

第二，在中国保险业面对激烈竞争的形势下，研究保险企业经营竞争力是发展中国保险业的需要。近年来世界保险市场竞争日趋激烈，在科学技术迅速发展的背景下，新的保险需求不断产生，导致新的险种大量涌现，保险产品快速增加。另外，保险机构的规模日趋庞大，加剧了竞争的激烈程度，竞争的结果必然是优胜劣汰。小型保险机构难以适应巨灾增多的形势以及竞争的白热化，而保险机构之间的联合和兼并，可以形成实力雄厚的大型保险机构，这样才能抵御日益增大的经营风险。另一方面，保险市场的发展也呼吁市场主体的多元化。因此，面对当前保险市场的激烈竞争，研究保险企业的经营竞争力，是适应中国保险市场对外开放、发展中国保险业的需要。需要指出，建立在价值链理论基础上的保险企业经营竞争力研究是不同于以往相关保险公司竞争力的研究的，具有更加系统、科学、全面的特点，对于保险监管机构和保险产业发展等决策部门具有全局性和现实性的参考价值。

第三，是发挥中国保险的各种职能，实现保险业可持续发展的需要。保险的最基本职能是经济补偿、保障社会再生产的持续进行和人民生活的安定。改革开放以来，中国保险业举办了各种国内和对外保险业务，及时补偿了保险责任范围内的经济损失，保证了国民经济的恢复和发展，促进了对外贸易的发展和国际间的经济交往。研究中国保险公司经营方面的竞争力，就是要不断提高中国保险企业乃至整个保险业的竞争能力，全面发挥保险的经济补偿职能，全面提升中国保险公司的素质，实现保险业的可持续发展。

第二节 研究的思路和内容

一、研究的思路

本书总体研究过程和思路是：首先，提出问题并就相关领域

险业经营的特殊性，作为营销渠道的银行等中介机构自然成为介于保险企业与消费者之间不可忽视的一环。这样就构建出一个关于保险产业价值链的相对于保险企业价值链更加完整的体系。本章主体仍然围绕保险企业价值链关键要素对保险企业经营竞争力提升进行研究，但是增加了保险企业的价值链与保险业价值体系各环节的促进及互动效应。其内在逻辑在于价值链决定保险企业的竞争优势，而竞争优势是所有竞争战略的核心所在，要取得竞争优势，保险企业就必须在所有影响企业成本及差异性的方面作出选择，这种选择是在战略的层面上进行的。运用价值链理论作为分析工具有助于保险企业明确认识其所面临的竞争优势和自身劣势所在。因此本章还对建立在价值链基础上的保险企业的竞争优势进行了重点研究。在保险行业里，不同的保险企业价值链总是千差万别的，最基本的大公司和小公司的价值链创造价值的模式就是截然不同的。通过拓展有关战略管理的视角，将价值链理论的归宿和保险公司经营以及竞争力提升联系起来。

第五章是本书的实证研究部分。在此运用数据包络分析方法（DEA 方法）对中国财险公司和寿险公司的价值链进行研究，透过各家保险公司是否处于有效的生产前沿面上，来分析各种投入产出要素的可能改进方向与改进程度。本章内容包括：首先通过对目前比较流行的研究企业竞争力的方法进行归纳和总结比较，确定选择数据包络分析方法作为研究的主要方法；然后运用数据包络分析方法对中国财险业和寿险业最近三年的数据进行分析研究，并对未处于生产前沿面上的保险公司按照价值链上的关键要素进行分类分析，以此为后三章对保险公司价值链关键要素的细化分析奠定基础。本章在多年数据实证分析的基础上，重点解决了两个现实问题：第一，对于任何一家公司而言，保险公司是否处于有效的生产前沿面上，也即保险企业价值链从总体上看是否需要改进；第二，对于每一条独特的保险公司价值链，有哪些环节当前来看是需要重点改变的，哪些可以推迟一些改变。需要指出的是，尽管本章考察了多年的数据，但是由于中国保险业发展的特殊性，趋势的作用是有限的，还要对未来发生较大变化的可能性加以考虑，才能对未来保险企业价值链优化进行切实有效的预测。也就是说，保险企业价值链改进和竞争力提升是一个动态的系统工程。

第六章通过分析保险企业的组织形式，进一步深入探讨保险企业价值链对保险企业竞争力的影响和作用。首先使用传统的交易成本理论介绍保险企业的基本组织形式及其变迁，即相互保险企业、股份保险公司和保险金融集团；其次介绍保险企业组织形式对保险企业价值链及竞争力的影响，包括直接影响、间接影响和总影响；最后探讨了保险企业组织形式对中国保险企业竞争力和保险市场建设的作用以及如何从组织形式的角度改进保险企业价值链。本章的内容在于将组织形式作为保险企业价值链影响因素的一项关键环节，通过将组织形式纳入保险企业价值链优化分析，获得具有保险业特点的结论。

第七章探讨了保险企业的内部制度对其价值链的影响，以及对竞争力的作用。所谓内部制度是指保险企业的风险管控、公司治理以及内部控制制度。由于涉及保险企业内部的经营管理，因此统称为内部制度。本章在分别介绍上述三种保险企业经营的内部制度基础上，对三者之间的内在逻辑关系进行了阐述，并研究了保险企业各种内部制度对其价值链要素的影响。通过对保险企业全面风险管理体系的分析，可以看到风险管理贯穿了价值链的各个环节。保险企业作为市场经营主体，经营风险的过程就是价值创造的过程，因此风险管理作为保险公司经营的业务本身就是价值链增值的过程。保险企业风险管理技术的差异是保险企业经营差异性的一个潜在体现。一个保险企业通过进行与其他保险企业不同的风险管理活动或是构造与其他企业不同的风险管理体系，可以取得差异化经营的竞争优势。没有良好的治理结构，就不能制定合理的企业战略目标，不能形成完善的风险管理的内部环境。企业无法正常开展运营，也就无从谈起创造出良好价值的经营链，通过保险企业的内控制度可以实现价值链优化的事实。本章分析了在上述内部制度的约束下，如何对保险企业价值链加以优化改进，从而使其竞争力得到提升。

第八章分析资金运用对保险企业的价值链的影响，进一步深入探讨了资金运用对价值链体系优化的要求。主要内容包括：保险企业资金运用的理论体系及国内外保险资金运用的实践；资金运用在保险企业价值链中的地位和资金运用对价值链的要求。保险资金的运用是保险企业价值链系统中一个重要的环节，同时也是保险公司提高经营竞争力的重要手段之一。保险企业负债经营特点显著，负债性本身意味着本金和利息的双重返还，所以保险资金的负债性对保险资金运用不仅具有安全性要求，而且有增值性要求。保险企业资金运用作为保险企业价值链中的一个重要环节，同样也与价值链系统的其他活动有着密切的联系。要实现保险资金的合理运用，使其具有高度的价值创造能力，资金运用对保险企业整体的价值链系统，以及各个价值活动都有较高的要求。同时，保险资金运用也存在着价值链外部联系，特别是其资金运用过程中直接发生互动的其他金融机构。

最后，在结论部分总结了本书的主要研究成果，并就保险企业价值链优化和竞争力提升的方向及方法提出了简要建议。认为无论是保险企业的价值链建设，还是其竞争力提升，既是保险企业层面的问题，也是保险行业层面的问题，应该从企业层面和行业层面共同努力。本书结论隐含着保险业的发展是一个由单个保险企业组成的、在社会各有关部门的指导下进行的一种极其复杂的、动态的社会实践。不但其主体——保险企业非常重要，其微观基础——保险企业的价值链各组成要素对提升竞争力更具非凡意义，因为保险企业的价值链构成了其竞争力提升系统工程的可操作工具。若将保险企业的竞争力提升看作企业层面的目标，即中间目标时，则上有最终目标——中国保险业的和谐发展，下有操作目标——保险企业价值链优化。这应该是一个完整的系统，而操纵这个庞大体系运转的钥匙就是保险企业价值链优化的具体方法。

第二章

保险企业竞争力与相关理论综述

本章是从理论与实践框架上对保险企业价值链和竞争力的逻辑关系进行初步的研究。对于保险企业竞争力的理论研究首先从竞争力理论开始，并遵循保险企业经营活动建立保险企业竞争力理论，结合竞争战略、竞争优势的理论知识，建立保险企业竞争力和价值链的内在联系。

第一节　竞争力理论

一、竞争

诺贝尔经济学奖获得者、竞争理论大师乔治·斯蒂格勒在《新帕尔格雷夫经济学大辞典》中写道："竞争系个人（或集团或国家）间的角逐；凡两方或多方力图取得并非各方均能获得的某些东西时，就会有竞争。"广义竞争广泛地存在于经济、政治、思想、文化、艺术、体育等各个领域，而且贯穿整个人类社会历史。通常所说的竞争，一般是指经济领域的狭义竞争。在经济学上，竞争是指不同的经济实体，为了各自的经济利益，在市场上互相争夺胜利的一种活动。竞争是从商品经济开始的。在市场经济中，竞争就是市场中的一方经济行为主体为了自身利益，不断增强自己的经济实力，排斥对方相同行为的表现。竞争机制是市场机制中最基本的机制，市场机制的作用一般要通过竞争的机制来实现。市场中的竞争包括生产经营者之间为了追求利润最大化而展开的销售竞争，也包括消费者之间为了争取使用价值最大化而展开的购买竞争，还包括生产经营者和消费者之间的竞争。竞争具有的基本特征主要是：竞争主体是自主经营、自负盈亏的企业或其他经济组织；竞争的核心是为了争夺市场和占有市场；竞争的目标是实现企业利润最大化；竞争的手段要合法正当，保证竞争的公平性，杜绝恶性竞争。

随着市场经济的发展，产生了国内市场和国际市场，竞争的范围也逐步由部门内部的同行业竞争，延伸到部门之间的不同行业竞争，甚至向国际市场扩展。同行业竞争是生产同种产品的不同企业之间的竞争，这是最原始、最普遍的一种竞争形式。不同行业之间的竞争是一种间接竞争，这种竞争主要是围绕资金利润率的大小展开。国际竞争则是在各国政治制度、经济水平、法制建设、社会文化等存在区别的基础上的竞争，竞争形式也多种多样，竞争更加激烈，远非国内市场可比。

市场竞争有其多方面的经济意义：首先，竞争可以使市场经济主体对市场上的各种信号作出比较灵敏的反应，促进企业改进经营管理，不断调整生产结构，促进生产力迅速发展。其次，竞争可以促使社会资源在各部门之间自由流动，更好地适应市场需求，使得社会资源得以合理配置。第三，市场通过竞争机制，实现优胜劣汰，这会对企业形成一种动力，从而促使企业提高效率。

第四，竞争的发展必然引起资本的聚集和生产的集中，形成经济规模强大的企业集团，可以充分发挥规模经济的效益，有利于现代化企业的发展和参加国际竞争。

关于竞争的理论，出现了多种经济学说，见表 2.1。

表 2.1 竞争理论研究综述

学说	代表人物	主要思想
古典政治经济学、新古典经济学	亚当·斯密、大卫·李嘉图、马歇尔	自由竞争和自由贸易
凯恩斯主义	凯恩斯	国家干预经济，放弃自由放任原则
垄断和竞争理论（不完全竞争）	罗宾逊、张伯伦、克拉克	市场既有垄断又有竞争
马克思主义	马克思	价值规律是通过竞争和价格变动以及与此相联系的供求关系不断自发调整而实现的

在经济全球化的背景下，各国经济对外开放和相互依赖程度日益加深，经济全球化推动了全球竞争，出现了国内竞争国际化、国际竞争国内化，国内外竞争交织在一起。竞争范围趋向国际化，跨国公司占领了国际竞争中的主导地位。在竞争日益激烈的情况下，信息技术得到广泛应用，企业利用信息技术建立管理信息系统，降低了成本，而且通过建立内部网络，企业内部原有信息得以有效共享，提高了工作效率。竞争发展的一个新的变化趋势就是政府在全球化竞争中的作用不断加强，各国为了保持国际收支平衡，根据本国利益采取不同的对外政策；同时，各国政府部门也更注意从政策上鼓励企业进入国际市场，从经济上支持企业增

强竞争实力，在国际竞争中取得优势。

二、竞争力理论

（一）竞争力

竞争力是一个非常复杂的概念，竞争力研究的对象可以是国家、产业、企业等，因此就有国家竞争力、产业竞争力、企业竞争力等不同的概念。在市场经济中，竞争力最直接表现为一个企业能够比其他企业更有效地向消费者提供产品或者服务，并且能够获得自身发展的能力或者综合素质。从理论经济学的角度来定义，竞争力的本质就是经济效率或者生产率。根据相关的理论研究，企业竞争力可以定义为：是由企业资源有机组合而形成的强于其竞争对手且可持续地占领市场、获取利润的能力。对于企业竞争力的定义，包括几个基本内容：第一，企业竞争力所涉及的产业，是竞争的和开放的市场；第二，企业竞争力是相对于其竞争对手而言的，是同别的企业相比较显现出来的；第三，企业竞争力必须是长期可持续的盈利能力，企业竞争力决定了企业的长期存在状态；第四，企业竞争力是企业所具有的综合素质，来源于其内部要素及其组合。企业竞争力一般可以分为现实竞争力和潜在竞争力。

产业是国民经济中按照一定社会分工原则，为了满足社会某种需要而划分的从事产品和劳务生产经营的各个部门，是指国民经济的各个行业，一个产业就是这个行业的所有企业的整体。产业竞争力就是一国的某一产业能够比其他国家的同类产业更有效地向市场提供产品或者服务的综合素质。对产业而言，因为这是一个集合概念，其竞争力必定是在不同地域间的比较，在不同地域间的比较又必定离不开区际或国际交换活动，而国际交换活动受国际分工规律的制约，因此产业竞争力必然首先体现为不同区域或不同国家不同产业（或产品）的各自相对竞争优势，即比较优势。但现实生活中，国际交换活动即便完全按照比较优势规律来进行，市场上也会出现比较优势相近的同一产业或产品的比较，这时竞争力将取决于它们各自的绝对竞争优势，即质量、成本、价格等一般市场比较因素。所以，产业竞争力可以理解为属地产业的比较优势和它的一般市场绝对竞争优势的总和。

考虑到产业不仅是同一产品的集合，而且是同一企业和同一经营活动的集合，因此实际上其规定性要涵盖得更宽一些。讨论其国际竞争力，就应该引入产业竞争力的分析范式，即首先要讨论它具有何种比较优势以及其强度如何，这是一种产品是否具有进入国际市场潜力的前提；其次才可能讨论该产品与别国同一产品比较所具有优势的属性。

要衡量一个国家或地区这个产业是否具有竞争力，最简单的标准就是要看这个产业内是否拥有一批在国际上或地区间具有竞争力的知名企业和名牌产品。产业竞争力是国际竞争力的主要内容，因为产业竞争力一般能够反映一个国家或地区某一产业在世界市场上的地位及其技术经济优势。

美国哈佛大学商学院迈克尔·波特教授是竞争力理论的代表人物，在 1980～1990 年间，波特教授连续出版了《竞争战略》、《竞争优势》、《全球产业中的竞争》和《国家竞争力优势》四本著作。波特首先将产业定义为"一个产业是由一群生产相近替代产品的企业组成的"，并认为影响产业竞争的因素有产业内部因素和产业外部因素两大类。产业外部因素对于产业内部所有企业的影响是相同的，因此，产业外部因素只是在相对意义上起作用，关键在于产业内的企业对外部影响的应变能力。波特认为一个产业内部的竞争状态取决于五种基本竞争作用力，这些作用力汇集起来决定着该产业的最终利润潜力。如图 2.1 所示。

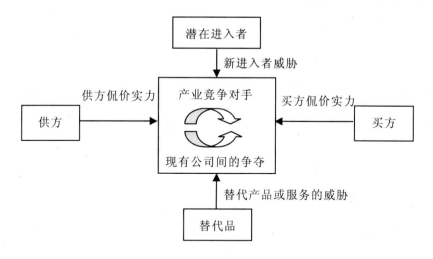

图 2.1　驱动产业竞争的力量

在现实经济中，一国的产业竞争力受到许多因素的影响，而从经济学理论来看，所有这些因素都可以归纳为两类：比较优势和竞争优势。比较优势主要指一国的资源禀赋，而竞争优势则更加强调企业的策略行为。比较优势理论的实践意义是论证国家间产业分工与产业互补的合理性，而竞争优势理论则论证了国家间产业冲突和产业替代的因果关系。

在一国的产业方面，产业的市场竞争力主要取决于两个直接因素：一是成本；二是产品的差异性（质量、性能、品种、品牌、服务等）。波特经过对许多国家的产业的国际竞争力研究，得出决定一国特定产业是否具有国际竞争力的国家"钻石"模型。该模型认为产业竞争力取决于六个因素，这六个因素是：生产要素；市场需求；相关与支持产业；企业策略、结构与竞争对手；政府行为；机遇。其中四个主要因素是：生产要素；市场需求；相关与支持产业；企业策略、结构与竞争对手。政府行为和机遇则是两个间接因素。

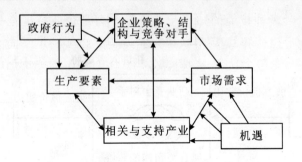

图 2.2　迈克尔·波特的国家"钻石"模型

同时，波特研究了许多国家特定产业发展和参与国际竞争的历史，认为一国产业参与国际竞争的过程大致可以分为四个阶段：第一阶段是要素驱动（Factor-driven），第二阶段是投资驱动（Investment-driven），第三阶段是创新驱动（Innovation-driven），第四阶段是财富驱动（Wealth-driven）。其中，前三个阶段是产业竞争力增长期，第四个阶段则是产业竞争力下降时期。在产业竞争的不同阶段，一国不同产业的竞争力及其决定因素会发生显著的变化，整个国家的产业结构也会发生重大变化。产业竞争的阶段演进，不仅会在特定产业的竞争态势中表现出来，也会反映在一国各产业群以至产业总体的竞争态势中。

在研究产业竞争力时，理论模型的构建、竞争力因素的选择以及各种因素权重的确定、竞争条件的研究等，都与特定产业国际竞争的发展阶段有直接关系。所以，认识产业国际竞争力所处的阶段，对特定产业竞争力研究具有非常重要的意义。

（二）核心竞争力

"核心竞争力"一词最早是由普拉哈拉德和甘瑞·哈默于1990年在著名的《哈佛商业评论》上发表的《公司核心竞争力》一文中提出的。在这篇文章中，他们把核心竞争力定义为：核心竞争力是企业组织中的积累性知识，特别是关于如何协调不同的生产技能和有机结合多种技能的知识；核心竞争力是企业持续竞争优势之源。普拉哈拉德和甘瑞·哈默认为能力资源必须满足下面的条件才能称为核心竞争力：第一，顾客效用。核心竞争力能增加顾客让渡价值，能为顾客提供效用。第二，在竞争中突出区别于对手。核心竞争力是企业在竞争中独具的能力，整个行业都具有的能力不能称为核心竞争力，而且这个能力和竞争对手相比必须具有明显的优势。第三，核心竞争力是企业打开未来市场之门的金钥匙。即核心竞争力赋予了企业在未来涉足更丰富的市场的潜在能力，企业要试图从其专有的产品结构中提炼出核心竞争力，并把这些能力运用到新的业务领域中。

企业要想在竞争中保持长期主动性，必须培育自己的核心竞争力。更具体地说，核心竞争力（Core Competence），亦称核心能力（Core Ability）、核心专长（Core Specialty），是指企业在研发、设计、制造、营销、服务等某一两个环节明显优于并且不易被竞争对手模仿的，能够满足客户价值需要的独特能力。核心竞争力内涵包括用户价值、独特性、延展性、局部优势性和时间性。

用户价值即核心竞争力是企业持续竞争优势的源泉，核心竞争力特别有助于实现用户看重的价值。如显著地降低成本、显著地提高产品质量、显著地提高服务效率，包括客户主观效用等，从而为企业带来显著的竞争优势。核心竞争力对用户看重的价值至关重要。

独特性即核心竞争力是企业特有的并且不易被竞争对手模仿的。核心竞争力是企业独树一帜的能力，具有较大的领先性、超前性。如果竞争对手也有或者极易被模仿，则这种竞争力就很弱，无法给企业创造较大和持续的竞争优势。

延展性是指核心竞争力经得起用户价值和独特竞争力的考验，从核心竞争力衍生出一系列新的产品或服务，即核心竞争力应用于新的产品领域中，成为企业开拓新市场的基石。核心竞争力能最大程度地满足客户的需要，包括现实需要和潜在需要，客户需要的满足通过核心竞争力在新领域的积极运用得以实现，从而为企业不断创造新的利润点。

表 2.2　核心竞争力概念的产生与发展

	学者或机构	称谓或定义	共同特征
80 年代	Wheelwright and Clark（1988）	核心能力或组织能力	这一时期的核心竞争力指蕴涵于一个企业生产经营环节中，具有明显优势的个别技术和生产技能的结合体，这一结合过程来自组织的集体学习及成员间沟通和交流的有效性。虽然惯例、流程等组织整体能力也有所涉及，但主要还是强调价值链中具体环节上的竞争优势
90 年代	Pavitt（1991）	企业专有的能力	
	Parahalad. C. K, Gary Hamel（1990）	组织对企业拥有的资源、技能、知识的整合能力，即组织的学习能力	
	D. J. Teece（1990）	企业内部带来竞争优势的一系列不同的技能、互补性资产和惯例	
	C. M. Fiol（1991）	核心能力不仅仅包括企业有形资产存量，还包括对这种有形资产的认识过程，以及如何将之转化为行动的理解	
	D. J. Collis（1991）	核心竞争力是企业资产的简短总结，而这些资产投资的总和决定了企业的战略地位	
	Leonard Barton（1992）	企业内部的知识集合，包括员工的知识和技能、技术系统、管理系统和价值规范四个方面，主要发挥协调各种生产技能和整合不同技术的作用	
	麦肯锡咨询	核心竞争力是指企业内部一系列互补的技能和知识的结合。它具有使一项或多项业务达到世界一流水平的能力	

　　局部优势性是指核心竞争力存在于向客户提供服务和产品过程的某一两个环节或方面，而不是在每个环节都优于竞争对手。即虽然不是每个环节都优于竞争对手，但由各个服务环节集成的业务流程（Business Process）的综合效率明显优于竞争对手，是企业在管理技能上具有的特别优势。

　　时间性是指核心竞争力具有领先性并不易被竞争对手模仿，并不意味着永远不能被模仿。随着时间的推移，核心竞争力的领先优势会消失，企业现在的核心竞争力将是同行业企业未来的基本能力，即核心竞争力的价值随着时间的递延而递减。但是企业可以对核心竞争力持续不断地进行创新、发展和培育，维持或扩大核心竞争力与竞争对手之间的领先距离，保持核心竞争力的领先优势。

　　企业核心竞争力是经济学和管理学交叉融合的产物。战略管理理论、经济学理论、知识经济理论、创新理论分别从各自的角度出发，探索持续竞争优势之源，最后殊途同归，不约而同地趋向企业核心竞争力。企业核心竞争力的构成有内部因素和外部因素。

　　构成企业核心竞争力的内部因素包括：第一，企业资源是企业核心竞争力的基础。企业的资源是指企业生产经营过程中的各种投入，包括设施、设备、专利、职工的技能、管理者的智慧、资金、原材料等。资源大体上可以分为两大类：有形资源和无形资源。有形资源是可以看见和数量化的；而无形资源则是难以看见的，也是竞争对手难以了解、购买、模仿和替代的。企业核心竞争力是一种在企业无形和有形资源内部及相互之间长期且独特的相互作用过程中产生的能力，是将企业核心技术、组织管理知识和市场知识有机结合起来的整合能力。第二，人才是企业核心竞争力的重要载体。企业的发展根本在于智力资源的占有，而人才是智力资源最重要的载体。无论知识、技术或管理，其作用的发挥完全依赖于人的应用。第三，先进的技术是企业核心竞争力的支撑点。企业的技术能力之所以越来越受到企业的普遍重视，原因在于当今的技术，尤其是核心技术日益成为企业赖以生存的最主要因素。因为企业所需要的一些关键的、先进的技术很难从市场上买到，具有最先进技术的企业会在别人具有模仿能力之前获得丰厚的利润回报。第四，企业文化的整合是核心竞争力的原动力。企业文化是当代以人为中心的企业管理理论的新发展，是管理创新的最高境界。企业文化是形成企业管理思想和管理风格的文化基础，是形成团队精神的思想根基。当它被企业员工共同认可之后，就会形成巨大的向心力和凝聚力。

构成企业核心竞争力的外部因素包括：第一是企业筹措资金的能力。在当今国际经济大环境下，提高企业的竞争力所必需的两个要素分别是"资本"和"知本"。"资本"是为了拓宽企业筹资渠道，保证企业的高速发展，拥有充足的资金来加快企业的扩张步伐，享有规模经济带来的丰厚效益。企业中的资金被形象地比喻为"企业的血液"。由此可见，资金对于一个企业能否健康地运行起着至关重要的作用，充足的资金可以保证企业未来的战略能够很好地实施。第二是企业的销售能力。企业的利润需要通过销售这一环节来实现，在保证利润的同时及时了解消费者的需求，从而形成良性循环。第三是企业的生产制造能力。企业核心竞争力的水平需要通过产品来展现，而制造能力是关键。制造能力是企业的技术能力通过利用生产方面的知识得以实现的能力，它决定了企业是否能取得产品质量竞争优势和成本竞争优势。企业要具有较强的竞争力，产品或服务的良好质量是最基本的要求。第四是企业的市场营销能力。营销能力涉及企业的营销过程、销售网络及渠道的管理和控制，它直接决定了企业能否将技术优势外化为市场竞争优势。应树立先进、正确的营销观念，为企业在激烈的竞争中站稳脚跟打好基础。

综上所述，企业竞争力和核心竞争力是两个既有联系，又有区别的概念。竞争力因素具有一定程度的可交易性，即企业竞争力的许多因素是可以通过市场过程获得的，或者可以通过模仿其他企业而形成。而核心竞争力是指企业所具有的不可交易和不可模仿的独特的优势因素。核心竞争力往往是难以直接比较和难以进行直接计量的。每个企业都或多或少地具有一定的竞争力，否则就不可能在市场竞争中生存，但未必都具有自己的核心竞争力。

企业的核心竞争力和企业竞争力在企业发展中可能会有共同的表现，即能够持续地比其他竞争对手更好、更有效地向市场提供产品或服务，并获得经济收益。但竞争力因素更加广泛，而核心竞争力因素则非常集中。企业的核心竞争力是企业竞争力中最具有决定性的因素。

第二节　保险竞争力理论

一、保险竞争力的理论综述

（一）国外对保险竞争力的研究

1. 从上世纪 50 年代到 60 年代，社会主义国家主要采用马克思主义的社会再分配理论来研究保险产业经济活动，强调保险业的国家财政功能（莫特廖夫〔苏联〕，1956）。这些理论研究成果对实行计划经济的社会主义初级阶段国家还是很有意义的。

2. 从 60 年代到 80 年代，欧美等市场经济国家奉行新古典经济学理论，多采用一般均衡理论研究保险产业经济活动，主要集中在保险商品的市场定价、保险公司竞争策略等方面（卡尔·H.博尔奇〔挪威〕，1983；S.R.戴康〔英国〕，1986）。回顾过去，不难看出，这些理论研究成果对实行市场经济的国家的保险业，甚至对世界保险业的发展与繁荣所作出的贡献是很大的。

3．从80年代到90年代，由于信息经济学的兴起，研究领域集中在保险不确定性分析理论技术与精算技术领域，这些理论技术为保险业的科学发展和新型保险型金融衍生产品的快速推出奠定了基础；另外，采用新制度经济学和产业经济学等新理论来解释世界保险业混业经营制度的兴起，以及欧盟、美国和日本三大世界保险市场的形成等新问题。

4．从90年代中后期到目前，现代保险已经不仅仅是一种经济补偿手段和社会再分配的手段，风险管理与保险不再仅仅以物质财富为保障中心，而是已经开始转向以人的生存与发展、生活与生命质量提高为中心和目的，风险管理与保险以人为本的转向更加强化了保险的本质。随着经济全球化、经济金融化和金融自由化进程的不断加快，保险业从分业经营体制转向了混业经营制度，保险业与银行业和证券业等不断融合，保险市场、货币市场、资本市场等相互贯通；保险公司职能全能化、业务经营网络化、经营范围全球化、并购重组国际化趋势加快；保险市场日益个性化和网络化，险种生命周期缩短和更替率加快，保险业竞争激烈，跨国保险公司将规模、范围和速度经济高度融合起来，在重视业务规模不断增大的同时，更注重稳健和效益经营。

（二）中国保险理论界对保险业竞争力的研究

中国在此方面的研究是随着中国保险业改革开放而出现并不断深入的。

1．从1985年保险业体制改革与开放起到90年代初，尽管当时受苏联国家保险理论的影响，从主流理论到实务都一直强调保险业的国家财政功能，但是，还是有一些胆识兼具的学者从保险经济活动自身运动规律出发来研究保险的本质功能（刘茂山，1985），提出了保险商品论（张旬初、刘茂山，1989）。这些研究成果与政策对中国后来保险业发展的商品化、市场化、国际化的实践是具有重大影响的。

2. 从 20 世纪 90 年代到本世纪初，保险理论研究主要集中在保险公司的企业化、保险业的市场化等方面，但是同时对保险产业发展问题也开始了研究，提出了有关调整保险产业、增加保险产品和服务差异化等理论观点的保险业发展理论（国家哲学社会科学"七五"课题"中国保险业发展研究"，课题组，1990；江生忠，1997；刘茂山，1998；陈东升，2000；申暑光，2000；魏华林、李开斌，2001；裴光，2001；刘京生，2001；陈文辉，2002）。

3. 最近几年，保险理论开始对保险产业国际化和产业组织优化活动等问题进行研究（江生忠，2003；刘茂山，2003；刘京生，2002），认为要提升中国保险业发展的竞争力，重要的途径之一是从产业组织角度及优化保险产业组织开始。近期有关该方面的研究还有定期编写中国保险业发展报告（江生忠，2002），研究编制中国保险业发展指数（江生忠、肖芸茹等，2003），并对合资、外资保险公司和国外大型跨国保险公司进行跟踪研究。这些研究成果与政策主张对政府从国家产业发展战略角度，从产业政策与制度上，主动引导中国保险产业发展，提升竞争力，顺利与国际接轨是很有意义的。

裴光于 2002 年著成《中国保险业竞争力研究》一书。这部书是中国针对保险业竞争力问题的第一本学术专著，其出版发行对活跃保险理论研究，特别是保险业竞争力方面的学术研究起到积极的推动作用。作者总结了二十多年来中国保险业从垄断走向竞争的发展之路，把中国保险业置于中国宏观经济及世界保险业发展之中，对中国保险业竞争力问题进行了深入的思考。中国其他关于保险业竞争力的研究则散见于学术期刊。如林玉良提出对于中国人保来说，实行体制变革，尽快完成股份制改造，创建大型的金融集团，以及大胆进行管理创新，以实现内部运作机制的高效化、市场化是提升竞争力的关键。唐运祥等认为，加快内地保险产业结构调整及实施人才战略是提高中国保险业竞争力的关键因素。钱红等强调，应从保险公司的市场进入能力、声誉相关能力、功能相关能力、可靠保障能力四方面来培育中国保险公司竞争力。顾锋、周甜认为，诚信是保险公司发展的核心竞争力。

二、保险竞争力的内涵和外延

（一）保险竞争力

在介绍了竞争、竞争力理论之后，在研究保险竞争力的时候，我们可以认为保险竞争是指不同的保险经济实体(包括保险公司、保险集团)，为了各自的经济利益，在保险市场上互相争夺胜利的一种活动。保险竞争力就是一个保险行为主体与其他保险行为主体竞争保险资源的能力。它既指某一保险产品竞争力，也指某一保险公司的竞争力，还指保险行业竞争力和保险业的国际竞争力。保险业竞争力还可以认为是指一国保险业在开放的市场经济条件下，经受国内和国际保险竞争考验的提供保险服务产品的经济能力。

在开放的市场经济条件下，国际保险市场上保险竞争力就体现为既能够提供优质低价的保险服务产品，同时又能改善本国人民生活福利。这种竞争力是相对于国际保险市场上竞争对手所表现出来的生产能力和持续发展能力。研究保险竞争力有下面几个重要的意义：

第一，关于竞争和竞争力的理论研究对于中国保险业的发展具有重要的现实指导意义。中国保险业自恢复以来，经过二十多年来的发展，从垄断走向竞争，从国内局部竞争走向国内全面竞争，从国内竞争走向国际竞争。尤其是在中国入世以后，中国保险业面临着全面的对外开放，国外保险机构进入中国保险市场的势头很强，对中国保险业的发展将会产生巨大的压力。中国保险公司不仅受到国内同行之间的竞争，还将面临国际大保险公司的挑战。因此，有必要客观评价中国保险业的竞争力，引导中国保险业在国际竞争中处于有利地位。

第二，在中国保险业面对激烈竞争的形势下，是发展中国保险业的需要。近年来世界保险市场竞争日趋激烈，在科学技术迅速发展的背景下，新的保险需求不断产生，导致新的险种大量涌现，保险产品快速增加。另外，保险机构的规模日趋庞大，加剧了竞争的激烈程度，竞争的结果必然是优胜劣汰。小型保险机构难以适应巨灾增多的形势以及竞争的白热化，而保险机构之间的联合和兼并，可以形成实力雄厚的大型保险机构，这样才能抵御日益增大的经营风险。因此，面对当前保险市场的激烈竞争，研究保险竞争力，是适应保险市场对外开放、发展中国保险业的需要。

第三，是发挥中国保险职能，实现保险业可持续发展的需要。保险的最基本职能是经济补偿、保障社会再生产的持续进行和人民生活的安定。改革开放以来，中国保险业举办了各种国内和对外保险业务，及时补偿了保险责任范围内的经济损失，保证了国民经济的恢复和发展，促进了对外贸易的发展和国际间的经济交往。研究中国保险业的竞争力，就是要不断提高中国保险业的竞争能力，全面发挥保险经济补偿职能，全面提升中国保险公司素质，实现保险业的可持续发展。

（二）保险核心竞争力

保险公司是经营保险产品的特殊企业，对保险公司的核心竞争力的研究成为保险公司竞争能力研究的战略理论的重要内容。在实际应用中，保险公司强调以核心竞争力为导向，重构保险业的发展策略，研究如何实现价值的利润最大化，从而在激烈的竞争中保持持续的竞争优势。保险公司的核心竞争力有不同于一般企业之处：首先，保险公司无法依靠市场的分割或垄断为基础建立核心竞争力。其次，保险商品无法申请专利，竞争对手是否推出这样的产品取决于对手的模仿能力和对产品市场前景的判断；产品创造价值的多少，不但取决于产品的设计，还取决于服务的构成及附加服务的质量。

保险公司的核心竞争力就是具有如下特点的能力：第一，能让顾客感受到效用，这里的顾客是广义的，不仅指投保人还包括其他企业、经纪人、代理人，甚至企业内部员工等，即价值性；第二，区别于其他保险公司，不能在短期内被其他保险公司所模仿或者替代，即独特性；第三，在和其他保险公司的竞争中能带来长期竞争优势，即持续性；第四，能在保险公司内或者在其他行业的新领域广泛应用，即延展性；第五，不是一成不变、一劳永逸的，在知识经济和经济全球化的进程中，今天的优势可能会逐渐演变成公司发展的主要阻力，即动态性。简金平[1]的保险公司核心竞争力动态模型如下：

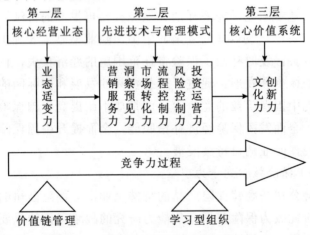

图 2.3 保险企业核心竞争力动态模型

核心竞争力已越来越引起国内保险企业的重视，但只有界定核心竞争力的本质特征，明确保险企业核心竞争力的具体表现，

---

① 简金平：《保险企业核心竞争力模型分析》，《浙江统计》，2004 年第 2 期。

并科学地评估保险企业的核心竞争力，才能正确认识中国保险企业的现状，找出在市场竞争中的优势与劣势，以便保险企业在制定竞争策略时有的放矢，在市场竞争中立于不败之地。

保险竞争力是具有地域性的，因此我们可以将中国保险市场从国际保险市场中独立出来研究其竞争力。而保险竞争力同样具有可比性，一国内保险业和保险企业竞争力的关系是整体和个体的关系。中国保险业竞争力的发展意味着中国保险企业竞争力的积累已经达到一个很高的程度，同样，在中国保险市场全面开放的情况下，如果中国的保险企业想要和具有丰富经验和历史积淀的跨国保险企业竞争，就必然要求中国的保险业能够提供这样一个发展的平台。

第三节 保险企业价值链理论

迈克尔·波特在《竞争优势》这本书中提出了著名的价值链的概念，他通过价值链来帮助企业认识和评估有竞争优势的资源和能力，认为竞争优势来源于企业在设计、生产、营销、交货等过程及辅助活动中所进行的许多相互分离的活动，这些活动中的每一种都对企业的相对成本地位有所贡献。他使用系统性方法来考察企业的所有活动及其相互作用，为了认识成本与现有的和潜在的经营歧异性的资源，采用了价值链。价值链的构成如图 2.4。

波特认为价值活动是竞争优势的各种相互分离活动的组成。每一种价值活动与经济效果结合是如何进行的，将决定一个企业在成本方面相对竞争能力的高低。每一种价值活动的进行也将决定它对买方需要以及标歧立异的贡献。与竞争对手的价值链比较揭示了决定竞争优势的差异所在。波特的这种价值链理论用来分析企业的内部环境以及竞争优势的获得是非常有用的。

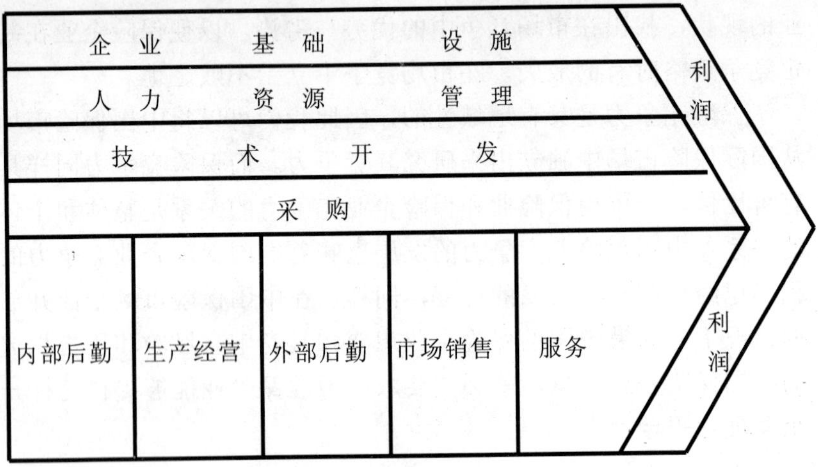

图 2.4　基本价值链

　　企业的核心竞争力是通过价值链上所有价值活动的共同作用产生的。保险企业为了满足顾客多方面的需要，需要从事多项经营活动，但是又不能确保在每一项经营活动中都能够优于竞争对手，因此，要想建立保险企业的核心竞争力，就必须先从保险企业价值链的构造与分析开始，只有通过对各种价值活动进行深入细致的分析，找出影响企业核心竞争力的薄弱环节并加以改进、整合，才能够从总体上形成相对于竞争对手而言的较强的核心竞争力。价值链能够说明顾客价值需要的满足来源于企业各项经营活动共同创造的价值，企业竞争优势正是来源于各项经营活动组织形式和创造价值大小的不同。

　　利用价值链分析保险企业竞争力，首先，要确定保险经营业务和相关的价值活动哪些是最为重要的，保险企业向顾客提供产品和服务的整个过程一般分为若干个相互独立又彼此相关的战略活动，如市场开发、展业、承保、理赔等等；其次，利用价值链分析法构造出本企业的价值链。波特构造的基本价值链模型可以作为借鉴，但不能完全照抄，需要根据保险企业经营管理的特殊性来确定保险企业自身的价值链。

目前我们能够看到的保险企业价值链模型理论主要有以下两个。

一、张庆鸿和罗霞的保险企业典型的价值链

张庆鸿和罗霞[①]确定的保险企业典型的价值链，如图2.5所示。

核心产品开发	销售咨询	缔结保险合同	合同管理	核赔理赔	风险转移	投资

图 2.5　保险企业典型的价值链

他们认为各个保险企业内部资源分布不同，所面临的外部环境也不同，在销售、理赔、产品设计、资产管理和信息管理等各个环节中都隐含着某种核心竞争力。关键在于企业如何找出其已有的核心竞争力，并如何结合其特定的发展历史和外部环境将核心竞争力充分发挥出来，为企业带来持续竞争优势。企业可以通过对其价值链的分析寻找潜在的核心竞争力。

二、刘子操的保险公司价值链模型

刘子操确定的保险公司价值链模型，如图2.6所示。

刘子操认为保险企业的价值链分为基本活动和辅助活动。基本活动包括展业、承保、理赔和售后服务等；辅助活动包括人事、财务计划、组织制度等。这两种活动构成了企业价值链。对于每一项活动还可以细分为更小的活动。

---

① 张庆鸿、罗霞：《保险企业核心竞争力探讨》，《上海保险》，2003 年第 4 期。

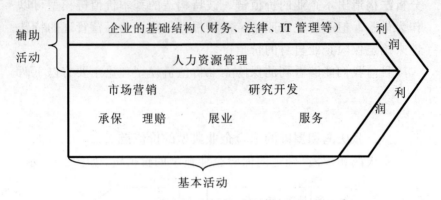

图 2.6 保险公司价值链

综上所述，本研究认为，处理在价值链某个流程中存在的核心竞争力、整合价值链的能力也将成为一种核心竞争力。因此，如果保险公司具有整合网络的优势，能够将不同供应商的价值创造活动组合起来共同为最终消费者提供产品和服务，并且通过其协调能够使所有的价值活动得到增值的话，那么保险公司就能够为顾客带来更多的效用，从而获得持续的竞争优势。

第三章

中国保险企业竞争力的经验分析

在对保险竞争力的理论进行了初步梳理和总结后，本章通过因子分析方法对中国 2005 年财险、寿险市场主体的竞争力进行经验分析。本章主要目的在于对保险竞争理论的运用，属于对保险竞争力进行偏向于经营现状的研究。不同于一般文献对现状的描述性研究，本章选用因子分析方法对中国保险企业经营竞争力进行研究，主要原因是：基于价值链理论基础的研究拓展了视角，同时也对研究基础提出了更高的要求，以往现状研究往往侧重于对历史演进的描述、当前现状的总结以及经营数据的罗列。这些显然不能够很好地满足本书基于价值链角度进行结构调整和优化的研究需要。本书通过对现状更为科学的分析，对保险企业经营竞争力的主要环节有一个大致的介绍。

随着保险企业数量的增加和保险行业资本的累积，中国保险业呈现出一片光明的发展前景，但同时我们也应该认识到，中国保险业目前尚处在发展的初级阶段，保费规模的增长并不意味着竞争力也随之相应增长。根据前面的界定，保险竞争力是一个保险行为主体与其他保险行为主体竞争保险资源的能力，它既指某一保险产品竞争力，也指某一保险公司的竞争力，还指保险行业竞争力和保险业的国际竞争力。现在国内对保险公司的竞争力并没有形成定论，大多数研究是从定性分析的角度进行的。因此，中国保险业迫切需要采用量化分析保险公司竞争能力的方法和措施，从而客观地判断中国保险业竞争力状况。

本章通过构建起一套保险企业竞争力诊断指标体系，使用因子分析方法对中国保险企业的实际数据进行统计分析，分析结果比较满意，其诊断方法是科学合理的，并且可以用于中国保险业发展的实际工作中。

第一节　保险企业竞争力诊断指标体系的构建

本节主要探讨保险企业竞争力指标体系的构建问题。首先从理论上研究构造保险企业竞争力指标体系的意义、方法以及原则，然后结合数据的可获得情况和中国保险业发展的现实问题，最终给出有关设计指标体系。

一、中国保险企业竞争力诊断指标体系研究综述

研究保险企业竞争力可以采用多种方法进行，其中构建竞争力指标体系法是近年来发展起来的一种新方法。由于保险企业经营行为的特殊性，可以从不同角度对其竞争力指标体系的构建提出相关指标构建思路。面对丰富多样的保险企业竞争力指标体系，本章从数理统计知识出发，选择因子分析方法对其进行科学的统计分析，以明确某一具体保险企业的竞争优势与劣势所在。

对中国现有文献资料整理研究后，现有专门关于保险业竞争力评价指标体系的研究成果主要包括：

第一，肖芸茹（1999）提出评价保险企业的指标体系主要在于评价保险企业的综合实力，要利用"多指标评价方法"。评价过程基本包括选取和构建评价指标（或指标体系）、对指标进行抽样观测获取指标量值、选取适当的评价方法、给出评价方案和程序设计方案，然后在电子计算机上进行计算，最后给出评价结果、定级、分类。其中选取和构建科学、优良的评价指标（以下也称统计指标）是评价过程的重要一环。评价保险企业综合实力的统计指标，主要包括：保险企业自身综合实力的主要指标、行业之间评估的主要指标、宏观方面的主要指标。

第二，施建祥、赵正堂（2003）认为指标体系是从量化的角度客观地考察保险企业的核心竞争力，对了解保险企业核心竞争力的变化趋势、找出保险企业发展的制约因素、增强保险企业的竞争能力、促进保险企业的发展都具有十分重要的意义。该指标体系包括：市场开拓能力的评价指标（市场占有率、产品市场信誉度）、信息吸收能力的评价指标（市场调研投入强度、信息采集投入强度）、协调整合能力的评价指标（聚合力、员工培训投入率）、开发创新能力的评价指标（研究开发投入率、新险种开发率、新险种保费收入率）。

第三，姚壬元（2004）认为构成保险公司竞争力的要素分为资源、能力和环境三类。资源要素是提高保险公司竞争力的基础保证，能力要素是提高保险公司竞争力的内部动力，而环境要素则为提高保险公司竞争力提供了外部条件。三者相互作用、相互依赖，共同构建了一个完整、科学的保险公司竞争力结构体系。把构成保险公司竞争力水平的每一个因素进行分解，构建不同层次的指标体系，其中上层为资源要素、能力要素和环境要素；中层把资源要素细分为物质资源、人力资源、无形资源，能力要素细分为风险管理能力、业务创新能力、营销与客户关系管理能力、盈利与发展能力，环境要素细分为宏观环境、微观环境；下层是对中层的具体细分，每个层次由下一级层次按权重合成。在保险公司竞争力评价指标体系中，既有定量指标也有定性指标，各指标对保险公司竞争力的作用是不同的。对不同的指标赋予不同的权重，指标权重的确定分为两个层次：第一层是每一个大类指标所包含的各个具体指标在该大类中的权重，第二层是各个大类指标在保险公司总体竞争力中的权重。

第四，石新武（2004）将保险竞争力分为三个方面来进行评价：现实竞争力、潜在竞争力和环境竞争力。他构建的保险竞争力评价指标体系也相应地包括现实竞争力指标、潜在竞争力指标和外部环境竞争力指标。现实竞争力指标包括直接指标和间接指标两个方面，都是定量分析指标。潜在竞争力指标是定性分析指标，包括内部控制机制、经营管理能力、公司基础素质、保险业务创新和客户满意战略。外部环境竞争力指标也是定性分析指标，主要有宏观经济形势、相关产业发展、国家经济政策和保险监管力度。

通过考察中国在保险公司竞争力指标体系方面的研究，不难发现尽管目前国内对于如何界定、衡量保险公司竞争力指标体系的内容已有较深入的研究，但是尚缺乏具体的方法来对中国保险公司进行经验分析。本研究的主要创新之一亦在于通过因子分析方法对中国保险公司的竞争力进行经验分析。

二、竞争力诊断指标体系的构造

（一）研究保险企业竞争力诊断指标体系的意义

在世界经济一体化、金融全球化的大趋势下，保险全球化已经成为当今世界经济不可逆转的发展潮流之一，因此保险市场上的竞争会更加激烈。在激烈竞争的保险市场上，保险公司生存和发展凭借的都是竞争力。2001年底中国加入WTO后，保险业与国际惯例日渐接轨，外资保险公司的进入壁垒迅速降低，到2004

年 12 月 11 日，中国对国内保险公司的保护彻底终止，外资保险机构在中国开设分支机构不再受地域和数量的限制，越来越多的市场对外资开放，中资保险公司必须建立起自身的竞争优势，才能在激烈的市场竞争中立于不败之地。由于国内保险公司与国外相比，规模比较小，资金、技术、人才等各项资源都十分有限，管理手段、经营手段也比较落后。因此，对中国的保险企业来说，成功地建立与发展竞争力，已成为能否迎接 WTO 挑战、实现可持续发展的关键所在。

保险企业竞争力诊断指标体系是保险企业竞争力研究的核心内容。竞争力诊断指标体系的建立，就是要发现保险企业在市场竞争中的问题和机会，并提出相应的决策建议。其中，以下几个方面的重要意义尤其不容忽视：

1.保险企业竞争力诊断指标体系的编制是保险市场走向成熟的一个标志

根据上述竞争力理论，编制由现实竞争力、潜在竞争力、环境竞争力等几类统计指标构成的保险业竞争力诊断指标体系，通过清晰、可比、系统的指标体系可以全面综合地评价入世后中国保险业的竞争力水平，还可以帮助保险公司发现与竞争对手的差距。保险公司可以通过分析市场环境和自身条件，采取适当的对策和措施提高保险公司总体竞争力，从而尽快缩小与竞争对手的差距。在中国入世后，外资保险公司纷纷进入的情况下，一个明确的保险竞争力指数对中资公司的发展将更有指导意义和激励作用。

2.保险企业竞争力诊断指标体系的构建有利于预见保险企业生存的危机和挑战，及时发出预警信号，促进各保险企业主动改善自身的经营管理

在对保险公司竞争力的评价和分析过程中，如果发现保险公司的某些重要指标向着接近或低于自身的历史平均值或行业平均

值的方向下滑，那就很可能表示保险公司即将遇到比较严重的生存危机和挑战。在这种情况下，应当及时向保险公司高级管理层发出预警信号，督促保险公司领导者进行战略反省，及时采取措施，根治病症，摆脱危机，增强实力，迎接挑战。还可以进一步依据已经积累的行业经验数据和国际经验制定出合理的波动范围，一旦指标计量结果偏离预定数值，则视其严重程度给出预警警报，以便及时发现中国保险业的异常波动，及时调整战略，规范行业行为，提高综合实力，防范保险业的危机。

3.通过保险企业竞争力诊断指标体系可以预见保险企业潜在的业务和利润增长点，为保险企业的发展和创新指明方向

任何一个竞争对手都不可能在竞争力构成要素的所有方面成为第一，因此，对于每一个竞争参与者来说，通过差异化的创新而带动经营业务的良性增长，其可能的空间是十分宽广的。通过保险公司竞争力的评价和分析，可以发现每一个主要竞争对手的优势和劣势之所在，然后结合市场需求和保险公司自身条件，对保险公司的产品、服务和经营特色进行最佳定位，从而创造并保持能为保险公司带来高利润的顾客。

（二）竞争力诊断指标体系的设立原则

设置保险企业竞争力诊断指标体系是为了认识复杂的保险经济现象，因此指标体系的设置必须服从保险业的特殊规律性，所以我们认为要建立一套科学客观的保险企业竞争力诊断指标体系，首先必须满足以下指标体系的设计原则：

1.科学性原则。要从保险经济活动的性质与特点出发来设计保险竞争力统计指标体系。无论是指标数量、指标口径、计量单位、计算实践还是计算方法都要充分考虑保险经济活动的性质与特点，尽可能选择能科学反映企业竞争力强弱的指标，避免指标之间的交叉和重叠，使其能准确全面地反映保险公司竞争力的状况。

2.全面性原则。要从整体性和层次性出发，多角度、多层次、全方位地反映保险公司的竞争状况，指标体系在空间上要成为一个系统，包括保险公司竞争的各个主要方面；在时间上要作为一个有机整体，必须考虑反映和影响保险公司竞争力的各要素状况及其相互关系，全面综合地反映保险公司竞争力状况。

3.代表性原则。由于反映和影响保险企业竞争力的因素很多，可以从不同侧面和内容特征来设置评价竞争力的指标，这样容易使保险企业竞争力指标设置主次不分，给竞争力评价带来困难。因此，我们在设置保险企业竞争力指标时，应遵循代表性原则，选取对保险企业竞争力有重要影响、有代表性的指标，作为评价企业竞争力的指标，将那些影响较小或被已设置指标替代的因素，采取不设置或被赋很低权重的办法，来突出指标对竞争力影响的重要程度。

4.系统性原则。保险企业竞争力评价是涉及各个要素的多方面的复杂结构系统，具有很强的系统整体性，因此在评价指标体系的设置中，这　系统特殊性要得到充分的反映。

5.一致性原则与可比性原则。运用评价指标体系进行分析时，常要作纵向、横向的比较分析，为了使评价结果有意义，指标体系中有联系的指标，在统计口径和计算方法上必须保持一致，这样分析指标的结果才有可比性。同一指标在不同的时间或空间上要保持同一，便于在时间和空间上的对比。

6.可行性原则。这就要求指标体系所要求的数据资料必须能够及时、完整、准确地获取，计算评价上简便易行。应充分考虑保险企业实际经营状况和指标值所需资料获取的难易程度。

（三）竞争力诊断指标体系的构造

1.指标体系设置的理论基础

所谓统计指标体系，是指为了完成一定统计研究目的而由若干个有相互联系的统计指标组成的指标群。它从多个视角和层次反映特定社会经济现象的数量表现与数量关系。所以，要构造一个统计指标体系，就是要构造这样一个信息系统。而系统的构造一般包括系统元素的配置和系统结构的安排两方面。在统计指标体系这一系统中，每单个指标都是系统元素，而各指标之间的相互关系则是系统结构。因此，统计指标体系构造的内容就相应有以下两个方面：

（1）元素构造，即明确该统计指标体系是由哪些指标组成的，且各指标的概念、计算范围、计算方法、计量单位分别是什么。这实际上就是统计指标设计的内容。

（2）结构构造，即明确该统计指标体系中所有指标之间的相互关系如何，层次结构怎样，与外界环境之间的关系怎样。而我们构造的统计指标体系一般都是整个三位一体统计指标大体系之中的一个子体系或子子体系。

2．保险企业竞争力诊断指标体系的构成

根据指标体系设置的基础理论，综合保险业的特征和功能，保险企业竞争力诊断指标体系应包括现实竞争力、潜在竞争力和环境因素三方面的内容。

（1）对现实竞争力的分析。现实竞争力指标体系是一个时间剖面的显性指标集，它是公司过去影响竞争力的因素长期作用的结果。对现实竞争力的衡量主要集中在以下几个部分：

①盈利能力

保险公司作为商业性的企业，盈利是所有目标的核心，是保险公司的经营理念、管理水平和资源配置水平的最终综合体现，是扩大规模、寻求发展的基础和竞争的成效检验。盈利能力是保险竞争力的一项核心因素。保险公司的盈利能力表明了保险公司在经营动态过程中的长期安全性来源，是财务是否稳定、安全的标志，是多项财务指标共同作用的结果。盈利能力的大小决定着一家保险公司的成功或失败，特别是在保险公司规模相当悬殊的格局下，盈利能力的高低更能体现竞争力水平的高低。保险公司的经营成果必须有盈利，才具有足够的理赔、给付能力，才具备发展的实力。保险公司盈利能力强，则其在保险市场上的竞争力就强；反之，竞争力就弱。要提高保险企业的竞争力，首先必须具有较好的盈利能力。

②偿付能力

由于保险企业经营的特殊性，保险公司的主营收入与其他企业的收入相比，最大特点是其负债性，大部分须以准备金的形式积存，以备将来连同投资收益一起作为给付之用。若准备金提取不足，公司虽可以用当前的保费收入偿付以前确定的给付金额，但一旦保费收入的增长趋于平稳，而预期支出却日益积累，如此以即期保费收入弥补以往保单准备金不足的经营方式将使保险业面临极大的考验。企业要在激烈竞争的市场上生存和发展，首先必须具备一定的偿付能力，偿付能力是保险公司的生命，保险公司一旦不能满足法律规定的最低偿付能力要求，就极有可能破产，不但保险公司不能继续存在，而且会给投保人带来一定的损失。因此，保险公司的偿付能力涉及公司的生死存亡，是公司是否能够健康、顺利发展的关键。偿付能力问题对寿险业尤为重要，因为寿险保单费率通常依据预定利率、预定费率和预定死亡率计算，一般来说，根据经营管理水平和生命表确定的预定费率和预定死亡率与实际情况相差不会太大，而在寿险的保费收入和保险给付之间数十年的时间差中，投资收益率却有很大的不确定性，当实际收益率达不到预定利率水平时，就会产生"利差损"，导致准备金无法按预定的速度累积，从而导致偿付能力不足。

③规模及市场占有能力

规模实力是构成保险企业竞争力的首要因素。保险公司的规模包括业务规模和资产规模。一般来说，企业规模的扩大，可以降低营业成本，实现规模经济效益。对于保险企业来说，规模大的意义，不仅在于能够实现规模经济效益，而且在于公司能够集中更多同类风险的保险标的。保险业是经营风险的行业，其业务经营建立在"大数法则"的基础上，尤其寿险更需要满足大样本的要求。人寿保险公司承保业务规模大，承保的被保险人就越多，使实际生死概率与预期生死概率的偏差越小，这样保险公司经营风险越小，经营就越稳健，公司竞争力就越强。资产规模是保险公司占有和使用资产的数量，它代表了保险公司经营的物质基础，是保险公司竞争实力的体现。大的资产和资本是保险公司实力的象征和信誉的保证。规模直接决定了保险公司的市场控制力，规模大小对其竞争力优势具有决定性影响，规模越大越能赢得客户的信任。保险市场中的市场占有能力，对保险业竞争力的强弱有着巨大的影响作用。市场占有能力过低，规模经济效应不明显，会导致资源的大量浪费，整体竞争力不强；反之，市场占有能力过高，又会带来垄断和效率低下，同样导致规模不经济效应，从而减弱竞争力。

④经营能力

经营能力体现了保险公司的经营业绩，是保险公司对自有资产运用的效率和降低经营风险的能力。这是与偿付能力紧密相关的，经营能力不高会导致保险公司偿付能力下降、市场信心不足，所以提高经营能力是衡量保险公司竞争力的重要方面。

（2）对潜在竞争力的分析。潜在竞争力代表了一个时间点保险公司内部影响未来竞争力的隐性指标集，它是公司现实影响竞争力的因素作用的结果。

影响保险公司潜在竞争力的因素很多，本书对潜在竞争力的衡量主要是集中在潜在发展能力和开发创新能力方面。潜在发展能力关系到保险公司的长期发展，只有结构合理、资源配置有效、健康发展的保险公司才能不断壮大，才能在激烈的市场竞争中逐步居于优势地位。潜在发展能力越强，保险业未来的竞争力就越强。开发创新能力是指保险企业产品创新和技术创新的能力。在保险产品逐步市场化的过程中，大力开发新险种显得十分重要，它能起到提高保险业务增长点、促进业务发展的作用。险种的开发不仅要设计符合市场需求的新险种，并对现有险种进行改造和完善，还要引进国外的新技术。如果一个保险公司的创新能力强，能够设计出符合市场需求、满足消费者需要的新险种，那么该保险公司的保费收入就会增长很多，保险公司就会在竞争中占有优势地位。保险公司的技术创新对保险公司的竞争力也有重要影响。保险公司通过技术创新可以降低成本，提高效率。

（3）对环境因素的分析。竞争环境是影响中国保险业竞争力的外部因素，是指存在于保险业外部，不能为其控制、不在其决策范围之内的影响保险企业竞争力形成的各种因素的总和。

保险业在发展过程中，不仅内部组织起着重要作用，外部环境也会对保险业竞争力产生很大影响。影响保险业发展的外部环境因素主要有宏观经济形势、相关产业发展、国家经济政策、保险监管政策和政治文化因素等五个方面，这些外部环境因素对保险业的国际竞争力具有一定影响。如果从竞争力诊断指标体系的角度来看，则可以认为外部环境竞争力指标包括：宏观经济形势、相关产业发展、国家经济政策、保险监管政策、政治文化因素等五个指标。保险是第三产业，受外部因素的影响非常大。但外部环境因素的分析有时比较困难，主要是因为其对保险业的影响很难进行量化分析，只能在定性上进行一些分析。

①宏观经济形势

保险业的发展与经济发展水平密切相关，生产力的发展会引起风险结构的变化，从而人们对保险的需求也会发生变化。随着经济的发展，一国居民收入也会随之增加，居民保险意识和保险购买力都会提高，保险业务就会得到扩展；同时，由于生产企业不断扩大生产规模，也增加了对保险的需求。

②相关产业发展

保险是金融业的一个重要组成部分，与银行业的发展密切相关。银行是国民经济中金融业的主体。保险投资是保险公司的一项重要业务，保险资金数额巨大，是金融市场资金的一个主要来源，其投资具有长期性特点，且集中在资本市场，一旦发生金融危机，就会发生保险资金周转困难，或者降低投资效益，直接影响到保险公司的偿付能力，进而影响到整个保险业的发展。

③国家经济政策

国家经济政策对保险业竞争力的影响主要体现在对保险业的管理上。对保险市场的管理手段，大多采用法律手段和行政手段，同时还会采用经济手段，运用财政、税收、信贷等各种经济杠杆调解保险经营者的经济行为。不同的管理手段都会对保险业的竞争力产生重大影响。保险的发展同社会和经济的发展和变革息息相关，需要积极推进金融体制、财政体制、社会保障体制等相关领域的体制改革，为保险产业的发展提供良好的环境。此外，还要明确保险产业在国民经济和社会发展中的重要作用，对其实行积极的扶持性的产业政策，改变目前保险产业的高税赋政策，在保险经营主体的改革和发展上给予一定的试点权和优惠政策，扶持保险经营主体的发展。

④保险监管政策

对保险业的监管国际上主要有两种模式：严格监管和松散监管。严格监管是一种全面监管模式，包括市场准入的限制、保险产品的条款和费率、涉及偿付能力的资金监管等。这种监管有利于规范保险市场，保证保险公司稳健经营和保险业的有序竞争，但同样也会使保险经营活动受到诸多因素的制约，一定程度上也束缚了保险业的发展。松散监管只对偿付能力进行监管，强调以确保保险人的偿付能力为中心，相应地放松对保险产品、保险费率、保险业务甚至市场准入条件的约束。这种监管模式主要被发达国家采用，在一定条件下有利于加快保险业的发展。

⑤政治文化因素

社会成员的政治信念和价值取向的一致性会影响整个社会系统的正常运行，同时也会影响到国家各个产业的发展。有两种情况会导致政治不稳定：一是社会成员的政治信念和价值观念分歧太大，致使缺乏一种主流政治文化的整合，使得整个国家长期处于动荡之中。二是社会大变革时期，社会成员的政治信念和价值准则波动太大，引起政治不稳定。

社会文化环境是指一个国家或地区的民族特征、文化传统、价值观、宗教信仰和风俗习惯等，是产业环境的重要组成部分。文化环境强烈影响着人们的购买决策，进而影响着保险公司的经营行为和保险业的兴衰。保险公司只有更好地把握投保人所在国家和地区的社会文化因素，并把这种文化因素融入到公司自身的经营战略思想中去，才能影响人们的消费方式和购买偏好，从而促进保险业的发展。

三、保险企业竞争力诊断指标体系的具体内容

（一）现实竞争力诊断指标体系

1. 反映保险公司盈利能力的指标

（1）资产利润率＝净利润/平均资产

反映的是保险公司资产的盈利能力，也可以反映出保险公司的资源配置效率。

（2）净资产收益率＝净利润/[（年初净资产+年末净资产）/2]

净资产收益率反映的是保险公司资产运作水平的高低。一般认为，净资产收益率越高，保险公司自有资本获取收益能力越强，运营效率越好。该指标是评价保险业自有资本及其积累获取报酬水平最具代表性与综合性的指标。

（3）保费收入利润率＝净利润/保费收入

保费收入利润率反映的是保险公司的承保效益及发展潜力。

（4）人均利润率＝净利润/员工总人数

人均利润率是反映保险公司经营效益的相对指标。

2．反映偿付能力的指标

（1）偿付能力＝实际资产－实际负债

实际资产为总资产减去非认可资产，实际负债为总资产减实收资本金、资本公积、盈余公积、未分配利润后的余额。中国《保险法》和《保险管理暂行规定》对偿付能力有明确的规定：实际偿付能力额度若低于最低的偿付能力额度的50%或实际偿付能力额度连续3年低于最低的偿付能力额度的，中国保监会可以将该公司列为重点监管对象。实际偿付能力额度若低于最低的偿付能力额度的30%或被列为重点监督监查对象的保险公司财务状况继续恶化，可能或已经危及被保险人和社会公众的利益的，中国保监会可以对该保险公司实行接管。

（2）资产负债率＝负债总额/总资产

资产负债率的大小反映了保险公司偿债能力的高低，相对于负债来说，资产越多，保险公司的偿债能力越强。

（3）资本充足率＝资本净额/加权风险资产＝（实有资本－应有资本）/应有资本≈净资产/总资产

该指标反映保险公司的抗风险能力。保险公司资本金不足，不仅会严重影响保险公司的承保能力和偿付能力，而且还会严重削弱保险公司的竞争力。因此资本充足率越高，表明公司的抗风险能力越强，竞争力越强。

（4）准备金提取率＝提取的全部准备金/总负债

准备金提取率的高低反映了保险公司经营的稳健性。准备金越充足，保险公司的经营状况越稳健。

（5）肯尼系数（经营规模系数）＝自留保费/（资本金＋公积金）

资本金，也即总准备金，是影响保险公司偿付能力最重要的因素。保险公司的经营规模必须与其实际资本金相适应。资本金越大，其承保能力和偿付能力越强，才能承保更多的业务，承担较大的风险。根据《保险法》的要求："经营财产保险业务的公司，当年自留保费不得超过其实有资本金加公积金之和的四倍。"因此，对于财产险公司的临界值为 400%。寿险公司的经营规模与其实际资本金也应有比例关系，但是国家尚未对其作出具体的规定。

（6）非认可资产比＝非认可资产/总资产

非认可资产比是反映资产质量的一个重要指标，它测试出保险公司低效率投资的比重，从而也体现了保险公司实际具有的最终偿债能力。中国保险法律法规未对非认可资产的比例作出确切的规定，美国保险监督协会 NAIC 规定寿险公司该项指标应小于10%。

（7）流动比率＝流动资产/流动负债

流动比率是指保险公司能迅速变现的流动资产占流动负债的比例，反映了保险公司的短期偿付能力。通常流动性比率应不低于 1。

3．反映规模及市场占有能力的指标

（1）市场占有率＝保费收入/市场的总保费收入

市场占有率反映该公司的产能、保险产品的竞争能力和保险公司对市场的控制能力。指标数值越大，表明公司保费收入的市场份额越大，公司在市场中越占优势地位。

（2）保费收入水平＝公司的总保费收入

是指保险公司的全部收入，代表了保险公司的业务规模。

（3）资产总额＝保险公司的总资产

资产总额是指占有和使用的资产的数量，代表了保险公司经营的物质基础，是竞争实力的体现。

4．反映经营能力的指标

（1）资金运用率＝资金运用平均额/总资产

目前保险投资已成为保险业的支柱，使保险公司的资金得到有效利用，加快了资金积累，是提高保险公司偿付能力和竞争力的重要途径。

（2）投资收益率＝净投资收入/资金运用平均额

投资收益率是反映保险公司资金管理水平和资金运用效益的重要指标。保险公司的资金运用率及投资收益率决定着保险公司竞争力的强弱。

（3）退保率＝退保金额/保费收入

在保单承保的初期会发生大量的费用支出，退保会使期初的费用无法摊回，造成费用净损失。另外，退保的发生容易影响保险公司现金流的稳定性。另外，大规模的退保还可能引起保险公司的信用危机，从而影响到保险公司的竞争力。

（4）赔付率＝净赔款支出/净保费收入

赔付率是考核非寿险和短期人身险业务质量、反映承保政策的重要指标。赔付率越高，公司盈利越低，竞争力越弱。

以上指标汇总为表3.1。

（二）潜在竞争力诊断指标体系

1．反映潜在发展能力的指标

（1）总资产增长率＝（本年末总资产－上年末总资产）/上年末总资产

总资产增长率的高低反映了保险公司的未来发展能力。总资产增长率越大，说明保险公司的可运用资金越多，承保能力越强。

（2）承保能力剩余＝4－[自留保费/（实收资本＋公积金）]

承保能力剩余反映了保险资源的利用程度和承保潜力。实收资本加公积金总和的四倍是保险公司的自留保费的最大限度，在限度内可以充分地利用保险资源。自留保费太少，说明资源浪费，承保潜力较大；自留保费太多，也说明风险过大。

表 3.1　保险公司现实竞争力指标体系

综合指标	方面指标	分项指标	计算公式
保险公司现实竞争力	盈利能力	资产利润率	净利润/平均资产
		净资产收益率	净利润/年平均净资产
		保费收入利润率	净利润/保费收入
		人均利润率	净利润/员工总人数
	偿付能力	偿付能力	实际资产-实际负债
		资产负债率	负债总额/总资产
		资本充足率	资本净额/加权风险资产≈净资产/总资产
		准备金提取率	提取的全部准备金/总负债
		肯尼系数（经营规模系数）（非寿险）	自留保费/（资本金+公积金）
		非认可资产比（寿险）	非认可资产/总资产
		流动比率	流动资产/流动负债
	规模及市场占有能力	市场占有率	保费收入/市场的总保费收入
		保费收入水平	公司的总保费收入
		资产总额	总资产
	经营能力	资金运用率	资金运用平均额/总资产
		投资收益率	净投资收入/资金运用平均额
		退保率（寿险）	退保金额/保费收入
		赔付率（非寿险）	净赔款支出/净保费收入

（3）保费收入增长率＝（本年保费收入－上年保费收入）/上年保费收入

保费收入是保险公司组织经济补偿和给付活动的前提，保费收入增长率越高，表明公司的持续发展能力越强。

（4）员工培训投入率＝员工培训费用/保费收入

该指标反映保险公司在员工培训方面的投入力度，直接影响着企业员工素质的提高和保险公司的发展潜力。

2．反映开发创新能力的指标

（1）研究开发投入率＝保险企业研究与开发费用总和/总保费收入

该指标反映保险公司用于新险种开发和公司技术手段提升的费用，同时也反映了公司对新产品开发的重视程度和对市场的开拓能力，直接影响新险种的开发速度和经营技术水平的提高。

（2）新险种开发率＝（在研新险种数+储备新险种数+新险种投放市场数）/现有市场总险种数

该指标反映保险公司新险种开发能力。

（3）新险种保费收入率＝新险种总保费收入/总保费收入

该指标反映保险公司新险种开发的成效。比率越高，说明新险种为公司带来的保险费越多，新险种开发对公司的贡献越大。

以上指标汇总为表 3.2。

表 3.2　保险公司潜在竞争力指标体系

综合指标	方面指标	分项指标	计算公式
保险公司潜在竞争力	潜在发展能力	总资产增长率	（本年末总资产－上年末总资产）/上年末总资产
		承保能力剩余	4－自留保费/（实收资本＋公积金）
		保费收入增长率	当年保费增长额/上年保费收入
		员工培训投入率	员工培训费用/保费收入
	开发创新能力	研究开发投入率	研究与开发费用总和/总保费收入
		新险种开发率	（在研新险种数＋储备新险种数＋新险种投放市场数）/现有市场总险种数
		新险种保费收入率	新险种总保费收入/总保费收入

保险公司现实竞争力和潜在竞争力诊断指标体系共同构成了保险公司竞争力诊断指标体系，二者缺一不可。但是根据中国当前保险市场发展水平与保险公司成长情况以及数据的可获得情况，在计算综合竞争力时并不是所有的指标都会涉及。以上建立了中国保险公司竞争力诊断指标体系，下面将利用 SPSS 统计软件中的因子分析方法对中国保险公司进行实证分析，以检验保险公司竞争力诊断模型的适用情况。由于中国保险业发展的特殊性和国际保险惯例，在本章下节中将中国的保险公司分为财险公司和寿险公司，分别运用本节建立起的竞争力诊断指标体系对二者进行研究。

第二节 基于因子分析法的中国保险企业竞争力现状

本节主要运用因子分析方法，对中国 2005 年保险市场上主要的财险公司和寿险公司竞争力状况进行分析。以本章第一节中设计出的指标体系为基础，结合可获得的有关数据，分别对财险公司和寿险公司进行因子分析，并对结果进行简要探讨。

一、因子分析方法简介

因子分析方法对研究保险公司的竞争力具有得天独厚的优势：首先，中国保险公司因竞争环境不同容易造成指标选择上的困难，因子分析方法可以引入很多变量，通过设置更多的指标更加全面地考察其竞争力影响因素。其次，因子分析的强项是通过降维达到分类和排名，这样可以将保险公司需要考虑的几十项因素简化为几项因素，便于抓住主要矛盾。第三，因子分析方法作为一种科学有效的方法，可以更好地支持监管部门的政策执行和实施。

根据方开泰（1987）和于秀林（1999）等的论述，多指标综合评价方法是把多个描述被评价事物不同方面且量纲不同的统计指标，转化成无量纲的相对评价值，并综合这些评价值以得出对该事物一个整体评价的方法。随着计量技术和计算机的发展，多元统计分析方法为我们提供了一个比较好的比较保险公司竞争力的手段。多元统计分析处理的是多指标问题，由于指标太多，使得分析的复杂性增加。观察指标的增加是为了使研究过程趋于完整，但同时，为使研究结果清晰而一味增加观察指标又容易让人陷入混乱。由于在实际工作中，指标间经常具备一定的相关性，所以需要用较少的指标代替原来较多的指标，同时又能反映原有的全部信息，于是就产生了因子分析方法。我们对因子分析方法的步骤进行简要分析，在后面的经验分析中将直接运用此方法进行运算，而到时将只保留原始数据与最终分析结果。

（一）因子分析法的原理及优点

因子分析方法是一种通过降维来简化数据的多元统计方法，它将具有错综复杂关系的变量综合为数量较少的几个因子，以再现原始变量与因子之间的相互关系，同时根据不同因子对变量进行分类，通过寻找出一组数目较少、相互独立的公共因子来代替相对较多的、互相关联的原始变量，选取的公共因子能集中反映出原始变量所含有的大部分信息，从而起到简化分析的作用。

因子分析模型是根据变量间的相关性大小，把变量分组，组内的变量之间相关性高，但不同组的变量相关性低，每组变量代表一个基本结构，这个基本结构称为公共因子。其出发点是用较少的相互独立的因子变量来代替原来变量的大部分信息。可以通过下面的数学模型来表示：$X = AF + \varepsilon$。其中 $X = (x_1, x_2, \ldots, x_p)'$ 为 p 个原有变量，F 为 m 个公共因子变量，$m \leq p$，A 为 $p \times m$ 的因子载荷矩阵，a_{ij} 表示第 i 个原有变量和第 j 个公共因子变量的相关系数，a_{ij} 越大说明公共因子 F_j 和原有变量 x_i 越强，ε 为特殊因子，表示了原有变量不能被公共因子变量所解释的部分，相当于多元回归分析中的残差部分。因子分析模型中有多种确定公共因子变量的方法，本书用基于主成分模型的主成分分析法来确定公共因子。

（二）因子分析法算法步骤

1. 设原始指标为 x_1，x_2，…，x_p，每个指标进行 n 次观测，得到原始数据矩阵：

$$X = \begin{pmatrix} x_{11} & x_{12} & \cdots & x_{1p} \\ x_{21} & x_{22} & \cdots & x_{2p} \\ \vdots & \vdots & & \vdots \\ x_{n1} & x_{n2} & \cdots & x_{np} \end{pmatrix} \underline{\Delta} \left(x_1, x_2, \cdots, x_p \right)$$

2. 原始数据矩阵进行数据变换（标准化，将原始数据 x_{kj} 变换成新数据 x'_{kj}）：

标准化：$x'_{kj} = \dfrac{x_{kj} - \overline{x}_j}{\sqrt{S_{jj}}}$，$k = 1$，$2$，…，$n$；　$j = 1$，2，…，p

这里，S_{jj} 是第 j 列的样本方差，有：

$$S_{jj} = \frac{1}{n-1} \sum_{k=1}^{n} (x_{kj} - \overline{x}_j)^2$$

3. 计算 X 的样本相关阵 $R = (r_{ij})_{p \times p}$，有：

$$r_{ij} = \frac{S_{ij}}{\sqrt{S_{ii}} \sqrt{S_{jj}}} = \sum_{k=1}^{n} x_{ki} \cdot x_{kj}，\quad i，j = 1，2，…，p$$

4. 计算特征值和相应的标准正交的特征向量，这里可以求出 R 的 p 个非负特征值，不妨记为 $\lambda_1 \geqslant \lambda_2 \geqslant \cdots \geqslant \lambda_p$，相应的标准正交的特征向量记为 $\mu_1, \mu_2, \cdots, \mu_p$，其中：

$$\mu_i = (\mu_{i1}, \mu_{i2}, \cdots, \mu_{ip})'，\quad i = 1，2，…，p$$

根据累计贡献率的要求比如 $\sum_{i=1}^{m}\lambda_i / \sum_{i=1}^{p}\lambda_i \geqslant 85\%$，取前 m 个特征根及相应的特征向量。

5．求初始因子载荷矩阵 $A=\left(a_1, a_2, \cdots, a_m\right)$，$a_i$ 是第 i 列向量。

求因子载荷矩阵有多种方法，如主成分法、主因子法、α 因子法、象因子法、产生未加权的最小平方因子法、广义最小平均法和最大似然法等。其中常用主成分方法和主因子方法求因子载荷矩阵 A，当用主成分方法求因子载荷矩阵 A 时，就是用求主成分的方法，求 A 的各列 a_i（$i=1,2,\cdots,m$），即 a_i 也等于 X 的相关阵 R 的特征向量。

6．若公共因子的含义不清楚、不便实际解释时，将对初始因子载荷矩阵 A 进行旋转处理，直到达到要求。

旋转的方法有方差最大正交旋转、等向方差最大正交旋转和 Oblimin 斜交旋转等，最常用的是方差最大正交旋转法。

7．根据因子载荷大小说明因子具体含义。变量与某一因子的载荷系数绝对值越大，则该变量与因子的关系越近。

8．将因子表示成原指标变量线性组合，估计因子得分。

估计因子得分有很多方法，如加权最小二乘法、回归法等。最常用的是回归法。进而得到的因子得分函数为：

$$F_j = \beta_{j1}x_1 + \cdots + \beta_{jp}x_p \qquad j=1,\cdots,m$$

因子得分越大，说明其在解释中越重要。用因子得分函数可以计算出每个样品的公共因子得分。

9．用每个因子的贡献率 $\lambda_j / \sum_{i=1}^{p}\lambda_i$ 作权数，给出多指标综合评价值。

二、中国保险企业竞争力现状分析

本书通过应用因子分析方法对保险公司竞争力进行诊断分析，为了让公司间具有可比性，将保险公司分成寿险公司和财险公司进行计算和比较，即使是在国内保险公司竞争力比较中，也由于数据所限，无法选用所有指标，只有尽可能多地选用一部分指标。对于国内保险公司的竞争力比较，数据主要来源于《中国保险年鉴》的公开数据。由于平安保险集团的财险和寿险数据是在2004年以后才有明确分表，同时在对其他年度的数据分析对比中，发现2005年的数据也最具有代表性，故所有数据统一采用了2006年《中国保险年鉴》的数据。

因子分析方法是一种定量分析方法，本书中针对的是现实竞争力和潜在竞争力，而对于环境竞争力的判断主要是定性的，无法使用因子分析方法，而且关于外部环境影响竞争力的研究成果较多，故本书对此不再进一步讨论。

（一）中国财险市场竞争力分析

2005年中国主要财险公司的竞争力指标数据见表3.3。

表3.3　中国主要财险公司2005年数据

公司	保费收入利润率（%）	人均利润率（%）	资产负债率（%）	市场占有率（%）	保费收入水平（百万元）	资产总额（百万元）	资本充足率（%）	投资收益率（%）	总资产增长率（%）
人保财险	1.286834	1.380029	80.51965	52.16258	53440.36	79510.26	19.48034	0.450546	2.772735
平安财险	2.292792	1.45315	83.80197	10.03371	9293.04	14111.78	16.19803	1.785033	23.57389
太平洋财险	4.061433	2.745777	86.39032	11.59446	11379.5	23185.41	13.65824	1.364047	20.96424
华泰财险	7.323312	5.254878	70.77937	0.931504	771.37	9115.58	18.25479	1.566439	48.11966
天安保险	0.637526	0.32343	80.02651	5.014896	4532.75	5552.36	19.853	1.344834	46.76203
中华联合	0.17169	0.085515	92.80353	8.298753	8981	6795	4.827079	-0.22075	52.89866
大众保险	7.494037	5.015142	69.62777	0.839619	860.06	1323.38	30.27173	12.94639	18.32691
华安财险	-0.59443	-0.2118	95.22882	1.860309	2013.35	4983.25	4.776602	0.124015	247.4173
永安财险	0.7878	0.254599	82.86352	2.5029	1611.15	2002.57	16.94622	1.364247	28.00146

公司	保费收入利润率（%）	人均利润率（%）	资产负债率（%）	市场占有率（%）	保费收入水平（百万元）	资产总额（百万元）	资本充足率（%）	投资收益率（%）	总资产增长率（%）
大地	0.028312	0.019802	80.65649	3.019499	2929.13	3217.41	19.34382	2.794173	57.28442
三星火灾	15.09138	32.71698	18.7806	0.090951	27.32	332.95	81.11428	0.183211	22.06702
三井住友	-3.38452	-4.64035	46.51141	0.123721	180.71	422.52	53.58326	0	23.79725
日本财险	18.73041	20.60345	10.30671	0.050502	77.85	586.22	89.60288	0	136.8566
太平保险	-13.033	-5.66656	77.71702	1.10131	1150.88	1804.92	22.28298	1.195067	27.50302

资料来源：《中国保险年鉴2006》。

结合中国当前保险市场发展水平与保险公司成长情况以及数据的可获得情况，对于财产保险公司目前使用的指标在前面的基础上调整为盈利能力、偿付能力、规模及市场占有能力、经营能力以及潜在发展能力等五项综合指标。具体来说，盈利能力又包括保费收入利润率（净利润/保费收入）和人均利润率（净利润/员工总人数）两项分项指标。偿付能力包括资产负债率（负债总额/总资产）和资本充足率（资本净额/加权风险资产≈净资产/总资产）两项分项指标。规模及市场占有能力包括市场占有率（保费收入/市场的总保费收入）、资产总额（总资产）以及保费收入水平（总保费收入）三项分项指标。经营能力包括投资收益率（净投资收入/总资产）分项指标。潜在发展能力包括总资产增长率（（本年末总资产－上年末总资产）/上年末总资产）。

根据上述五个方面9个指标，利用SPSS13.0的因子分析过程对数据进行因子分析，对主成分法提取的初等因子载荷矩阵（component matrix）进行方差最大化正交旋转（varimax）。从总方差分解表（表3.4）①可以看出，使用5项综合因子代替初始9项

---

① 在此表中，33.505、22.507、20.319、11.278、11.043分别为旋转后第一到第五个公共因子的方差贡献率。

指标之后，模型的解释力仍达到了98.65%以上。

表 3.4 2005 年财险公司因子分析积累方差表

因子	方差	积累方差
1	33.505	33.505
2	22.507	56.012
3	20.319	76.331
4	11.278	87.609
5	11.043	98.652

表 3.5 经正交旋转后的因子载荷矩阵

	$F1$	$F2$	$F3$	$F4$	$F5$
保费收入利润率$X1$	.006	-.391	.800	.031	-.001
人均利润率$X2$	-.047	-.272	.678	-.188	-.170
资产负债率$X3$	-.070	-.693	.316	-.086	-.074
市场占有率$X4$	.354	.086	-.037	.052	.072
保费收入水平$X5$	.360	.106	-.055	.063	.090
资产总额$X6$	.355	.061	-.002	.057	.087
资本充足率$X7$	.091	.765	-.390	.125	.115
投资收益率$X8$	.081	.153	-.118	1.048	.164
总资产增长率$X9$	.118	.133	-.130	.161	1.084

公共因子$F1$在变量$X4$、$X5$、$X6$上的因子载荷系数最大，说明$F1$集中反映了市场占有率、保费收入水平和资产总额状况，因此把$F1$称为规模及市场占有能力因子；公共因子$F2$在变量$X3$、$X7$上的因子载荷系数最大，说明$F2$集中反映资本充足率和资产负债率的水平，因此把$F2$称为偿付能力因子；公共因子$F3$在变量$X1$、

$X2$上的因子载荷系数最大，说明$F3$集中反映了保费收入利润率和人均利润率的水平，因此把$F3$称为盈利能力因子；公共因子$F4$在变量$X8$上的因子载荷系数最大，说明$F4$集中反映了投资收益率的情况，因此把$F4$称为经营能力因子；公共因子$F5$在变量$X9$上的因子载荷系数最大，说明$F5$集中反映了总资产的增长速度，因此把$F5$称为潜在发展因子。

利用回归法（regression）求得各个单因子得分函数。最后，利用综合因子得分公式（以每个因子方差占积累方差的比例作为权重）：

$$F=(33.505F1+22.507F2+20.319F3+11.278F4+11.043F5)/\ 98.65$$

计算出 14 家财险公司的综合得分，见表 3.6。

表 3.6　中国主要财险公司 2005 年因子得分、综合得分及排名

	$F1$	$F2$	$F3$	$F4$	$F5$	F	排名
人保财险	3.38119	0.26189	-0.24936	-0.01329	-0.13125	1.140525	1
日本财险	-0.12403	2.04273	1.06165	-0.19374	1.34282	0.770745	2
三星火灾	-0.44576	1.20418	1.9401	-0.72917	-0.84819	0.344626	3
大众保险	-0.27201	0.10539	0.22916	3.35881	-0.17363	0.343408	4
华安财险	-0.18142	-0.8491	-0.28862	-0.22719	2.99507	-0.00549	5
太平洋财险	0.2843	-0.90024	0.50065	-0.23898	-0.56443	-0.09621	6
平安财险	0.06929	-0.66195	0.15641	-0.10292	-0.51936	-0.16518	7
华泰财险	-0.40639	-0.70944	0.75974	-0.1939	-0.25733	-0.19437	8
三井住友	-0.45253	1.60092	-1.70851	-0.39234	-0.40277	-0.23028	9
大地	-0.3547	-0.34316	-0.31571	0.25634	0.02222	-0.23199	10
天安保险	-0.27326	-0.40769	-0.18708	-0.2037	-0.19717	-0.26971	11
中华联合	-0.16257	-1.15121	0.14036	-0.75586	-0.21661	-0.3996	12
永安财险	-0.52644	-0.65915	-0.04293	-0.2982	-0.57926	-0.43695	13
太平保险	-0.53567	0.46683	-1.99584	-0.26586	-0.47012	-0.56952	14

由以上的分析过程我们可以看出，使用因子分析法产生的五个公共因子，按照方差贡献率大小所得的权重次序为市场规模及

占有能力因子、偿付能力因子、盈利能力因子、经营能力因子、潜在发展因子。由表 3.6 可以发现：通过因子分析结果的排名情况，我们可以发现很多与常识并不相符的结论。小公司三星和日本财险排得相当靠前，以保费增长速度快著称的中华联合反而落后，如此等等。究其原因，是因为中国财险市场尚处于发展过程比较初级的阶段，而且国内各界已经习惯使用保费收入这一单一指标来衡量财险公司的竞争力,好像一提起来直观上就觉得人保、太保、平安和中华联合等前几家财险公司的竞争力强。但是正如前文所述，采用因子分析方法对中国财险公司进行评分和排名由于方法本身的特点，很多反映绝对规模的因素已经被弱化了，而且作为一个竞争力评价系统，在因子分析过程中已经对不同的因素赋予不同的权重，因此使用本方法得出的结果已经是一个各种指标在经过复杂数学运算后的综合结果，规模和绝对数量之外的反映财险公司竞争力的因素也占到了重要的位置。可以看出，人保的地位依然第一，但是支撑其第一位置的并不是其五方面的综合竞争力，而仅仅是由于规模和市场占有因子的得分实在太高，且规模及市场占有能力因子的方差贡献率相对较大，以至于在很大程度上掩盖住其余四项竞争力的不足（负值）。而反观综合竞争力排名中的小财险公司，可以看出，其经营效益良好，五项竞争力结构呈现出与人保截然相反的局面。而中华联合在业内的扩张速度是有目共睹的，尽管其市场份额现已稳居前列，但是在此竞争力诊断体系中的竞争力表现却并不尽如人意，五项竞争能力中已有四项为负并且值相对较大。对于其他财险公司我们也可以进行类似比较分析，从而得出其竞争优势和竞争劣势所在，为其有针对性地提高竞争力指明方向。

（二）中国寿险市场竞争力分析

2005 年中国主要寿险公司竞争力指标数据见表 3.7。

表 3.7 中国主要寿险公司 2005 年数据

	净资产收益率（%）	资产利润率（%）	资产负债率（%）	市场占有率（%）	资产总额（百万元）	资金运用率（%）	资本充足率（%）	保费收入增长率（%）	总资产增长率（%）
中国人寿	8.66637	1.173911	87.85502	47.36001	521804	65.85739	12.06507	7.3113	27.97532
平安人寿	27.1377	1.253197	95.82341	17.31614	250819.1	81.39022	4.172374	7.237999	23.91018
泰康人寿	10.12277	0.3631	96.91257	5.239094	55558.83	81.27877	3.08743	0.741256	38.60514
新华人寿	2.014902	0.045003	98.14961	6.202022	60565.16	78.12359	1.850321	11.99136	52.23562
太平洋人寿	14.71901	0.276597	98.3887	10.65217	128377.9	62.87595	1.611297	4.573438	39.88086
友邦上海	52.30365	-2.12931	1020.25	0.628289	877.05	852.8277	-19.105	10.17182	-88.075
中宏人寿	-41.2299	-3.48552	92.46058	0.206547	2059.84	72.1675	7.539421	17.46151	27.6059
信诚人寿	-96.0608	-17.2496	85.60353	0.31174	1585.25	60.16212	14.39647	62.74694	65.71712
太平洋安泰人寿	-92.2216	-4.34618	95.7806	0.209463	1736.74	77.03254	4.2194	15.30711	26.4813
光大永明人寿	-56	-15.6045	74.27882	0.075519	758.13	58.11404	25.72118	20.47033	18.18635
中意人寿	-9.74153	-0.60137	95.31632	5.876696	22774.18	73.47463	4.683681	5881.417	93.26719
太平人寿	-54.8021	-3.22367	95.41892	2.30487	22105.7	62.73036	4.581081	18.54952	79.35339
中德安联人寿	-143.76	-12.3217	92.52458	0.085311	777.08	67.59085	7.475421	54.0051	34.34761

结合中国当前保险市场发展水平与保险公司成长情况以及数据的可获得情况，对于寿险公司目前使用的指标在前文的基础上调整为盈利能力、偿付能力、规模及市场占有能力、经营能力以及潜在发展能力等五项综合指标。具体来说，盈利能力又包括净资产收益率（净利润/年平均净资产）和资产利润率（净利润/平均资产）两项分项指标。偿付能力包括资产负债率（负债总额/总资产）和资本充足率（资本净额/加权风险资产）两项分项指标。规模及市场占有能力包括市场占有率（保费收入/市场的总保费收入）、资产总额（总资产）两项分项指标。经营能力包括资金运用率（资金运用平均额/总资产）分项指标。潜在发展能力包括总资

产增长率（（本年末总资产－上年末总资产）/上年末总资产）和
保费收入增长率（当年保费增长额/上年保费收入）两项分项指标。

　　根据上述五个方面 9 个指标，利用 SPSS13.0 的因子分析过程
对数据进行因子分析得到以下综合因子得分公式。从旋转后的总
方差分解表看出 5 个公共因子的累积贡献率已经达到 98%以上。

表 3.8　2005 年寿险公司因子分析积累方差表

综合因子	方差	积累方差
1	36.355	36.355
2	24.579	60.934
3	16.644	77.579
4	12.388	89.967
5	8.463	98.430

表 3.9　经正交旋转后的因子载荷矩阵

	$F1$	$F2$	$F3$	$F4$	$F5$
净资产收益率$X1$	-.081	-.179	-.228	-.034	1.388
资产利润率$X2$	-.205	-.036	.687	-.120	.050
资产负债率$X3$	.370	.067	-.108	.161	-.129
市场占有率$X4$	.110	.569	-.050	.128	-.351
资产总额$X5$	.079	.534	-.039	.026	-.271
资金运用率$X6$	.369	.063	-.117	.160	-.104
资本充足率$X7$	-.108	.028	-.779	.028	.748
保费收入增长率$X8$	.125	.087	-.175	.966	-.048
总资产增长率$X9$	-.301	-.061	.278	.180	-.204

　　从旋转后的因子载荷矩阵可以得出：公共因子 $F1$ 在资金运

用率和资产负债率以及总资产增长率上因子载荷系数最大，可以称为偿付能力因子；公共因子 *F*2 在市场占有率及资产总额上因子载荷系数最大，可以称为规模及市场占有因子；公共因子 *F*3 在资产利润率和资本充足率上因子载荷系数最大，可以称为潜在发展因子；公共因子 *F*4 在保费收入增长率上因子载荷系数最大，可以称为保费因子；公共因子 *F*5 在净资产收益率上因子载荷系数最大，可以称为收益因子。

利用回归方法可以得出每个公共因子表达式，通过表达式可以算出每个公共因子的得分和综合得分，见表 3.10。

表 3.10 中国主要寿险公司 2005 年因子得分、综合得分和排名

公司	偿付能力因子 *F*1	规模及市场占有因子 *F*2	潜在发展因子 *F*3	保费因子 *F*4	收益能力因子 *F*5	综合得分 *F*	排名
友邦上海	3.25734	-0.33991	0.40488	0.04711	0.28089	1.216759	1
中国人寿	0.05592	3.1153	-0.26804	-0.03401	-0.30235	0.722976	2
中意人寿	-0.37363	-0.1914	0.26372	3.27057	0.20422	0.287979	3
平安人寿	-0.21578	0.77572	0.43338	-0.40948	0.85524	0.209288	4
太平洋人寿	-0.39903	0.06035	0.74949	-0.42442	0.68457	-0.00013	5
新华人寿	-0.50942	-0.34532	0.86198	-0.40003	0.56781	-0.13015	6
泰康人寿	-0.45751	-0.40948	0.68363	-0.47948	0.95918	-0.13351	7
太平洋安泰人寿	-0.16958	-0.45305	0.45877	-0.43163	-1.18823	-0.25468	8
中宏人寿	-0.32574	-0.61123	0.09749	-0.46855	0.30589	-0.28913	9
太平人寿	-0.62666	-0.49107	0.73517	-0.23855	-0.57852	-0.30953	10
中德安联人寿	0.04669	-0.25956	-0.38455	-0.1985	-2.28479	-0.33402	11
信诚人寿	-0.17805	-0.39776	-1.43394	0.01185	-0.79166	-0.47413	12
光大永明人寿	-0.10455	-0.45258	-2.60197	-0.24489	1.28776	-0.51171	13

表3.10的因子分析结果将中国现有寿险公司分为三类：中国

人寿和友邦上海分公司以其独特的竞争优势遥遥领先；在中国已经经营数年的外资寿险公司、合资寿险公司以及一些成立时间较早的部分中资寿险公司位于中间；部分新成立的外资寿险公司、合资寿险公司以及极个别长期展业的中资公司位于末尾。中国人寿以规模因子为主的竞争力结构占到了第二的位置，这说明尽管我们选用反映相对效率水平的指标体系对中国的寿险公司进行研究，但在中国当前寿险市场仍然不能回避规模的重要性。友邦由于与偿付能力有关的指标突出而异常优秀。几家外资寿险公司凭借其稳健的经营和盈利状况的因子，排名也很靠前，这点充分说明尽管规模很重要，但并不是全部，相对于短期内追求快速扩张的中资寿险公司而言，外资寿险公司与合资寿险公司更加注重经营的稳健性，因此当我们尽量舍弃规模指标，尽可能多地考察可以反映相对效率的相对指标时，与外资及合资寿险公司规模相似甚至远超过外资与合资公司的中资公司在经营效率上则明显落后。例如太平人寿和信诚人寿等成立了一段时间的寿险公司则因为考察综合竞争能力而排名靠后，说明应该改变现有经营思路，更加注重经营效益。

三、简要结论

在现有的很多研究中，有不少成果都认为中资保险公司与外资保险公司存在经营理念等方面的差异，而这种差异对经营结果会产生不同的影响，并有研究以结论的方式笼统地认为中资公司注重规模，外资与合资公司注重效益。本书相比于其他研究来说，应用科学的方法与较新的数据，对中国财险公司与寿险公司竞争力指标体系进行了经验分析，研究结论并不支持中资公司注重规模、外资与合资公司注重效益的论断。

本章构建了关于现实竞争力与潜在竞争力的中国保险企业竞争力诊断指标体系，明确了当前中国保险行业发展与保险市场建设以及保险公司发展应关注的关键指标。按照本书设计的指标体系，应用因子分析方法对中国财险公司与寿险公司的竞争力进行经验分析，并对经验分析结果进行解释。本章认为中国保险业竞争力诊断指标体系是一项多指标的、动态的复杂体系，以往仅凭主观推断的结论是站不住脚的，必须以科学、合理的研究方法加以考察。经过分析，本研究的基本结论认为尽管当前中国保险市场仍然是规模与效率并重，但是财险市场与寿险市场还是各有特点，财险市场更加注重经营效益，寿险市场更加注重规模。

未来我们可以将这一方法运用到保险行业的其他范围和领域内，例如通过设置不同国家保险业竞争力的诊断指标体系，对世界上不同经济发展情况、不同文化背景的保险行业进行竞争力分析，由此得出提高中国保险业竞争力的对策。同样，还可以将因子分析的方法运用到某一具体的保险公司内部，对其各家分支机构进行竞争力的诊断分析。需要指出，上述扩展都是建立在对保险企业和保险行业具有深刻理解基础上的，如果选取的指标脱离了行业实际情况，不但得不出与现实相符的结果，更有可能会对保险业的发展产生误导，这些都是值得我们注意的。

鉴于以上分析，本章认为提高中国保险公司竞争力是一项长期而艰巨的任务，为提高其竞争力，首先要对不同类型的保险公司竞争力特点有充分的了解。根据本章结论，中资保险公司应在目前规模基础上尽可能从多方面提高经营效率；外资与合资保险公司可以按照自身经营战略，执行其既定的经营方针与路线，扩大经营规模。对于保险监管机关来说，其主要目标是保护被保险人的利益并协调保险市场的健康发展，因此保险产业政策可以从规范竞争行为上多下功夫，通过对保险公司竞争行为的规范，促进保险公司更多地关注其长期利益，避免部分保险公司为短期利益而破坏市场发展的短期行为。通过以上分析，我们对中国保险企业竞争力现状有了一个基本的了解，设定的诊断指标体系关系到保险公司经营管理的内在环节方面，而这背后隐藏的经济规律是保险公司的价值链建设，下面将从价值链的角度对保险企业经营竞争力进行论述和研究。

第四章

保险企业价值链建设与竞争力提升

      价值链分析的作用在于指导企业在整合各种活动中构建竞争优势。保险企业的价值链虽然特殊，但仍然是一个统一的系统或体系，并不是简单的保险企业内部个别经济活动的简单加总。实际上，保险企业的价值链仅仅是保险业创造价值这个整体活动的一部分内容，因为保险业价值的最终实现有赖于消费者购买保险产品，而由于保险业经营的特殊性，作为营销渠道的银行等中介机构自然成为介于保险企业与消费者中间不可忽视的一环。这样就形成了基于保险企业经营价值链之上的保险产业价值链体系。本章主体仍然围绕保险企业经营价值链的关键要素对保险企业竞争力提升进行研究，但是增加了保险企业的价值链与保险产业价值体系各环节的促进及互动效应。

      价值链决定保险企业的竞争优势，而竞争优势是所有竞争战略的核心所在，要取得竞争优势，保险企业就必须在所有影响企业成本及差异性的方面作出选择，这种选择是在战略的层面上进行的。运用价值链分析方法有助于保险企业明确认识其所面临的竞争优势和自身劣势所在，因此本章对基于价值链理论基础上的保险企业竞争优势进行了重点研究。

在保险行业里，不同的保险企业价值链总是千差万别的，不同组织形式的企业的价值链，其创造价值的模式就是截然不同的。在本章第三节探讨的三大问题中，第一个大问题主要是探讨保险公司的经营各要素与成本控制；第二个大问题探讨差异化，从保险产品的差异化自然过渡到提供不同保险产品的保险企业的不同组织要求，最终和组织形式与竞争力部分联系起来；第三个大问题涉及目标集聚竞争政策，是不同公司结合自身实际确定保险产品和服务的过程，偏重以中小规模的中外资保险企业为研究对象。通过以上研究，将价值链理论和保险公司经营及其竞争力提升联系起来。

第一节　价值链理论与保险企业经营的联系

研究保险企业的价值链，是为了通过对价值链的分解，深入分析影响保险企业利润的关键因素，在此基础上，对保险企业现有资源进行重新整合，使保险企业在日常经营管理中按照改进后的价值链所要求的模式运营。通过这一模式过程，可以提高保险公司的竞争力，获得长期、持久的竞争优势。这一过程形成的同时也是保险企业自身独特的竞争战略形成的过程。

为保持研究的严谨性，首先引入保险企业价值链系统的概念，价值链系统不同于单纯的保险企业价值链。通过引入价值链系统可以使我们更加完整地理解保险企业价值形成过程，同时也可以为组织形式、内部制度等在保险企业经营价值链中的运用作铺垫。

一、保险企业价值链系统构建

保险企业的经营是市场研究、险种设计、营销以及对保险产品起到风险分散、损失补偿等作用的各种活动的集合。保险企业所有这些活动都可以用价值链来表示。如果我们套用企业价值链的概念，可以得到有关保险企业价值链的如下表述：保险企业的价值链和它所从事的活动方式反映了特定保险企业的历史、战略、推行战略的途径以及这些活动为保险企业价值增加带来的根本效益。

（一）价值链理论与保险企业竞争力的契合点

关于价值链理论和保险企业理论在前面的第二章已经有所阐述，这里不再详细介绍。使用价值链理论来分析保险企业竞争力具有如下优势：

1. 价值链分析的基础是价值，避免了与成本相混淆。在研究一般企业的价值链时，往往会遇到由于会计数据在企业内部经营所发生的计量问题，即很多情况下只能获得成本数据，而非反映价值的数据。由于保险企业经营的特殊性，保险企业价值增值活动与一般企业有所不同，例如，保险企业由于产品营销的特殊性，佣金和手续费一项是在相应领域价值实现后的计量，也即营销员的佣金和应进入保险公司营销成本的手续费在保险产品销售发生的同时就已经计提完毕，于是包含此项的价值链环节就不会出现价值和成本造成的混淆。

2. 价值链是由各种价值活动构成的，即由基本增值活动和辅助性增值活动构成。现代商业保险的发展要求保险公司承保与投资并重，这其中固然具有保险业的保障职能和资金融通职能，但是若从上述界定加以划分的话，也可以分为通过承保业务的基本增值活动，以及基于投资业务的辅助性增值活动。正是由于保险企业的这种特点，才使得价值链理论更加适合解释保险企业的经营与竞争力的提升。

3. 企业的价值链理论被广泛应用,能够满足价值系统的复杂性要求。保险业作为国民经济中起稳定作用的一种机制,涉及很多宏观经济领域。仅在金融保险业领域探讨,保险产品价值的实现除了保险公司自身经营活动外,很多情况下还需要依赖银行、兼业或专业代理人等金融中介机构来实现。另一方面,保险是一种服务产品,需要消费者的广泛认可才能实现其价值。可见价值链理论适合保险企业价值链系统的复杂性。

4. 企业价值链的各环节因素分析比较适合保险业具体情况。不同的保险企业具有不同的价值链,从第三章的经验研究结果中,可以明显看到这一点:中外资保险公司及大、小规模保险公司各环节对竞争力的贡献是各不相同的。对于同一个保险企业而言,在不同的发展时期,也会有不同的价值链。例如,人保公司在1986年以前是中国唯一一家保险公司,其价值链以基本的、国家规定的保险业务为主,但是随着中国保险业的发展与保险市场的开放,人保公司不但进行了经营业务的转变,也发生了价值链的转变。因此正确地理解保险企业价值链的内涵是进行价值链研究的有效基础。

（二）保险企业价值链系统

保险企业价值链实质上是保险企业经营过程中的价值链,是更广泛的保险企业的价值系统的一部分,保险企业价值系统还包括渠道价值链和保险产品消费者（买方）价值链。图4.1说明了整个保险企业价值（链）系统的结构。①

保险商品的营销渠道介于保险企业与保险消费者之间,它主

---

① 一般企业的价值链系统除去上文提及的内容外,还包括供应商价值链。供应商在一个企业的链条上创造和传送其所使用的外购投入品的价值链。供应商不仅提交了产品,也会以其他许多方式影响一个公司的经营业绩。另外,许多产品在它们的运转过程中把渠道价值链传递给用户。由于保险企业经营的特殊性,保险商品的生产并不存在上游供应商的问题,因此本书重新构建了保险企业的价值链系统。

要包括用于增加保险企业用户数量的各种营销活动，也影响着企业自身的活动。保险企业的各种产品（险种）最终会成为消费者价值链的一部分。目前各家保险企业通过各种各样的创新实现差异化经营，差异化的最终基础就是保险公司及其产品在消费者价值链中的作用和位置。

本书认为保险企业的发展不只是增加价值，还有重新创造价值。在保险价值链系统中，不同的经济活动单元（保险公司、保险营销渠道以及顾客）通过相互作用共同创造价值，鉴于保险产品的特殊性，其为消费者带来一种相当主观的"效用上的满足"的属性，抛开其对社会影响的外部性而言，对保险消费者本身也具有不可估量的重要作用。考虑到这些由保险产品的外部性增加的价值，此时保险产品所实现的价值就不再局限于具体险种本身的物质转换。也就是说，保险产品的外部性除了实现其自身在保险企业、销售渠道等方面的价值外，还在消费者方面实现了新价值的创造。

考虑到随着中国社会经济的高速发展，保险业的生产方式正在逐步向信息型社会过渡，知识、信息在价值形成过程中的地位日益重要，我们需要对传统价值链的概念进行重新界定。本书观点是，保险企业的价值链是指一些相互关联的保险单位通过相互间和内部的各种联系而传递价值的网链结构模式。在这个界定中，价值的收集、组织、选择合成就是价值创造过程，而数据、信息、知识的传递过程同时也就是价值的流动过程。

图 4.1 包括三个基本组成部分：保险企业价值链系统、保险企业主要价值活动以及保险企业辅助价值活动。即保险企业的价值链系统包括了保险企业本身的价值活动和对现代保险商品价值实现至关重要的保险营销渠道，以及促成保险商品价值最终实现的消费者三方面内容。消费者的购买最终实现了保险产品的价值，再向上依次分配到营销渠道与保险企业中去。保险企业价值链主

要价值活动构成了保险企业价值链的主体，将在本章第二节进行阐述。在保险企业辅助价值活动中包含了竞争力的提升与竞争策略的制定。此外，还有一些辅助活动作为保险企业价值链的重要组成。需指出，保险企业的价值链体系和保险企业价值链是不同的，从图 4.1 中可以看出，保险企业价值链是其价值链体系的一部分，而价值链系统则要包含更多内容，营销渠道、消费者也是价值链系统所要考察的要素。

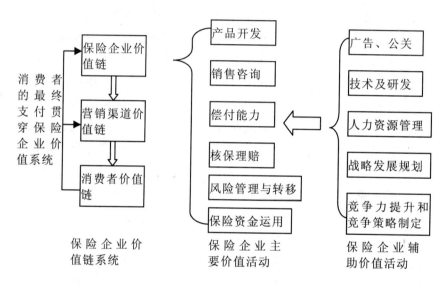

图 4.1 保险企业价值体系

根据价值链理论，图 4.1 构建的保险企业价值体系包括三个方面含义：首先，保险企业各项活动之间都有密切联系，如新险种推出时机的计划性、及时性和协调一致性与保险企业对市场的研究、自身发展战略、偿付能力等有密切联系。其次，扩展的价值体系中每项活动都能给保险企业带来有形或无形的价值，如销售咨询这条价值链上的环节，如果密切注意消费者所需或做好核保理赔服务，就可以提高保险企业信誉从而带来无形价值，同时还可以控制保险公司的支出成本。最后，保险企业价值体系不仅包括保险企业内部各价值链活动，而且更重要的是，还包括保险企业外部活动，如与银行等各种营销渠道之间的关系、与消费者之间的联系等等。

二、价值链与保险企业经营竞争力之间的关系

（一）波特价值链理论的价值展开与保险企业经营

关于"企业价值链"，波特认为，通过对企业价值链的分析，可以找出企业的核心能力，并帮助企业有效地进行资源分配。竞争优势来自厂商的一系列经营活动，包括设计、生产、行销、配销与支持等活动，每个活动都有助于提升相对的成本地位，并可作为产生差异化的基础，而差异化正是企业竞争优势的来源。波特的研究主要针对工业、制造业等产业中的企业，如果完全套用其理论对带有明显服务业特点的保险行业进行分析则存在一定的局限性，因此在本研究中，只是运用波特理论的概念和内在逻辑，而不是机械地套用波特分析框架。按照波特的逻辑，保险企业的价值链和渠道价值链、消费者价值链相连，构成一个保险产业的价值链。任何保险企业都能通过价值链进行分析，并架构、思考如何在每一保险企业价值活动上寻找降低成本或创造差异的战略，同时进一步分析营销渠道、保险公司与顾客三个价值链之间的联系，寻找可能的发展机会。

根据价值链理论，可以把保险企业的总价值展开为价值活动和差额两部分内容。价值活动是保险企业为创造出对消费者有价值的产品所进行的在物质形态和技术上都有明确界限的各种生产经营活动的集合体；价值活动又由基本活动和辅助活动两大类组成。差额是总价值与进行价值活动的成本总和的差。

在分析竞争地位和优势时，必须使用价值而不是成本，一方面是因为差额也是价值的一部分，保险企业常常有意提高成本，

比如提高营业费用、管理费用以及佣金和手续费等方式，以达到账面利润下降进行避税的目的；另一方面，保险企业可以提高的成本最终落脚在本公司营销的保险产品的独特性增加方面，实现了差异化经营，最终通过树立差异化的形象来扩大差额。如果将这两方面相反的变化放在一起进行衡量，则差额的变化并不确定。但总体上看，差额的多少反映出保险企业竞争战略的强弱。当然，竞争战略的强弱除了成本之外，还包括其他方面。从发展趋势上看，已经有越来越多的保险企业花大力量打造独特的险种特性，这说明差异化带来的好处相对于成本提高带来的弊端来说，利大于弊。因此分析保险企业的两大类价值活动是确定保险企业优势、制定竞争战略的基本方法。

（二）保险企业经营竞争力与价值链

使用系统方法来考察保险企业的所有价值活动及其相互作用对于分析竞争优势的各种来源是十分必要的。本书引入价值链这一分析工具，通过它来发现和挖掘保险企业成本及差异化的现有与潜在来源。其本质作用在于把保险企业的活动分解成战略上相关的价值活动，企业正是通过比竞争对手更节约或更好地开展和实施这些战略上的重要价值活动来赢得竞争优势的。

对于不同的保险企业，基本活动和辅助活动的重要性是不同的。在任何一家保险企业，各种基本活动和辅助活动都在一定程度上存在，并对竞争优势起着一定的作用。不同保险企业的价值链是不相同的，或者尽管相似，但是不同保险企业价值链要素对保险公司价值有着各不相同的贡献程度，而竞争者相互之间价值链的差异正是取得竞争优势的主要原因。这反映了它们各自的历史战略和经历的差异。一个重大的差别就是在竞争范围上一家保险企业的价值链和它的竞争者有所差异。竞争范围表明了竞争优势的关键所在，只服务于一个特定的细分市场也许能使保险企业将其价值链与该细分相适应，从而与竞争对手相比在其所服务的细分市场上拥有较低的成本或差异化，近年来健康险公司在中国获得较大发展的实际情况可以说明这一点。另外，拓宽保险公司服务的区域市场也会影响竞争优势，这一点可以从 2004 年年底中国保险市场全面对外开放以来外资保险公司快速开展全国布局的现象中看出端倪。此外，活动中的集成程度对竞争优势发挥着关键作用，中国很多具有国有保险公司背景的大型保险机构纷纷进行集团化经营，短期内形成多家保险集团。还有，很多保险企业依据协调一致的价值链在相关产业如金融、证券等领域里进行竞争，并且能够通过相互关联取得竞争优势，如平安集团、光大集团等等。因此，保险企业的价值活动是体现其竞争优势的各不相同的构建单元，在中国特殊的保险发展环境下，如何执行各种活动将决定保险企业在成本方面是高于还是低于竞争对手，也会决定它在满足消费者需要方面的贡献程度。对不同保险企业的价值链进行比较，可以发现存在着决定竞争优势的各不相同的因素。

三、保险企业价值链操作流程

（一）保险企业价值链管理的要素与步骤

随着中国保险市场竞争的日趋激烈和对经营管理水平要求的不断提高，中国保险业要在全球化和经济一体化的国际竞争中发展，一方面应在宏观上把握保险的运行规律，搞好保险监管和制定保险产业政策；另一方面，要在保险企业层面进行价值链经营的创新。中国保险市场的竞争规则正在逐渐发生变化，随着国有保险企业股份制改造的实现与完成、具有差别性的优惠政策的逐步取消，改革的先发效应已变得不再明显。外资保险公司、合资保险公司与中资股份制保险公司同台竞争，对于在同一竞争平台上的保险企业而言，要在竞争中取胜，就必须实现经营管理的科学化，彻底转变在计划经济体制下形成的行政型、经验型和粗放型的管理模式，向市场化、知识化、集约化的方向发展，实现经营管理的现代化。

　　基于竞争战略的保险企业价值链管理模式，就是从保险企业竞争战略出发，运用价值链管理理论和方法，对其价值链系统的构成进行分析和研究。为了保证保险企业竞争战略的实现，需要对其价值链系统进行优化，主要从三个方面进行：一是通过对价值链的构成基础——运营链的优化来实现，运营链由"运营"构成，通过对"运营"实行"运营成本"管理和"目标成本"管理，优化和控制"运营"活动，进而实现"运营链"的优化。二是通过适时调整在价值创造过程中不断增加价值的活动，使每一具体险种的生产周期都处于必要时间之内。三是通过开展全面价值链管理来实现保险企业价值链的优化。随着中国保险市场环境的变化，保险企业经营管理模式也随之发生了变化，"纵向一体化"和"横向一体化"频频发生，深刻地影响着中国保险业的发展与保险企业竞争力的变迁。保险企业价值链优化实际上也是其价值链的再造，其表现形式是价值链的分解与整合。价值链再造根据保险公司的不同形式有不同的选择：对于中小规模的保险公司，通过价值链的分解，保留其核心业务，将非核心的业务外包，从而保持和强化企业的核心竞争力。另外，也可以通过价值链的整合，在双赢和多赢的原则下，实现中小保险公司和其他经济实体间的战略联盟，综合提升保险企业的竞争实力，形成其竞争优势。对于中国具有深厚国有背景的大型保险企业（集团），保留核心业务、分包其他业务显然是不适合形成其以规模为主的竞争优势的，中国大型国有保险机构的发展走的是一条与中小保险公司发展截然相反的道路，应该继续发挥其规模优势，整合其他领域的资金和资源，先做大再做强。这样，中国保险市场才会和谐发展，避免所有的保险市场主体"一窝蜂"地向某一个方向发展，当出现问题时全部"哑火"的问题。

（二）保险企业价值链管理的流程图

基于竞争战略的保险企业价值链管理模式是以竞争战略为导向，以价值链分析为前提，以营运链优化为基础，以通过价值链分解和整合来实现价值链再造为中心环节，以提高保险企业竞争优势为目标的一系列管理现代化行为的组合模式。其目的就是为了提升企业在市场竞争中的竞争实力，形成持久的不可模仿的竞争优势。

现将上述理论总结于图4.2中。

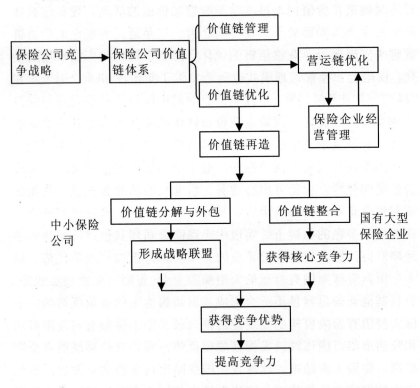

图4.2 基于竞争战略的保险企业竞争力价值链管理流程图

第二节　保险企业核心价值链的构成

根据价值链理论，对保险企业的价值链分析有以下几方面的内容：分析价值链每项活动的经营成本和资产；分析总价值、价值活动成本和差额；分析保险企业内外部价值创造系统的组成；分析竞争优势和潜力。这些进阶研究建立在对保险企业价值链深入了解的基础上。

本节从分析保险企业经营价值链入手，将重点分析研究保险企业的价值链体系核心内容，即单独研究保险公司的价值链上的主要价值活动——险种开发、保险营销、偿付能力、核保理赔、风险管理等内部制度以及资金运用。至于销售和咨询方面包含在保险营销渠道中，在此不再单独阐述，而保险消费者研究需要考察保险消费购买行为的影响因素，显然与本书所研究的保险公司竞争力与价值链是两个不同的领域。

在进行分门别类的分析前，首先在本章第一节研究基础上，对保险企业的经营竞争力进行细化。细化的原则有两点：首先，现代保险发展主要依靠承保业务和投资业务两个"轮子"推动。其次，保险企业的价值链是由承保理赔等具体的经营环节和风险管理、内控制度等联系各环节的"关系"所共同构成的。鉴于以上分析，现将上述关系概括于图 4.3。

图 4.3 的内容包括三大方面：保险企业经营价值链的基础、经营价值链的主要关系以及经营价值链上的关键要素。分别对应保险企业的组织形式，风险管理、公司治理和内控制度等内部制度以及保险企业基本经营流程。需要指出，保险企业经营流程又可以进一步分为基本业务流和投资资金流两部分。这也是我们将于本书第八章对资金运用进行单独论述的重要原因之一。不同于图 4.1 保险企业价值链体系，图 4.3 是细化的保险企业经营价值链。

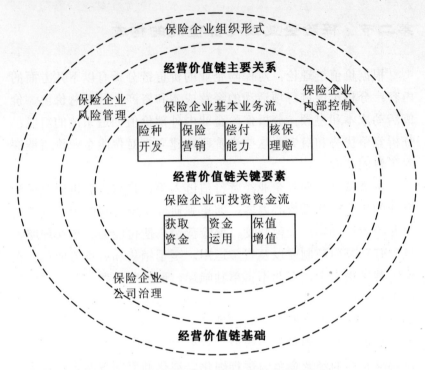

图 4.3　细化的保险企业经营价值链示意图

保险企业经营价值链的基础是保险企业的组织形式，这是保险企业的经营基础和环境。在不同类型的组织形式作用下，价值链运作的模式和方式也各不相同。保险企业价值链的主要关系包括保险企业的风险管理、内部控制和公司治理。这些内部关系促使价值链上各关键环节之间以一种良好的规律进行组织，并相互作用、影响。接下来将具体分析保险企业经营价值链最直接的方面——保险企业经营价值链上的关键要素和经营环节。

一、险种开发

每一个保险产品都有自身独特的竞争优势，这是保险产品的差异化形成的。但是，保险产品从根本上说又具有保险资源即被保险人或被保险标的的一致性，所有对保险有需求的个体或群体都会进入保险市场寻求保障。下面我们通过对国外保险险种开发的分析可以发现，尽管各国保险产品的发展轨迹各不相同，但是某一国家在一定的时期内不同保险公司提供的保险产品定价的基础都是极其相近的。因此某一具体的保险产品有趋同的趋势，国外销售几十年主打的也不外乎几个主要险种。但是，保险公司通过组合销售不同的保险产品可以降低消费者的交易成本并提高自己的竞争力，因此，尽管某一具体的险种是趋同的，但通过不同的排列组合，一样可以达到保险产品差异化经营，并提高保险企业竞争力的目的。

（一）险种开发的国外经验

对于国外险种开发的经验，主要以欧洲保险产品的情况为主。欧洲保险产品的基本情况如下：

英国是世界保险业的发源地，是世界保险大国，被公认为是世界上最发达、最富有竞争力的国际保险和再保险中心之一。英国保险市场有众多的承保机构，按其组织和经营形式不同，可分为两大类：一类是公司承保人，另一类是劳合社市场。德国也是保险业发达的国家之一，其保险主要分为直接保险、再保险和社会保险三大类。集团化公司控制市场的状况形成了各保险集团兼营寿险和非寿险业务的局面，各保险联合会及协会等组织对市场的作用则促进了各保险集团对直接业务和再保险业务的交叉经营。荷兰是经济发达的工业国，具有较强的国际性，荷兰国内保险市场不仅全面对外国人开放，同时荷兰保险人也积极开拓国际市场。

纵观上述三国保险业发展状况，可以看出，目前世界经济一体化的进程，尤其是欧洲统一市场的形成，呼唤金融市场全面开放，进而导致金融业的自由化。这种自由化是建立在有效的政府监管和高度的行业自律基础上的。在这种全面开放的情况下，为了方便保险商品的消费者比较各种不同国家、保险公司提供的保险产品，保险产品的标准化进程得以快速发展，而保险产品标准化的发展造成了产品的趋同趋势。

随着世界经济一体化的发展，欧洲保险业结构正在进行着一次大的调整。这次调整既有保险公司间的兼并，又有行业协会间的合并。如伦敦承保人协会正与其他行业协会商议合并事宜，准备组成一个新的联合体。总部设在柏林的德国保险联合会也是一种联合体。联合会中的保险会员公司有686家，并分为三种类型：其中有相互公司342家，市场份额约占28%；股份公司320家，市场份额约占63.7%；上市公司24家，市场份额约占4.5%。保险产业结构和行业组织的兼并或合并，一方面加强了市场的竞争力，另一方面又适应了经济一体化的要求。值得一提的是，这种形式的合并或兼并未形成新的托拉斯，它只是一种正常的合并，目的还是为加强市场的竞争，适应经济一体化的要求。正是由于世界经济一体化、金融业自由化的作用，各家保险公司作为金融服务行业的先锋，更加需要开发新的保险产品，提供优质服务，以适应经济发展的需要。

（二）中国保险产品发展的现状和问题

1．中国保险产品创新存在的问题

首先，保险产品结构失衡，存在比较严重的同构现象。以非寿险市场为例，当前中国非寿险市场上的效益险种主要集中在机动车险和企财险上，占到了总保费的80%以上。在缺乏必要的保险产品组合经验的情况下，造成中国保险市场的重复建设问题严重。另外，过度价格竞争更是造成了社会生产力的浪费。

其次，保险产品的核心层次——保险条款和附加层次比较简单。

第三，一些具体险种的保障范围与客户的风险分散需求缺乏针对性，成本结构分布不合理，投保与理赔手续复杂。还有些险种对客户进行掠夺性的开发，必然导致产品缺乏吸引力和价格上的竞争力，同时造成市场认同度低，保险费率与保障责任不对等。

最后，保险公司组合管理意识不强，表现为仅仅考虑单个产品的开发设计、核保理赔，认为只要把单个产品管理好，保险公司的整体风险就会自然下降，而忽略了各保险产品之间的关系。

2．中国保险产品创新的主要制约因素

首先，保险费率厘定是险种创新的主要障碍。中国财险市场主要根据过去的经验数据计算费率，但由于中国保险业起步较晚，保险业务统计档案的建立时间尚短，会造成准确定价的困难。中国寿险产品定价主要依靠生命表，而中国的生命表也是有待完善的，并且不同的地区生命表都是不同的，很多公司在定价时并没有考虑到这个环节，全国使用的是统一的标准，显然是不符合实际的。

其次，保险产品是一种无形的产品，通过消费者看得见、摸得着的有形产品如营业地点、保单等感受保险服务。但是中国保险产品过于强调自身的无形性质，对很多可以做得到的保险产品的有形层面不够重视，而在无形层面上，中国很多公司在开发保险产品时也没有在消费者的附加利益、满足其更多服务上下功夫。

第三，保险产品具体险种的创新缺乏必要的市场环境。目前中国保险行业的知识产权保护并没有完全建立起来，在很大程度上影响了保险竞争的公平性，助长了恶性价格竞争。

最后，中国保险产品组合的运用很少，即使有些公司运用了保险组合来营销产品，也仅仅是保单的加总，而对组合的规模和效益则缺乏必要的了解和测算。现存所谓保险公司的产品组合管理仅仅是针对个别需求做些保险产品的组合安排，规模很小，而且是依据被保险人的个别要求，而不是出于降低保险公司整体经营风险的目的，其出发点和规模都远远不能担当现代保险公司产品的风险管理重任。

（三）中国保险产品差异化策略是提高竞争力的途径

保险产品创新不但包括具体险种的创新，还包括保险产品组合的创新。差异化策略不仅仅是保险产品差异化，还强调保险产品组合差异化。

在保险产品创新上，中国保险产品目前还处于产品导向型阶段，对不同客户的不同需求研究不够。因此在这一环节上应该从消费者的角度出发，遵循市场化、简明化、系统化、功能化的原则，开发市场上不同消费群体需要的险种，在险种结构、险种形式上也必须进行创新，开发变频和万能险种，使保单的保费、保额、现金价值和保险期限都可以随保户的需求进行相应的调整。随着保险业不断做大做强，不应再将保险局限在传统的保险保障领域，应该增加其投资理财功能。

保险产品本身并不具备很强的差异性，但是国际经验又告诉我们，保险产品的差异性对于保险企业的竞争力具有非常重要的影响，而其中的关键就在于不同保险产品的组合满足了不同风险偏好消费者的保险需求，保险产品的组合可以提高保险企业竞争力。在早期，一家保险公司往往只经营某一种保险产品，因此，不存在保险产品组合问题。随着保险业的发展，保险公司往往经营多种保险产品，保险产品经营也就成了保险产品组合的经营。保险产品组合的最初形态是自然、混沌无序的，经营者对市场中到底需要哪些保险产品以及需求数量都无从知晓，此时，保险产品供求平衡通过外界环境的非平衡发展来实现，使原本混沌无序的状态转变为一种稳定有序的状态，保险业仍然实现了基本稳定和发展。但是，随着市场的发展，特别是在市场竞争中，当企业提供产品的能力和水平成为竞争的首要问题时，自然的组合形态必然暴露出盲目、随意、波动的缺陷，放任自流的组合难以适应市场发展的要求，有意识、有目的地调节各种保险产品之间的量比和质的关系日益为经营者所重视，而计算机技术、信息决策技术等的广泛运用和大大提高又使之成为可能。

保险产品组合对保险公司经营的意义是显而易见的。首先，产品组合开拓了产品的市场外延，挖掘了市场潜力，增加了产品的数量，重新调整了企业的市场份额。其次，合理规避和减少了产品的剩余风险，化解了产品中的不确定因素，使大数法则的作用进一步深化，增强了经营稳定性。第三，可以改善组合结构，充分利用和发挥企业现有资源的重新配置以及组合的整体优势，在一定程度上促进了保险产品创新。第四，提供了更多的市场机会，消费者可以进入选择空间较大的"便捷商场"。第五，有利于扩大收益规模，提高企业最终效益。对中国保险市场而言，保险产品组合可以促使保险公司将更多的精力投入自身素质的提高，最大程度地挖掘国内市场潜力，促进经营观念转化，将竞争从单一的价格竞争转向产品和服务竞争，遏制无序的市场行为，最终提高市场主体素质。

二、保险营销

对于厌恶风险的人来说，需要一些保障产品；保险营销就是保险企业通过挖掘风险厌恶的人对保险商品的需求，基于这些需求来设计和开发满足投保人需求的保险商品，并且通过各种沟通手段使投保人接受这种商品并从中得到最大满足的过程。保险营销包含四方面的内容：首先，保险营销的起点是投保人的需求，对保险的需要是推动消费者投保的内部动力，表现为保险意向的产生，对保险消费起着积极推动作用。有一定购买能力的保险需要就是保险需求，发现投保人的需求，并设法满足这种需求是保险营销活动开展的起点。其次，保险营销的核心是在公平合理的原则下实现社会交换过程。第三，保险营销的手段是整体营销活动，保险营销是一项长期的、周密的、整体的工作，需要注意营销各环节之间的关联性，综合运用各种营销手段。最后，保险营销的宗旨是使消费者的保险需求得到满足。

（一）保险营销活动的特征

首先，保险营销更加强调主动性。保险产品是一种无形的产品，在一定程度上说是提供一种心理保障的满足，要使消费者接受保险商品，就需要保险公司的主动努力。保险商品的知识密集特点给消费者了解保险商品增加了困难，在客观上也要求保险公司主动走近客户，加大对保险商品的宣传力度，使保险潜在需求成为现实需求。同时，由于保险消费主要是观念上的消费，消费结果具有不确定性，使得消费者在投保时顾虑重重，因此保险公司需要主动提供良好服务。

其次，保险营销更加需要扩大客户规模。在其他条件不变的情况下，客户规模的扩大可以降低单位商品的成本。由于保险的数理基础是大数法则，对保险营销而言，扩大客户规模更为重要的意义是关系到保险功能的实现和保险公司自身的经营风险。因此，扩大客户规模对保险营销就更为重要。从经营上看，客户资源多了以后也会使保险公司的运作更加稳健，从而提高企业竞争力。

第三，保险营销更加需要注重规范的关系营销。关系营销是指建立在公平交易的基础上，企业吸引、发展和维持顾客关系的营销过程；绝非目前市场上出现的一些保险营销人员不正当的竞争做法。规范的关系营销是通过优质的服务、良好的商誉，让顾客和员工满意，维持并发展客户群。

第四，保险营销的价格竞争尽可能地降低经营成本。保险商品的费率通常是由两部分构成的：一部分是"纯保费率"，这一部分具有较强的技术性和科学性，不能随意调整变动；另一部分是"附加费率"，不同保险公司的经营成本有较大差距，保险价格的这一部分有一定的变动空间。因此，保险营销的价格竞争应着力降低经营成本，合理的价格竞争有助于保险公司提高工作效率。需要强调的是，尽管降低费用可以增加保险公司的竞争力，但是一定要看降低的来源何在。由降低销售成本带来的费率降低是可以提高竞争力的，但是如果降低费率仅仅是为了单纯的适应价格战的要求，则是会损害公司的利益的。

最后，保险营销的关键在于良好服务。由于保险产品是看得见、摸得着的，各家保险公司保险单的可模仿性很强；另外各家保险公司的经营环节和经营过程也并无太大区别；再加上保险消费本身主要是观念上的消费，保险客户享受的是一种保障性服务，因此提高服务意识和服务水平，使其公司的产品与其他公司产生明显差异化，才会有利于提高保险企业竞争力。

（二）保险营销能力与保险企业的竞争力

除了上述保险营销可以提高保险公司的竞争力的优点外，从根本上说，保险营销渠道是保险产品实现价值的唯一有效途径。只有通过营销渠道，将保障服务这一特殊的产品传递给消费者，才能获得现金流入，最终实现保险产品的价值并增加保险公司的价值。

从保险公司管理决策的角度看，营销渠道的选择原本是一个"自己卖还是委托别人卖"的决策。该决策后面所蕴含的内容是：分销职能的执行与协调究竟是通过垂直一体化的渠道还是竞争性的市场实现。一方面，保险产品营销的垂直一体化可以实现中小公司对营销行为最大的协调与控制，然而这种渠道结构会因有限的规模与内在的官僚层级的无效性导致较高的成本；另一方面，通过保险代理人（公司）、经纪人、银行邮政等机构的渠道结构则因其专业化而使效率提高，但与之相联系的问题却是如何控制与协调以及较高的交易费用。因此从渠道结构的角度看，营销决策就是选择一体化还是合同外包的决策问题。

中国保险市场不健全导致了营销渠道领域的一些短期行为，以短期市场关系为基础构建的保险公司与中间商之间的常规分销渠道常常不能有效地协调双方的市场营销活动，从而影响了保险公司的竞争优势，这一点从现在中国以银行代理为代表的中介渠道中保险公司处于弱势地位可以看出。垂直一体化的渠道固然可以保证较高的控制与协调，但这种控制的方式存在成本太高以及灵活性不足的问题。毕竟中国保险业发展时间不长，保险公司在已经存在很多代理人的情况下再去花时间、精力、金钱开设和完善其他属于自己的渠道得不偿失。因此，中国保险公司与中间商之间以相互承诺为基础而构建的半一体化分销渠道则成为组织方面的一个新景象，这种控制模式与垂直一体化的协调优势结合在一起，可以通过专业化实现独立企业的规模优势，并且避免行政控制体系的低效，从而提高保险公司的竞争力。

三、偿付能力

偿付能力是反映保险行业和保险公司竞争力的重要组成部分，但并不是保险公司竞争力的唯一衡量标准。尽管前文提及保险公司负债经营的特殊性质，偿付能力对于负债经营的安全和稳定具有重要的意义，但保险公司的核心竞争力是一个体系的概念，偿付能力只能算是这个宏大的竞争力体系中一个非常重要的环节。

（一）偿付能力在保险业中具有突出地位

偿付能力是指保险公司对所承担保险责任的经济补偿能力，即偿付到期债务的能力。它包含两层含义：一是在一般情况下发生保险事故时，保险公司所具有的完全承担赔偿或给付保险金责任的能力。二是在特殊情况下发生超常年景损失时，保险公司所具有的偿付能力。因此偿付能力可以概括为保险公司用来承担所有到期债务和未来责任的金融支付能力。对一般公司而言，偿付能力的要求是资产至少要大于或等于负债。对于保险消费者而言，从保险公司那里购买保单，就是要求保险公司必须按合同及时足额给予保险给付。至于保险公司，其经营目标是利润最大化，它必须通过维持偿付能力，完全履行保险合同，才能赢得保户，否则就会声誉受损，甚至破产。保险公司偿付能力关系着保户和保险公司的利益，甚至关系到一个国家的金融秩序。

不同于一般的企业，保险公司的资产能够完全偿还债务，并不说明保险公司具备了偿付能力。对保险公司来说，不仅资产要能够完全偿还债务，而且理论上资产必须超过负债达到一定差额，这个理论差额就是通常所说的最低偿付能力。中国《保险法》规定：保险企业应当具有与其业务规模相适应的最低偿付能力。保险企业的实际资产减去实际负债的差额不得低于保险监督管理机构规定的数额；低于规定数额的，应当增加资本金，补足差额。

（二）偿付能力不能完全反映保险公司的竞争力

中国《保险法》第 98 条规定：保险公司应当具有与其业务规模相适应的最低偿付能力。保险公司的实际资产减去实际负债的差额不得低于保险监督管理机构规定的数额。这一条包含这样两层意思：保险公司的实际偿付能力是实际资产减去实际负债的差额；这个差额（即实际偿付能力）不能低于保险监管机构规定的法定偿付能力。而中国保监会 2003 年 3 月发布施行的《保险公司偿付能力额度及监管指标管理规定》第 7 条又规定：保险公司实际偿付能力额等于认可资产减去认可负债的差额。通过对比，可以看出，《保险法》中的实际资产、实际负债同《管理规定》中认可资产、认可负债是同一个概念。

由于保险偿付能力表现为保险企业的认可资产减去认可负债的差额，按照会计知识：资产－负债＝净资产（所有者权益）。

保险企业的偿付能力就体现在其所有者权益上，而保险企业的所有者权益包括实收资本、资本公积、盈余公积和未分配利润，因此，保险企业的偿付能力就体现在这四部分的总和上。

另外，财务会计报表上的所有者权益是从持续经营的角度看待资产的账面价值而得出的，而考察偿付能力时是用资产变现去偿付索赔，考虑的是资产的清算价值，从偿债的角度看，有些资产虽然账面上有价值，但实际上已经全部或部分丧失偿债能力，因此，这里的资产不应是财务会计上的资产，而应是具有流动性，且变现价值确定的资产，即认可资产。从保监会的认可资产表和认可负债表的编制说明中，可以看出保监会在计算保险公司的偿付能力时，要将财务会计报表上的总资产中的一部分资产按一定的规则和比例作必要的扣除，扣除后的资产余额就是所谓的认可资产，而被扣除的资产则被称为非认可资产，即：认可资产＝资产账面价值×该项资产的认可比例。

通过上述对偿付能力的分析我们可以看出，偿付能力对于保险行业和保险企业非常重要，政府监管部门也密切关注。但偿付能力评价体系对保险业的很多其他能力并没有很好的衡量作用，所以并不能代替我们搭建起来的保险行业和保险企业竞争力体系。

四、核保理赔

（一）两核制度与保险企业竞争力

核保核赔环节是保险公司业务经营风险控制最主要的环节之一，也是保险企业价值链上的关键一环。核保是业务经营的入口关，核赔是业务经营的出口关。控制和化解核保核赔环节的风险，是保险公司实现稳健经营的关键所在。由于保险企业经营的特殊性，建立由总公司统一管理的核保核赔集中管理体系，将大大加强保险公司总部的管理控制能力。一家全国性的保险公司要切实提高风险管控能力和管理执行能力，就必须建立总、分公司一体化运行的核保核赔集中管理体系。

（二）信息问题与保险企业的两核制度

保险业的信息不对称基本上可以划分为两类：第一类是投保

人或保险消费者拥有私人信息，而保险公司不能完全掌握投保人的这些私人信息。通常所说的保险业中的"逆选择"和"道德风险"大多是由这一类信息不对称引起的。第二类信息不对称是保险公司拥有的，而投资人、投保人或者被保险人不能完全掌握的相关信息。要想改变信息不对称状态，只有让信息公开。信息的公开有主动公开和被动公开，主动公开的信息往往是法定的，而且也是低成本的。而被动公开的信息，一部分是法定的，但被参与交易活动的对方故意或过失隐瞒后，被另一方发现的；另一部分是非法定的，根据举证原则，被交易者用于支持其主张的，其行为也就是所谓的收集证据。中国《保险法》第 17 条第 1 款规定："订立保险合同，保险人应当向投保人说明保险合同的条款内容，并可以就保险标的或者被保险人的有关情况提出询问，投保人应当如实告知。"由此可见，被动公开往往意味着提高交易成本，降低效率。不管是主动公开还是被动公开，都有利于建立公平交易。但是保险服务活动等依靠告知签订合同的交易活动，天生地对交易方隐瞒事实真相有较大的利益诱惑，这时就会产生极大的信息租金。所谓信息租金即交易中处于信息优势的一方维护拥有的信息或对既得信息进行利于自己的再分配活动。由于信息租金的存在而产生的信息寻租是保险活动的大敌，完全消除是不现实的，通常的做法是通过加大负面作用获益者的获益成本来解决。中国《保险法》对保险人（含中介人）及其工作人员、投保人、被保险人的信息寻租行为还做了罚款乃至追究刑事责任的规定，中国《保险法》第 17 条规定："投保人故意隐瞒事实，不履行如实告知义务的，或者因过失未履行如实告知义务，足以影响保险人决定是否同意承保或者提高保险费率的，保险人有权解除保险合同。投保人故意不履行如实告知义务的，保险人对于保险合同解除前发生的保险事故，不承担赔偿或者给付保险金的责任，并不退还保险费。投保人因过失未履行如实告知义务，对保险事故的发生有严重影响的，保险人对于保险合同解除前发生的保险事故，不承担赔偿或者给付保险金的责任，但可以退还保险费。"上述规定从法律角度极大地加大了保险企业寻租成本。对保险人而言，还应制定适当的管理制度来加大寻租成本。而信息寻租最集中的管理环节是核保核赔环节，所以在信息不对称的保险市场里，核保核赔的功能不仅仅在于防范经营风险，还在于加大信息寻租成本。

五、内部制度

所谓内部制度是指保险企业的风险管控、公司治理以及内部控制制度。由于涉及保险企业内部的经营管理，因此统称为内部制度。在上述几种内部制度的约束下，保险企业价值链得到改进，从而企业竞争力得到提升。如果说保险企业经营价值链上各环节是"结点"的话，那么以风险管理、内部控制、公司治理等为代表的内部制度就可以认为是连接各结点的"关系"或"联系"运行的规律。就优化价值链和提升保险企业竞争力而言，"关系"和"结点"至少具有同样重要的地位。

（一）风险管控与保险企业经营竞争力

保险企业是经营风险的特殊行业，其自身承受的风险非同小可，稍有不慎，极有可能陷入破产的不利境地。同时，保险企业风险管理又贯穿保险企业价值链的各主要环节，因此风险管理和风险转嫁对保险企业来说具有极其重要的意义。中国保险业风险管理存在如下特点：首先，从总体上看，中国保险业风险管理水平较低，风险管理理念不强；其次，较为注重显性风险管理，对隐性风险管理重视不够；第三，较为注重内生风险管理，忽视外生风险管理；第四，未能建立起有效的风险管理信息系统，风险管理决策缺乏依据；最后，风险管理理论滞后，风险管理人才不足。

研究保险企业的风险管理与转嫁，大致可以从组织制度和流程两方面加以考察。首先，在组织制度方面，保险企业内部通过设置各种风险管理机构来执行风险管理职能，加强保险企业内部有关风险管理规章制度的建设。其次，在流程方面，保险企业的风险管理流程大致可以分为资金流和信息流两部分，资金流和信息流是贯穿保险企业价值链全部过程的资金或信息流动，保险企业的资金流由内部审计机构控制，而信息流的顺畅则涉及保险企业的 IT 系统构建。本书第七章将专门就保险企业的风险管控问题进行详细论述，在此不再展开论述。

（二）公司治理与保险企业经营竞争力

良好的公司治理是公司运营中价值链增值的基础，没有良好的治理结构，就不可能制定合理的企业战略目标，不能形成完善的风险管理的内部环境。公司如果无法正常开展运营，那么也就无法创造出良好价值的经营链。从战略目标的确定到经营手段的选择，公司治理保证了这些过程能够从利益相关者利益最大化的角度出发进行合理的选择，从而使保险公司与保险消费者之间的互动对接、保险公司内部各部门之间的配合能够有效进行，提高了保险公司的经营运作效率，进而提升了保险公司竞争力。

（三）内控制度与保险企业经营竞争力

从某种意义上说，保险企业的内部控制强则保险企业竞争力强，内部控制弱则保险企业竞争力弱。总的来说，内部控制贯穿保险企业价值链的各个环节，其作用和功效在每个环节均可创造价值。对于经营风险这一特殊产品的保险公司而言，作为其经营管理的一个重要组成部分，一个有效的内部控制系统是对其相关业务活动进行组织、制约、考核和调节的重要手段，是保险企业高效运作的基石，在其经营管理中具有举足轻重的地位。如果从重构价值链出发考虑加强保险企业自身的竞争力，那么加强内部控制机制的构建无疑是重要和必需的。

六、资金运用

（一）保险资金运用与保险企业竞争力的关系

保险资金的运用是保险公司提高竞争力的重要手段之一。国外保险市场经过长时间的发展，保险业务发展得已经非常完备，保险竞争异常激烈。因此很多保险公司通过承保获得的利润变得非常微薄，更有甚者承保亏损普遍存在，这就更加突出了国际保险市场上的变化——保险资金运用越来越成为保险公司持续经营的保障。可以断言，资金运用能力越强的保险公司，其竞争力就越强。

保险资金运用是一把双刃剑，运用得当，保险公司受益匪浅；运用不当，造成保险企业因为投资失误进而导致破产的现象也是时有发生的。保险资金运用对保险公司价值的创造和实现也具有重要作用：有研究表明，在美国，对于一家保费收入在 100 亿美元到 150 亿美元的保险公司来说，如果要增加该企业的价值 10 亿美元，保险资金运用的回报率只要提高 0.3%即可；但是如果借助于赔付率和成本率，则分别需要 0.9%和 0.8%才能使价值上升相同的比例；如果借助保费收入的话，则要求增长 6%。随着越来越多保障性产品向投资性产品转化，在保险公司持有的资产中，股票所占比例越来越大。具体见图 4.4。正是因为保险公司将如此多的资金都放在了股票上，近年来发生的比较大的保险公司破产事件，都和保险资金的运用失当存在重大联系。

（二）中国保险资金运用的策略

代表保险公司经营能力的保险资金运用，对中国保险公司竞争力和中国保险业的国际竞争力具有巨大影响。对保险公司来说，资金运用收益越高，竞争力就越强。为了在保险资金运用的过程中有效地管控风险，我们有必要对保险资金运用的模式和策略进行研究。在此值得一提的还有，保险资金运用毕竟不是保险业的主营业务，在国外保险业发展中由于承保领域的竞争和投资领域的阶段性优势，使得保险投资成为新的增长点，但是本书的观点是过于依赖保险资金运用反而不利于中国保险业的健康和持续发展。对保险资金运用的理解要客观，既要充分认识到这一经营能力的重要性，同时也不能将全部的希望都放在这一领域，要同时重视和发展保险承保等主营业务。

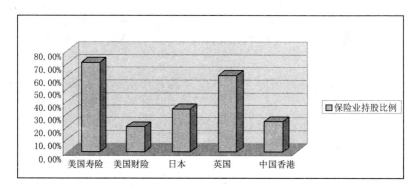

图 4.4　世界发达国家或地区保险业持有股票比例示意图

中国目前在保险企业经营价值链领域的研究只是集中在险种开发、资金运用等具体的环节，并存在"就事论事"的问题。不同于以往的研究，本研究重点并未放在具体经营环节应该如何改进和提高上，主要是因为考虑到那样进行论述的话会重新回到探讨保险企业的经营管理的传统研究。本研究试图采用保险企业经营价值链概念，从上文中界定的三层次分别对其进行探讨。也就是说，本研究对保险企业价值链理论的主要扩展在于，将风险管理等内部制度以及组织形式这一在以往研究中被视为外生环境因素的内容也纳入到经营价值链的理论框架中来。对这一理论框架的详细论述将于本书第六至第八章展开。

第三节 基于价值链的保险企业的战略选择

根据价值链理论和竞争战略理论，一家企业主要可以有两方面的优势：低成本优势和差异化优势。与企业寻求获取竞争优势的产业活动范围相结合，就可得出企业获得超出行业平均利润水平的超额利润的三种基本战略：总成本领先战略（Overall Cost Leadership）、差异化战略（Differentiation）以及目标聚集（Focus）战略。

本节将详细分析保险企业对这三种竞争战略的选择和应用。

一、保险企业应用低成本战略提高竞争优势

保险企业的经营竞争力是一个反映其综合实力的指标体系，同时也是一个可应用成本和利润两方面加以解释的系统。具体的，可以通过保险业务经营赔款支出、保险资金投资运营收益和资产负债管理余额（或缺口）等活动的业绩与效果，表现为一定时期内业务收入指标和业务成本指标的变化。若单从成本方面考量，这些指标主要有：管理费用、营业费用、佣金和手续费、保险赔付率、综合费用率和综合业务成本率。

上述反映保险企业经营成本的具体指标的背后隐藏着保险企业的价值链。尽管并不是一一对应的关系，但是依然满足"总体匹配"原则。所谓总体匹配原则指的是保险企业成本指标和保险企业价值链作为两个不同的集合是互相对应的，但并不要求两个集合中的每一个要素一一对应。中国保险业恢复发展时间不长，由于历史原因，人保、人寿等国有保险企业在市场上存在"一枝独秀"的现象，中资股份制保险企业、外资合资保险企业尽管启动较晚，但是发展势头迅猛。不同的保险企业具有不同的竞争优势、不同的发展模式以及不同的价值链盈利方式。换一个角度看

问题，低成本战略是一个总体的概念，低成本是保险企业经营成本最终加总结果和自身相比而言的。但是，不同的保险企业实施低成本战略，其成本结构却是各不相同。例如，有的保险企业可能是由于赔付率低，有些则可能是由于费用控制好，而还有些则可能是其特有组织形式带来的优势，如此种种。

保险业是存在明显规模经济的行业，规模经济的作用已经影响到保险企业的价值链结构，而其中的传导机制关系到保险企业总成本的构成。国外对保险业广泛存在的规模经济问题进行了很多卓有成效的研究，如 Katrishen 和 Scordis 研究了跨国保险公司的规模经济问题，发现保费收入在 2.3 亿美元以上的跨国保险公司拥有较高的规模报酬，但保费收入超过 4.9 亿美元的跨国保险公司则呈现出规模经济递减的趋势。Dan Segal 研究了美国寿险业主要产品的规模经济和范围经济问题，并对产品技术进行了结构性测试。Dan Segal 的研究表明美国寿险业在总体上具有规模经济效应，一些主要保险产品也具有范围经济效应。Bernhard & Tomas 用 DEA 方法构建了 1992 年至 1999 年奥地利保险产业的效率边界，并计算了奥地利保险产业转型期的规模报酬率。

在中国，不同组织形式的保险企业有着不同的竞争优势和不同的价值链结构，可以简单区分为保险金融集团、股份制中小规模保险公司两大类，并分别实施低成本战略来提高竞争优势。

保险金融集团的业务往往涉及多个领域、多个区域甚至多国市场，使得其经营活动的组织过程具有较一般企业更加宽广的调节余地，从而能够比较有效地分散来自某一个地区、某一个市场或者某一项业务的风险，具有较强的市场适应能力，从而降低成本。另外，与一般保险企业类似，保险金融集团具有无形资产共享优势，无形资产包括专利、商标、版权、组织文化、知识、信息、技术和管理等，保险金融集团的成员企业通过对这些无形资产的共享，可以实现低成本、高收益。而且，在保险金融集团的扩张中，这些无形资产同样可以低成本甚至无成本转移，为新业务或新市场的开拓创造优越的条件。实现保险业规模经济的途径是多种多样的，既可以通过松散的协作化经营来实现，也可以通过比较紧密的战略联盟来实现，更可以通过组建紧密的保险金融集团来实现。由于保险金融集团在资源聚集上的优势，使得其组织的扩张速度可以更快，实现规模经济更加容易。

对于中小保险公司来说，其在保险技术和精算技术的创新中发挥着重要作用，公司本身具有不可多得的灵活性，通过提高精算技术可以降低各环节预算成本，而这正是中小保险企业的竞争优势之一。中小保险公司用人机制灵活，对人员的综合素质要求更高，要求他们不但能够从事本专业的工作，很多情况下要进行交叉专业的工作。这就对一个人的整体能力提供了锻炼的机会，可以培养其创造力和冒险精神，吸引很多高级复合型人才的加盟。高级人才不断涌现，不但有利于公司自身发展，而且对中国保险业的长期、稳定发展也是有重要意义的，是中小保险企业所特有的具有强外部性的竞争优势。

二、保险企业应用差异化战略提高竞争优势

在差异化战略的指导下，保险企业将消费者密切关注的一些方面在产业内独树一帜，利用消费者对保险企业品牌的忠诚以及由此产生的对价格的敏感性下降，最终使保险企业避开恶性价格竞争。消费者对差异化的要求在不同的时期也不是完全相同的，保险企业也相应提出自身与其他保险市场主体相比的独特之处，如果其差异性为广大消费者所认可，差异化竞争优势就有助于保险企业以高出其他保险企业平均水平的价格出售自己的保险产品。中国保险业差异化经营战略到目前为止，已经经历了保险产品差异化阶段、保险服务差异化阶段，现在正在向保险企业组织形式差异化的方向演进。从根本上说，是保险企业差异化经营内

涵不断演进本身决定了保险企业持续竞争优势的存在。

（一）价值链差异是保险企业差异化经营的内核

根据前文中对价值链的定位，保险企业任何一种价值活动都是经营差异性的一个潜在来源。保险企业通过进行与其他保险企业不同的价值活动或是构造与其他保险企业不同的价值链来取得差异化经营的竞争优势。在保险企业的价值活动中，增进差异性要求保险企业能够控制和引领各种影响差异性的价值链上的驱动因素，这些因素包括特定险种推出的时间性、竞争战略的选择和应用、保险企业内部各流程价值链联系、保险企业自身学习和模仿、横向或纵向一体化程度、保险企业资金、保费等规模指标。归结到保险企业的价值链体系，由保险业创造的价值得到消费者的认同才是各家保险企业所有价值、经营活动的最终判断标准。此外，实施经营差异化竞争战略，必须控制实现差异化经营的成本，以便将经营差异转化为显著的效益。由此可见，差异化经营的内容在于保险企业独特的价值链构成，以及价值链上各要素的配比关系。

需要指出，差异化战略并不是单纯指保险产品的差异化或保险服务的差异化，而是一种影响保险企业经营和价值创造的思维方式，需要渗透到保险企业价值链各要素中去。这种基于保险企业整体价值链的理念，对保险企业的生存和发展非常重要，但由于中国保险业发展时间有限，发展模式尚停留在注重规模、忽视效率的粗犷型发展阶段，许多保险企业还只是从保险产品实体或营销等狭隘的角度来看待差别化经营的具体途径，并没有在价值链中找出任何可能产生差异化的环节。下面将总结中国产寿险传统的差异化经营，在此基础上结合中国保险业混业经营的现实问题，将保险企业组织形式纳入价值创造框架中。

（二）中国保险产业的差异化经营

当前中国保险业差异化经营大多从以下几方面开展：第一，

保险产品方面，在实施差异化竞争战略中，不断开拓新的险种，如有助于保险企业市场占有率的险种、便于投保人投保的险种、带有储蓄性质的险种，以及其他具有保险企业自身经营特色的险种等。第二，保险技术方面，新技术在保险创新中有着巨大的作用，尤其是电子计算机、远程通讯和一系列信息技术的发展，对开拓保险市场具有重要作用。保险企业普遍在现代高科技手段和工具的应用上下功夫，应用新技术在技术上进行创新，尤其是在电子计算机的硬件及软件建设上不断拓宽新技术的覆盖面，提高适用率，进而提高竞争优势，如利用计算机实行无纸化办公，建立保险信息库，实现保险网络化管理等。

但是上述差异化经营并不完全，中国保险业面临混业经营的挑战，在此背景下，保险金融集团出现。于是中国保险金融集团和中外资中小规模股份制保险企业就构成了中国保险市场的主要竞争团体。组织形式的差异为二者差异化经营进一步提供了便利，不同的组织形式造成了不同的竞争优势及背后的价值链，二者在价值形成过程中对价值链各关键要素的作用也明显不同。

保险企业集团化经营是保险公司发展到一定阶段而采取的一种创新组织形式。国外保险公司的发展经历了从专业化向集团化发展的过程，通过企业自身的壮大和兼并收购，目前全球排名靠前的保险企业均以集团的方式存在。就中国目前经济、社会和保险业的实际发展水平而言，要满足不同地域、不同经济发展水平、不同消费习惯、不同保险需求以及应对国际保险企业竞争的需要，现实的选择就是要发展几家无论是规模上还是质量上都堪称一流的保险集团。近几年来，中国保险集团的发展可以用"突飞猛进"来形容，2005年中国人保提前完成了在保险业内的混业经营，基本组成保险集团，业务领域涉及财险、寿险、健康险、保险经纪、资产管理等多领域。中国人寿在保持寿险与资产管理业务继续稳步发展的同时，也试图进入到财险领域。而中再更是在取消法定分保的第一年，通过集团化"一拖六"的优势在商业分保领域取得了佳绩。除传统三家国有保险公司开始将目光投向海外资本市场外，平安集团和太保集团已经通过引入国际战略投资者完成集团化经营。

相对于一般股份制保险企业，保险集团具有更强的综合竞争优势，在实施差异化经营过程中，可以充分利用此综合优势。保险集团在其经营业务范围方面可以开展不同于一般保险企业的业务，从而实现差异化经营。相对于一般保险企业，保险集团不但重视表内业务，而且有能力同时发展表外业务。表外业务的保险业务活动能给保险企业带来可观的服务收入，改变保险企业的收入结构。例如，保险金融集团更容易在海外上市，实现经营国际化，以雄厚资产作支撑实现资本证券化、业务表外化及差异化经营和发展。

另一方面，在与保险企业价值链联系更紧密的经营具体内容方面，集团化差异化经营也有广阔的发展空间，保险集团的差异化经营更多体现在其综合掌控资金、金融机构、其他相关资源的能力方面。首先，保险公司销售体系的维护和发展也对业务多元化提出了需求，而中小公司无法满足多元化的保险需求。保险集团的出现有助于改善保险业的盈利状况，推动保险公司经营方式由规模型向效益型的转变。其次，中国保险企业集团化是有利于开展竞争的。集团化、大型化、综合化是当今世界金融业的发展趋势。中国的保险企业规模偏小，资金实力存在不足。通过组建集团公司，可在较短的时间内实现大型集团规模经济、范围经济、风险分散和协同效应的优势。这对提高中国保险业的国际竞争力无疑具有重大的战略意义。第三，政策逐步允许产寿险的融合及金融集团的存在。保险业内部严格的分业经营制度，约束着保险公司经营范围的拓展，制约了其经营能力的提高，直接影响到保险公司利润的增长。最后，保险集团是稳定保险市场乃至金融市场运作的需要。保险集团具有整合资源的优势，可以提供很多中小保险企业无法提供的保险产品和服务，或以更低的成本提供，从而由于组织形式的差异实现了基本产品服务的差异化经营。

上述特点既是保险集团的竞争优势，也是保险金融集团价值链经营的特点所在，同时也是不同于中小保险企业的差异所在。

三、保险企业应用集聚战略提高竞争优势

集聚战略也称目标集聚战略，该竞争战略主要针对某一个特定的消费者群体、某种特定产品系列的一个细分区段或某一个地区市场，该战略是以为某一特定目标群体服务为中心而建立的。实施该战略要求保险企业能够以更高的效率、更好的效果为某一战略对象服务。这样做的结果或通过较好满足特定对象的需要实现了差异化经营，或者在为某一对象服务时实现了低成本，或二者兼得。目标集聚战略更多地涉及中小规模保险企业的经营与竞争力提升。这一竞争战略的主要优势在于可以贯穿中小规模保险企业的几乎整个生命周期，在其创立初期、生存关键时刻以至稳定发展阶段都具有重要意义。

目标集聚涉及将不同市场进行细分，是把整体的财险或寿险市场划分为有意义的、具有较强相似性的、可以识别的、较小的顾客群的过程。根据价值链理论，任何集聚或细分市场的活动，最终都以客户消费为最终目的。面对国外保险机构大举涌入的冲击和国内保险业的不断发展，中小保险企业若要获得生存空间，最终将实现专业化经营。专业化经营必然要求中小保险企业进行市场细分，将主营业务定位在特定的一个或几个特殊的消费群体或险种上，进一步发挥核心竞争优势。

从保险企业自身特点来看，在传统的对保险市场的细分中，是将保险企业作为被动的市场参与者而对市场进行分析与研究的，这在很大程度上局限了中小规模保险企业在目标市场中的发

展空间，保险企业在开始阶段只能以受支配的地位参与市场。但是，如果将代表竞争优势的价值链引入，通过对市场进行细分，则会从根本上改变中小保险企业参与市场的地位。这样一来，保险企业以主导者的身份，通过对保险企业自身核心竞争力与其他竞争对手的比较分析，确定保险企业的竞争优势，在保险企业最具竞争优势的细分市场中领导该目标市场发展，在目标市场中提供充分蕴涵企业核心竞争力的产品和服务，维持并巩固竞争优势，并创造新的需求与市场。

第五章

基于数据包络方法的保险企业价值链实证分析

　　前文从理论上和框架上对保险公司价值链和竞争力的逻辑关系进行了初步研究，本章将运用数据包络分析方法（DEA）对中国财险公司和寿险公司的价值链进行研究，透过各家保险公司是否处于有效的生产前沿面上，来分析各种投入产出要素可能的改进方向与改进程度。本章设置如下：首先通过对目前比较流行的研究企业竞争力的方法进行归纳和总结比较，最终选定数据包络分析方法；然后运用数据包络分析方法对中国财险业和寿险业最近三年的数据进行分析研究，并对未处于生产前沿面上的保险公司按照价值链上的关键要素进行分类分析，以此为后三章深入分析保险公司价值链关键要素奠定基础。

　　在 DEA 实证分析中，虽然选择的指标很多，但是结合本书，具有重要参考价值的是实收资本、资产总额以及投资三项，分别对应于其后三章内容。其他变量并非不重要，也是保险企业经营价值链上的重要环节，但是为了突出对本书重点构建的理论框架的检验就不再对其进行深入分析。在这三项重要指标中，实收资本代表了组织形式，因为中国当前存在的大型保险金融集团具有更多更好的融资渠道，通过实收资本可以反映出来。公司治理、风险管理、内控不易衡量，需要对其进行相应的转化，考虑到资产本身可以反映保险企业自身实力和经营与管理效果在一定时期的积累结果，最终选取资产总额作为考察指标。实收资本和资产总额这两项出现在投入指标中，可以进行具体的改进。将投资一项界定为产出，虽然不是直接可控的，但具有结果性质，从模型本身可以进行一定的解释。

本章在中国保险业 2003 年至 2005 年数据实证分析的基础上，重点解决了以下现实问题：首先，对于任何一家公司而言，保险公司是否处于有效的生产前沿面上，也即保险企业价值链从总体上看是否需要改进；其次，如果保险企业价值链存在需要改进的地方，确定应在哪些具体环节上进行整合优化。

第一节　保险企业竞争力研究工具的选择

对保险公司竞争力的探讨，国内与国外的研究存在一定的差异，国外对于保险公司竞争力并没有明确的界定，对"保险公司竞争力指标"这一概念也没有明确定义。但是尽管如此，国外普遍应用保险公司各种财务、业务以及投资等具体活动的表现情况及其相关指标等更加直观的概念，也即一般意义上所指的"保险企业经营绩效"来比较保险公司之间的相对强弱关系，而这与中国对保险公司竞争力指标体系的界定是一致的。因为无论是国际还是国内分析，在方法上都是通过选取一定的指标体系作为研究的工具，从研究目的上都是为了尽可能客观地对保险市场上的各家保险公司进行评价。

由于相对于竞争力的概念，经营绩效具有更强的可操作性和成形的研究方法；另外，因为保险业不是制造业，其竞争力主要体现在经营绩效方面，所以在本节，将系统地梳理保险公司绩效研究的有关方法和理论，为在下一节应用 DEA 方法研究保险企业价值链做必要的铺垫。

在公司绩效评价的历史上出现过很多方法，比较传统的方法有沃尔评分法、坐标图评价法、雷达图评价法、杜邦分析评价法、"A 记分"绩效评价法、财务报表结构指标评价法和相对值指标评价法。随着现代数学、统计学和计算机技术的发展和应用，绩效评价的方法不断得到改进。不仅出现了单变量模型评价法，还出现了多变量模型评价法。在多变量模型评价法里比较有代表性的方法是 Z 记分法模型、Zeta 模型、主成分分析法和因子分析法。进入 21 世纪后，随着信息时代的到来，公司之间的竞争方式和经营理念出现了相应的变化，获得可持续发展的竞争优势成为公司经营的目标。同时，公司绩效评价方法也得到了创新，最有代表性的方法有：平衡计分卡、经济增加值（EVA）评价法、等级制度评价法和"四尺度"评价法。尽管出现了这么多的绩效评价方法，但是每种方法都有其适用性，有其不同的特点、优点和局限性。有些方法之间具有相似的作用，也可以选取不同方法来对结果进行检验，确保方法的可行性和结果的准确性。根据保险公司的经营特点、所能获得的资料和计算技术的限制，下面选择几种目前可以有效应用在保险公司绩效评价中的方法作简单介绍。

一、公司绩效评价的传统方法

（一）雷达图评价法

雷达图评价法（Radar Map Estimation Method）也称为综合财务比率分析图法，是日本公司界为了能对公司的综合财力进行评估而采用的一种财务状况综合评价方法。按照这种方法所绘制的财务比率综合图形似雷达，所以被称为雷达图。雷达图实际上就是"判断公司经营状况图"。绘制雷达图的前提是财务比率的分类。通常，日本将财务比率分为收益性比率、安全性比率、流动性比率、生产性比率、成长性比率等。如图 5.1 所示。

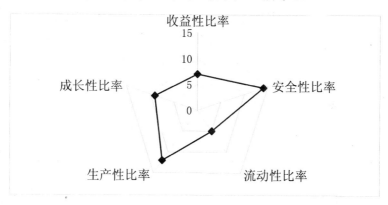

图 5.1　雷达图

雷达图是借助于三个同心的正多边形来表示的，最小的正多边形代表最低水平或行业平均水平的 1/2；中间的正多边形代表行业平均水平，又称为标准线；最大的正多边形代表行业先进水平或行业水平的 1.5 倍。从中心开始，以放射线的形式分别标出各个财务比率。运用雷达图评价法判断和评价公司的财务状况时，将公司各实际比率值所处的点连接起来，形成一个多边形。如果该多边形都处在大的正多边形之内，表明公司的财务状况较为理想，超过同行业平均水平；如果该多边形处在中间的正多边形之内，表明财务状况欠佳，应当努力完善，接近并超过平均水平；如果该多边形完全处在小的正多边形之内，表明该公司已濒临倒闭，财务状况极度恶化。具体而言，运用雷达图进行综合分析时，可以根据公司的不同情况将公司的财务状况划分为八种类型：稳定理想型、保守型、成长型、特殊型、积极扩大型、消极安全型、活动型、均衡缩小型。

（二）财务报表结构指标评价法

财务报表结构指标评价法是指直接利用公司财务报表的数据进行分析或将这些数据进行简单的加减计算后得到一些绝对指标，再对这些指标进行评价。这种方法的优点是简单易行，可以帮助经营管理者在较短的时间内发现公司经营绩效情况；但是这种方法的准确性不高，公司在使用的同时应该辅助以其他方法。具体而言，该方法包括如下两个方面：

1. 分析资产负债表。根据资产负债表中资产与权益组成结构的不同，公司的资产负债表一般可分为三种类型。

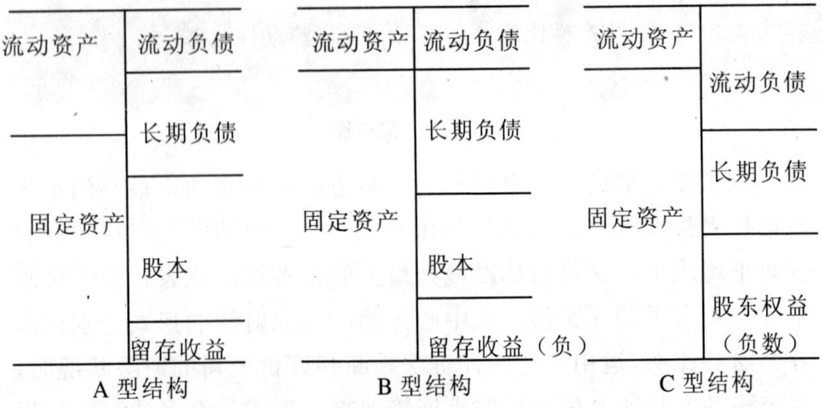

图 5.2　资产负债表的结构类型

在图 5.2 中，A 型结构代表正常经营公司的资产负债表，公司在正常经营情况下，流动资产要大于流动负债，公司的经营成果为净收益。B 型结构的资产负债表反映公司已面临风险时的财务状况，这时公司的流动资产刚好用于偿还流动负债，公司已经出现了亏损，并且有可能已经在侵蚀资本金，发展前景不容乐观。如果不及时采取相应的预防控制措施来提前化解风险，公司的资产负债表就可能转化成 C 型结构。这是公司对经营风险控制不力，财务状况继续恶化的结果。这时，公司的流动资产已不足以偿还流动负债，而且亏损额加大，已经把资本金完全侵蚀掉，在这种情况下，公司就到了破产的境地。

2．分析损益表。采用这种方法时，公司收益可以划分为三个不同的层次：

（1）经营收益＝经营收入－（经营成本＋经营费用）

其中：经营费用＝管理费用＋营业费用＋销售税金及附加

（2）经常收益＝经营收益－财务费用

（3）当期收益＝经常收益－营业外收支净额

根据这三个层次收益状况的不同，公司的经营状况可以分为六种类型，具体如表 5.1。

表 5.1　损益表的结构类型

损益表类型	A 型	B 型	C 型	D 型	E 型	F 型
经营收益	+	+	+	+	-	-
经常收益	+	+	-	-	-	-
当期收益	+	-	+	-	+	-
说明	正常	视亏损而定	风险较大		接近破产	

在表 5.1 中，A 型损益表表示公司目前处于正常经营状态，三个层次的损益均为正。B 型损益表说明公司当期可能发生了较大的非常损失，若亏损额不大，则不会对公司的持续经营造成重大影响；否则公司就面临比较大的风险。C 型或 D 型公司虽然经营收益为正，但是经常收益已出现亏损，这说明公司的举债规模过大，利息负担过重。E 型或 F 型公司的经营收益开始亏损，经常收益与当期收益的亏损额不断扩大，公司被推到了破产的边缘。

公司在运用财务报表的绝对指标进行绩效评价分析时，应将资产负债表与损益表结合起来，以便有利于经营管理者全面了解公司经营状况。但是，由于方法本身存在缺陷，所以对风险的描述不够具体和深入。

二、公司绩效评价的现代方法

20 世纪 60 年代中期以后，随着现代数学、统计学和运筹学等相关学科的快速发展和实际应用，公司绩效评价方法发生了较大变化，对统计数据进行趋势化分析的回归和判别分析成为绩效研究的主流，并推导出许多以不同形式的绩效评价模型为主的现代客观绩效评价方法。下面主要介绍一下多变量模型评价法。

国内外在公司绩效评价研究中，广泛采用了基于统计判别方法的评价模型，这些模型基本上都是首先确定已选变量集合上的一个随机观测值样本，然后建立判别函数，进行分类。常用的模型有多元判别分析法、多元回归分析法和主成分分析法、因子分析法等。简单介绍其中几个最具代表性的模型。

（一）多元判别分析法的应用——Z 记分法模型

美国纽约大学的爱德华·奥特曼（Edward Altman）教授是最早使用多元统计分析法构建公司失败预测模型的学者。他通过对 1946~1965 年间提出破产申请的若干组公司的研究和分析，从 22 个财务比率中筛选出了其中的 5 个比率进行多元线性回归，建立预测模型，用多种财务指标加权汇总产生的总判别分（称为 Z 值）来预测财务危机。因此，该方法也称为 Z 记分法模型，计算模型如下：

$$Z = 1.2X_1 + 1.4X_2 + 3.3X_3 + 0.6X_4 + 0.999X_5$$

X_1 ＝营运资本/总资产，该指标反映了公司全部资产的变现能力，当公司的财务状况不断恶化时，X_1 应该是不断减少的；

X_2 ＝留存收益/总资产，该指标反映了公司的累积获利能力，指标值越大，说明公司抵抗风险的能力越强；

X_3 ＝息税前利润/总资产，该指标反映了公司当期的盈利能力水平，从各指标的权数来看，这一指标的预警能力最强；

X_4 = 股票市价 / 负债总额，该指标衡量了公司的资本结构状况，从所有者的角度反映了权益市价与公司所承担的债务之间的关系；

X_5 = 销售收入 / 总资产，该指标反映了公司对全部资产的管理和利用能力，也反映了公司在市场竞争条件下的有效经营能力。

一般地，Z 值越低，公司破产的可能性越大。奥特曼函数提出了判断破产的临界值：破产与非破产可能性各占 50%时，Z＝2.675；若某个公司的 Z 值小于或等于 1.81，说明该公司发生破产的可能性非常大，虽然公司此时仍未破产，但其实际上已经无药可救了；若某个公司的 Z 值大于 2.99，则说明该公司在短期内一般不会出现危机，是一家正常公司；若某个公司的 Z 值介于 1.81～2.99 之间，则很难估计该公司破产的可能性。

Z 记分法模型预测的准确率是令人满意的，而且分析依据的资料越新，其准确率越高。但是，必须以财务报表的真实性、准确性和完整性为前提。

（二）因子分析法

随着计量经济学和计算机的发展，多元统计分析方法为我们提供了一个比较好的比较保险公司绩效的手段。多元统计分析处理的是多指标的问题。由于观察指标太多，使得分析的复杂性增加。观察指标的增加本来是为了使研究过程趋于完整，但反过来说，为使研究结果清晰明了而一味增加观察指标又让人陷入混乱不清的境地。由于在实际工作中，指标间经常具有一定的相关性，故人们希望用较少的指标代替原来较多的指标，但依然能反映原有指标的全部信息，于是就产生了因子分析等方法。因子分析的原理和步骤在第三章中已有明确论述，在这里不再赘述。

三、公司绩效评价方法的创新——经济增加值评价法

20世纪80年代以来，在美国出现的几种新的公司经营业绩评价方法中，最引人注目和应用最广泛的就是经济增加值方法（Economic Value Added，简称EVA）。根据EVA的创立者美国纽约斯特恩·斯图尔特咨询公司的解释，EVA是指公司资本收益与资本成本之间的差额。更具体地说，EVA就是指公司税后营业净利润与全部投入资本（借入资本和自有资本之和）成本之间的差额。如果这一差额是正数，说明公司创造了价值，创造了财富；反之，则表示公司发生价值损失。如果差额为零，则说明公司的利润仅能满足债权人和投资者预期获得的收益。

与其他评价方法相比，EVA最大的特点，也是最显著的优点就是考虑了权益资本成本。其定义本身就是公司资本收益与资本成本之间的差额。另外，由于在计算EVA时，要对营业利润和投资资本进行调整，因而能够纠正会计惯例所造成的失真。可见，EVA能够更全面和准确地反映公司的盈利能力。因此，利用EVA指标值不但可以正确评价一个公司的经营业绩，而且可以有效考核公司资本的保值增值。

EVA评价法与其他经营绩效评价方法相比有很多优点，比如EVA评价法真实地反映了公司的经营业绩，在计算EVA的过程中考虑到所有资本的回报，包括所有资本的机会成本，并尽量提出了会计失真对绩效评价的影响。另外，EVA指标有助于经营管理者将财务的两个基本原则融入到经营决策中：第一，公司的主要财务目标是股东财富最大化；第二，公司的价值依赖于投资者预期的未来利润能否超过资本成本。而EVA业绩持续地增长正意味着公司市场价值的不断增加和股东财富的持续增长。EVA评价法将股东财富与公司决策有机地联系在了一起。并且，由于EVA着眼于公司的长远发展，鼓励公司的经营者进行能给公司带来长远利益的投资决策，所以EVA评价法注重的是公司的可持续发

展，显示了一种新型的公司价值观。

EVA 本身也存在着一定的局限性：学术界对 EVA 的实证研究是有所限制的，而且结果大都是非结论性的。比如股票报酬与 EVA 的相关性并不像 EVA 的倡导者说得那样近乎完美。而且，EVA 无法解释公司内在的成长性机会。

综上所述，以上几种方法各有其适用性，但也有不足之处，尤其对于本研究的对象——保险企业经营竞争力来说，分析能力不足，因此，本研究引入数据包络分析方法来对保险企业经营竞争力进行实证分析，以期分析价值链的各环节对竞争力的影响力。

第二节　数据包络方法与保险企业价值链的关系

一、数据包络分析方法原理

数据包络分析（Data Envelopment Analysis，简称 DEA）是著名的运筹学家 Charnes 和 W.W.Cooper 等人于 1978 年首先提出的。该分析方法是从样本数据集合中分析出相对最优的样本个体，它是以相对效率概念为基础发展起来的一种崭新的相对有效性的评价方法。如果说传统的统计方法是从大量的样本数据中分析出样本集合整体情况的话，那么数据包络分析的本质则是个体最优性。

DEA 是使用数学规划模型来比较决策单元之间的相对效率，对决策单元（Decision Making Unit，简记 DMU）作出评价。假设一组可以进行比较的 DMU 数目为 n，每个 DMU 具有 M 个投入指标 X 和 s 个产出指标 Y。在确定投入和产出变量后，可以使用 CCR 模型（Charnes et al.，1978）、BBC 模型（Banker et al.，1984）等具体模型对各 DMU 的相对效率进行评测。前者假设规模报酬不变,后者假设规模报酬改变。这两种方法均以 Farrell (1958)提出的技术效率的概念作为基础,认为一组可比较的 DMU 中部分个体生产行为形成了生产前沿面,在此面上的 DMU 相对有效,其他相对无效的 DMU 的相对效率是参考前沿面得到的。DEA 不仅可以给出各个 DMU 在效率上的相对位置,作出排序,还能评价那些非有效的 DMU 效率较低的原因和改进方向。投入导向的 BBC 模型的具体数学规划形式见公式组(5.1)。

$$
\max h_j(u,v) = \frac{\sum_{r=1}^{s} u_r y_{rj}}{\sum_{i=1}^{m} v_i x_{ij}}
$$

$$
s.t. \frac{\sum_{r=1}^{s} u_r y_{rj}}{\sum_{i=1}^{m} v_i x_{ij}} \leqslant 1 \tag{5.1}
$$

$$
u_r, v_i \geqslant 0; i=1,..,m; j=1,..,n; r=1,..,s
$$

尽管此时从理论上已经可以求解相关问题,但是习惯上将上述公式进行 Charnes & Cooper 线形变换,变换后的数学规划形式见公式组(5.2)。产出导向的 BBC 模型的具体数学规划形式经过 Charnes & Cooper 线形变换后见公式组(5.3)。

$$
\min z_0 = \theta \\
s.t. Y\lambda \geqslant Y_0, X\lambda \leqslant \theta X_0, \vec{1}\lambda = 1, \lambda \geqslant 0 \tag{5.2}
$$

$$
\max z_0 = \varphi \\
s.t. Y\lambda \geqslant \varphi Y_0, X\lambda \leqslant X_0, \vec{1}\lambda = 1, \lambda \geqslant 0 \tag{5.3}
$$

使用数学规划(5.2)的假设规模经济变化,在给定产出与环境的条件下,处于前沿面的 DMU 技术效率为 1,非前沿面的技术效率小于 1。使用数学规划(5.3)的假设规模经济变化,在给定产出与环境的条件下，处于前沿面的 DMU 技术效率为 1，非前沿面的技术效率大于 1（Fare，1994；Retzlaff et al.，2004）。

二、DEA 分析与保险企业价值链

（一）保险价值链研究评述

在激烈的市场竞争面前，各国保险公司都把运用现代化的管理方法和手段、加强公司管理、开发设计新产品放在最重要的位置，这些具体的运营行为所构成的链条如果从价值角度加以考察的话就是价值链。迈克尔·波特（1985）提出了价值链分析方法之后，在各行业的实际操作中获得了肯定。价值链是一种基于竞争战略的企业价值的研究，它站在企业竞争战略的高度，从企业资金流、信息流、价值流的研究出发，运用现代管理理论和方法，识别和重构企业价值链，通过价值链的分解与整合，形成企业核心竞争力，使企业具有面对不断变化的市场作出快速反应的能力，源源不断地开发出满足用户需求的、定制的"个性化产品"去占领市场，以赢得竞争优势。

国内外使用价值链对保险业进行的研究并不充分，或者说是鲜有将保险公司的价值链作为研究对象进行研究的。一般的做法是研究保险公司价值活动的部分环节，如杨永康等（2003）认为应该从保险企业形象展示入手，通过获得消费者认可，从而实现优化核心价值链的目的；简金平（2003）使用保险公司的价值链构建了保险企业核心竞争力模型；张庆洪等（2003）将一般保险公司的价值链按照其理解描绘出来，见图 5.3。这些方法尽管都涉及保险公司的价值链，但是价值链并不是其主要研究对象，而且由于方法的局限性，这些作者都没有从定量分析的角度对保险公司的价值链进行研究。这正是本书的主要切入点，保险公司竞争力的提高有赖于竞争优势的获得与维系，而波特的价值链理论主要是针对企业竞争优势的，但这一经典理论在保险领域由于无法量化处理而被束之高阁。本书通过将价值链上的各要素引入保险公司的投入产出分析，应用 DEA 方法对保险公司的价值链进行量化分析。

图 5.3　典型保险企业的价值链

（二）保险企业 DEA 研究相关文献综述

国外研究保险公司竞争力的经典文献主要是通过相对效率和计量经济学中的多元回归来衡量保险公司的竞争力，具有代表性的文献主要包括：首先，有学者研究了保险公司的组织形式对经营效率的影响，如 Cummins 等（1999）；Cummins，Tennyson 和 Weiss（1999）研究了保险公司兼并和合并对公司效率的影响。其次，Cummins 和 Weiss（1993）应用计量方法探讨了美国财险公司的竞争力，Yuengert（1993）运用混合正态伽马误差模型研究了美国寿险公司的竞争力。

中国学者应用 DEA 评估方法研究保险公司有一些探索，但还存在一些问题，其中比较大的分歧集中在对保险公司的投入和产出指标的选取方面。现有文献大致从两个角度来研究保险公司的投入和产出：首先，赵旭（2003）选取自有资本、劳动力投入（以营业费用表示）和资产价格作为投入，利润总额作为产出。保险公司劳动力投入为当年保险公司的全部员工人数，其价格是对职工的劳动报酬支出，该文用营业费用来表示劳动力投入；保险公司的自有资本为其损益表中所有者权益部分。其次，李心丹等（2003）提出了不同的投入产出确定方法，他们定义的投入包括职工人数、业务支出、实物资产，产出包括资产利润率、业务收入。可以看出，这两篇文献最大的不同在于对保险公司产出的理解是单产出的还是多产出的。之后，侯晋（2004）和施岚（2005）采用国外保险经济学领域研究保险绩效的数据包络分析方法与回归方法相结合的思路，对中国财险公司进行了研究。我们知道，财险市场和寿险市场尽管都是保险业的组成部分，但是二者是非常不同的，因此考虑将二者分开研究的思路相比于之前将产寿险公司放在一起进行研究的思路可以说是重大进步。

　　由于中国保险市场发展的特殊性，国外的经典文献不能完全套用，相比较而言，国内学者的研究可能针对性更强一些，在此仅对上述四篇中文文献进行简要评述。首先，这几篇文章中对于投入和产出有不同的界定，现概括于表 5.2 中。其中劳动（L）、资本（K）这两项是普遍选择的，其余投入和产出的选择则各不相同。其次，上述四篇中文文献并没有充分利用 DEA 方法多产出的特点，最多只选用了两项产出指标；而保险业是一个多目标生产的行业，完全可以继续扩充产出指标。第三，保险业包括的财险业和寿险业各具特点，放在一起进行效率研究，这是不符合各自特点的。第四，目前还没有专门针对中国寿险业的数据包络研究，而且国外文献对寿险业的 DEA 分析也鲜有涉及。笔者推测由于财险大多涉及短期业务，每年的数据独立性相对较强，但是寿险由于具有长期性的特点，很多往年的续期保费具有递延资产的性质，因此在设计投入和产出指标时可能会面临重复计算等一些问题。但是本书认为，只要避开这种业务一样可以抓住数据包络分析方法的研究重点——多投入、多产出，只要合理运用这条性质一样可以在不涉及跨年度业务的情况下对寿险公司进行相应的分析。况且，寿险公司尽管特殊，但它也是按照一定会计准则运营的金融服务机构，而且使用 DEA 方法研究银行的文献在国内外都不算少，可以加以借鉴。因此本研究将 DEA 方法扩展应用到寿险领域。最后，上述文献大多采用了平均影子价格的高低来反映中国保险业应重点发展的方向，本书认为这种分析存在一些问题，主要是因为绩效衡量本身对公司具有更大的意义，每一家公司都是独立的，通过 DEA 方法分析可以明晰其优势和劣势，如果将所有公司放在一起就认为是行业的优势和劣势，这显然有问题。因为在 DEA 的分析中，根据结果各家公司分别发展自己的"短边"，整个行业才会发展；如果按照平均数对每一家公司一视同仁地发展，既是不对的，也是危险的。这样的结果只会让每一家公司在某些方面得到太多，在另一些方面则得到太少，也就是说，社会效率还有进一步改进的空间，存在帕累托改进的余地。

表 5.2　　国内数据包络研究汇总表

赵旭		李心丹		侯晋		施岚	
投入	产出	投入	产出	投入	产出	投入	产出
自有资本、劳动力投入、资产价格	利润总额	职工人数、业务支出、实物资产	资产利润率、业务收入	人力投入、营业费用、实收资本	投资收益、资产利润率	固定资产、权益、人数、手续费	年末准备金＋当年赔款

三、指标确定

经过研究，本书认为保险公司的生产过程是一种多产出的生产过程。在这一点上与李心丹等人的研究相似，但是本书与其研究不同之处即创新之处在于我们将保险公司的产出又进行了扩展，不但是一种多产出的生产，更是一种具有外部性产品的生产。本书对保险产品具有公共品属性的特点将加以考虑，这一新思路反映在 DEA 方法的操作上就是在产出中新增一项社会贡献。如果说将用于实物生产效率研究的 DEA 方法运用于金融保险业是一种创新，那本书通过该方法多产出的特点，将保险公司的产出从金融产品层面扩充到公共产品层面也可以说是一种创新。

　　在投入指标的选择上，本章在劳动和资本的选择上沿袭之前的文献，不过与国内文献相比，对资本的选择与国内研究相似，采用了实收资本一项；对劳动的选择则没有将营业费用作为综合衡量人员劳动力投入的指标，而是采用了员工人数作为一项指标。在对负债的要求更加重要的寿险业，引入了负债总额一项来强化负债经营对寿险公司的独特作用。考虑到转型中的中国经济和中国保险市场具有很多特殊性，其中重要一点就是路径依赖作用和锁定效果明显。因此在本研究中，引入了资本总额的概念作为各家保险公司的初始禀赋的衡量。

　　本研究从保险公司经营的特殊性角度来定义产出。首先是经济保障和补偿的职能，商业保险公司的存在就是为了平滑不确定事件给人们生活带来的影响，因此将保费收入作为产出指标是合理的。其次是投资收益，很明显这是保险资金运用之后的产出。第三，财险公司比寿险公司在产出中少一项指标——上缴税金，这是因为财险公司面临的竞争更加激烈，承保业务很多并不赚钱，因此实现的利润水平对财险公司就显得至关重要；而且由于数据收集的问题，导致财险公司的税收并不好统计。寿险公司长期经营，为了平滑经济周期、通货膨胀以及其他一些突发性事件的影响，具有相对于财险公司来说更强的社会责任，因此通过纳入上缴税金一项指标来增加计算的可信度与完善度。保险业负债经营，为了保持其经营的持续性和稳定性，需要准备一定的准备金来满足日常和未来的需要。一些文献将准备金一项也纳入产出项目，还有一些文章认为准备金具有投入的属性因而将其界定为投入，本书认为这两种分析都不太合适，因为准备金尽管是与给付密切相联系的，但是二者代表了不同的含义——已经发生的与尚未发生的，正是不确定性本身决定了这两者并不能加总作为一项投入或者产出指标。

通过研究和可以得到的数据资料，本研究认为保险公司的投入可以包括实收资本、总资产、员工人数，产出包括保费、投资收益等。由于财险行业和寿险行业的异质性，表 5.3 中分别概括了两者的投入产出。

表 5.3　中国产寿险公司 DEA 分析指标表

财险公司		寿险公司	
投入	产出	投入	产出
实收资本 $X1$	保费收入 $Y1$	实收资本 $X1$	保费收入 $Y1$
总资产 $X2$	投资收益 $Y2$	总资产 $X2$	投资收益 $Y2$
员工人数 $X3$		员工人数 $X3$	上缴税金 $Y3$
		负债总额 $X4$	

第三节　基于数据包络方法的实证分析

本节首先采用数据包络方法分析 2005 年中国保险市场（分为寿险市场和财险市场）上经营主体的经营效率情况。在此基础上得出不同类型保险企业价值链上关键要素的使用效率情况，并对保险公司价值链创造价值的能力进行评述。然后，应用相同的方法继续研究了 2003 年和 2004 年保险企业价值链的实际表现，并将三年的结果放在一起进行对比研究，以期找到影响中国保险企业经营竞争力的关键——价值链的重要环节，从而通过优化价值链来提高保险企业经营竞争力。

一、基于单年数据的 DEA 实证分析

（一）对财险公司的分析

表 5.4　2005 年中国部分财险公司经营数据汇总表

公司	实收资本（百万元）	员工总人数（人）	资产总额（百万元）	投资收益（百万元）	保费收入（百万元）
人保财险	11141.8	61448	79510.26	358.23	65898.15
太平保险	1000	3200	1804.92	21.57	1391.31
阳光财产	1100	830	1416.25	0.53	57.19
中华联合	200	21049	6795	-15	10484
太平洋财险	2452	21666	23185.41	316.26	14647.54
平安财险	1600	17000	14111.78	251.9	12675.81
华泰财险	1333	1640	9115.58	142.79	1176.79
天安保险	667.78	12488	5552.36	74.67	6335.43
大众保险	420	1585	1323.38	171.33	1060.71
华安财险	500	6596	4983.25	6.18	2350.17
永安财险	310	9784	2002.57	27.32	3161.97
永诚财产	1000	500	1114.79	7.5	133.43
安信农业	200	78	251.63	2.14	132.42
安邦	1690	3322	3727.88	-0.15	1001.2
安华农业	200	392	207.36	0.3	55.06
大地	1000	5454	3217.41	89.9	3814.6
渤海财产	550	83	554.34	0.25	12.17
天平汽车	220	68	229.66	0	31.23
阳光农业	0	143	152.45	0	228.4
民安海分	15.2	14	47.72	0	8.3
美亚上海	100.18	371	436.4	5.57	323.11
美亚广州	200.62	368	309.9	0	170.7
美亚深圳	100	130	338.16	0	74.1
东京海上上海	201.64	154	583.25	0.35	236.64
丰泰	149.58	44	190.08	0	57.41

公司	实收资本 （百万元）	员工总人数 （人）	资产总额 （百万元）	投资收益 （百万元）	保费收入 （百万元）
皇家太阳上海	240.29	99	361.5	0	71.73
美国联邦	200	96	187.63	0	36.88
三井住友	200.19	114	422.52	0	156.3
三星火灾	240	53	332.95	0.61	114.9
中银保险	530.48	133	574.46	0	61.72
安联保险	200	60	374.39	3.5	70.54
日本财险	500	58	586.22	0	63.8
利宝互助	202.79	100	217.2	0	7.96
安盟成都	206.91	50	216.44	0	1.67

说明：平安和永诚的员工数年鉴中并未出现，根据与其规模相似的公司，估计分别为 17000 人和 500 人。

使用 lindo 软件进行数据包络分析，采用公式（5.2）所界定的数据包络分析方法。

$$\min z_0 = \theta$$
$$s.t. Y\lambda \geq Y_0, X\lambda \leq \theta X_0, \overline{1}\lambda = 1, \lambda \geq 0$$

首先，可以得到有关松弛变量（Si）的结果见表 5.5。

表 5.5　2005 年财险公司经营数据松弛变量表

公司	实收资本	员工人数	资产总额	投资收益	保费收入
人保财险	0	0	2499.31	0	0
太平保险	469.09	0	0	0	0
阳光财产	41.55	0	0	0	0
中华联合	0	0	338.10	0	0
太平洋财险	0	0	195.78	0	0
平安财险	377.23	0.01	0	0	0

续表

公司	实收资本	员工人数	资产总额	投资收益	保费收入
华泰财险	196.69	0	6068.11	0	0
天安保险	168.3	0	0	0	0
大众保险					
华安财险	124.48	0	0	0	0
永安财险					
永诚财产	57.55	0	0	0	0
安信农业					
安邦	287.26	0	0	0.23	0
安华农业	55.99	91.76	0	0	0
大地	594.94	0	0	0	0
天平汽车	41.73	0	0	0.07	0
阳光农业					
渤海财产	92.13	0	57.93	0	0
民安保险	11.53	0	0	0.64	0
民安海分					
美亚上海	6.34	0	0	0	0
美亚广州	76.93	39.25	0	0	0
美亚深圳	0	0	22.53	0.07	0
东京海上上海	0	0	162.9	0.1	0
丰泰	28.01	0	0	0.21	0
皇家太阳上海	15	0	0	0.21	0
美国联邦	52.14	0.62	0	0	0
三井住友	0	0	53.04	0.38	0
三星火灾					
中银保险	50.33	0	0	0.22	0
安联保险	85.81	0	185.22	0	0
日本财险	163.49	0	150.51	0.32	0
利宝互助	29.35	7.97	0	0	0.34
安盟成都	42.73	0	12.88	0	6.63

接下来，根据松弛变量、相对绩效的得分以及投入和产出数据的相互关系，对于投入要素来说，处于生产前沿面上的投入要素值＝（相对绩效值×原始数据－松弛变量值）；对于产出要素来说，处于生产前沿面上的产出要素值＝（原始数据＋松弛变量值）。

运用这样的关系，可以得到处于生产前沿面上的投入和产出，见表 5.6 所示。

表 5.6 2005 年财险公司经营数据前沿面投入产出表

公司	实收资本（百万元）	员工人数（人）	资产总额（百万元）	投资收益（百万元）	保费收入（百万元）
人保财险	7714.582	42546.6	52553.59	358.23	65898.15
太平保险	77.01	1747.52	985.6668	21.57	1391.31
阳光财产	18.18	45.069	76.90238	0.53	57.19
中华联合	203.88	21457.35	6926.823	-15	10484
太平洋财险	1225.51	10828.67	11392.29	316.26	14647.54
平安财险	678.77	11219.99	9313.775	251.9	12675.81
华泰财险	978.3495	1445.66	1967.274	142.79	1176.79
天安保险	354.9724	9785.597	4350.829	74.67	6335.43
大众保险	2274.048	8581.824	7165.309	171.33	1060.71
华安财险	33.57	2084.996	1575.205	6.18	2350.17
永安财险	335.637	10593.14	2168.183	27.32	3161.97
永诚财产	169.05	113.3	252.6114	7.5	133.43
安信农业	209.3	81.627	263.3308	2.14	132.42
安邦	30.46	624.536	700.8414	0.08	1001.2
安华农业	12.81	43.088	71.33184	0.3	55.06
大地	280.86	4776.613	2817.808	89.9	3814.6
天平汽车	38.812	24.8948	84.07853	0.07	31.23
阳光农业	0	429	457.35	0	228.4
渤海财产	20.84	17.0482	55.93144	0.25	12.17
民安保险	252.3277	123.3876	422.194	0.64	228.89

公司	实收资本 （百万元）	员工人数 （人）	资产总额 （百万元）	投资收益 （百万元）	保费收入 （百万元）
民安海分	90.33968	83.2076	283.619	0	8.3
美亚上海	55.42097	228.7215	269.0406	5.57	323.11
美亚广州	3.980046	109.1644	124.9827	0	170.7
美亚深圳	38.29	49.777	106.9515	0.07	74.1
东京海上上海	175.8301	134.288	345.694	0.45	236.64
丰泰	90.41249	34.8348	150.4863	0.21	57.41
皇家太阳上海	89.8145	43.1838	157.6863	0.21	71.73
美国联邦	13.22	30.7528	61.31748	0	36.88
三井住友	150.9833	85.9788	265.6246	0.38	156.3
三星火灾	312.288	68.9636	433.2345	0.61	114.9
中银保险	96.24162	36.7479	158.7233	0.22	61.72
安联保险	111.95	59.328	184.9768	3.5	70.54
日本财险	132.26	34.307	196.2391	0.32	63.8
利宝互助	15.20296	14	47.71884	0	8.3
安盟成都	15.2048	14	47.7232	0	8.3

为了表述和后文中分析问题的直观，在此对上述数据进行进一步处理。在表 5.7 中对各家公司的相对效率分数和在投入方面应该改进的程度进行概括。其中改进程度的计算公式为：（前沿面上投入－原始投入数据）／原始投入数据。

表 5.7　2005 年财险公司价值链要素改进程度表

公司	实收资本	员工人数	资产总额	相对效率
人保财险	-0.3076	-0.3076	-0.33903	69.24%
太平保险	-0.92299	-0.4539	-0.4539	54.61%
阳光财产	-0.98347	-0.9457	-0.9457	5.43%
太平洋财险	-0.5002	-0.5002	-0.50864	49.98%

公司	实收资本	员工人数	资产总额	相对效率
平安财险	-0.57577	-0.34	-0.34	66.00%
华泰财险	-0.26605	-0.1185	-0.78419	88.15%
天安保险	-0.46843	-0.2164	-0.2164	78.36%
华安财险	-0.93286	-0.6839	-0.6839	31.61%
永诚财产	-0.83095	-0.7734	-0.7734	22.66%
安邦	-0.98198	-0.812	-0.812	18.80%
安华农业	-0.93595	-0.89008	-0.656	34.40%
大地	-0.71914	-0.1242	-0.1242	87.58%
天平汽车	-0.82358	-0.6339	-0.6339	36.61%
渤海财产	-0.96211	-0.7946	-0.8991	20.54%
民安保险	-0.20273	-0.1663	-0.1663	83.37%
美亚上海	-0.44679	-0.3835	-0.3835	61.65%
美亚广州	-0.98016	-0.70336	-0.5967	40.33%
美亚深圳	-0.6171	-0.6171	-0.68373	38.29%
东京海上上海	-0.128	-0.128	-0.4073	87.20%
丰泰	-0.39556	-0.2083	-0.2083	79.17%
皇家太阳上海	-0.62622	-0.5638	-0.5638	43.62%
美国联邦	-0.9339	-0.67966	-0.6732	32.68%
三井住友	-0.2458	-0.2458	-0.37133	75.42%
中银保险	-0.81858	-0.7237	-0.7237	27.63%
安联保险	-0.44025	-0.0112	-0.50592	98.88%
日本财险	-0.73548	-0.4085	-0.66525	59.15%
利宝互助	-0.92503	-0.86	-0.7803	21.97%
安盟成都	-0.92651	-0.72	-0.77951	28.00%

　　说明：生产前沿面上的投入要素值如果没有，说明该公司在该项投入上是有效率的。如中华联合、三星火灾等，其前沿面上的投入值就是相应的原始数据，相应的该项投入也就没有改进的必要，说明正处于有效前沿面。

影子价格的含义为增加一单位的投入或产出时，某一家保险公司相对效率值的变化情况。一般，投入的影子价格为正，产出的影子价格为负。说明增加投入至少不会降低相对效率，要使产出增加则会损失相对效率。

技术效率是加入约束 $\sum_{i=1}^{22} \lambda_i = 1$ 的效率，使用公式（总效率＝技术效率×规模效率）（Ferrall，1957）可以计算出规模效率。

$\sum_{i=1}^{22} \lambda_i > 1$，则规模收益递减；$\sum_{i=1}^{22} \lambda_i = 1$ 规模收益不变；$\sum_{i=1}^{22} \lambda_i < 1$，规模收益递增。需要指出，规模收益与规模效率是不同的概念，尽管有重合的地方，但是不能混用。区分二者最明显的途径是来源，规模效率是相对效率的一种，是从总效率和纯技术效率计算得出的；规模收益是通过 $\sum_{i=1}^{22} \lambda_i$ 的值来进行判断的。

这里的规则在寿险公司的DEA分析中一样适用，有关概念不再赘述。

上述表格中的计算数据是结合各财险公司的松弛变量和相对绩效值得出的，反映了各家财险公司价值链上各相关因素在现有技术水平下应该改进的方向与程度。从上表中的具体数据可以清楚地看出中国 2005 年财险市场中各家公司价值链上各关键环节应该改进的方向与程度，例如在财险公司价值链改进可变规模条件下，DEA 实证分析表 5.7 可以看出，华泰公司价值链上实收资本方面应改进 "-0.26605"，这说明华泰通过控制价值链上的实收资本一项下降 26.605% 可以保持相同的产出水平。其他解释类似，不再赘述。

一直以来，中国保险业以保费收入等规模指标来衡量保险公司的竞争力，在中国保险市场发展早期，这种竞争力评价方法背后的粗放型经营思路对保险业发展是有所帮助的。尽管随着中国保险业的改革和开放进程的加速，越来越多的专家、学者开始意识到单纯依靠规模因素并不能很好地实现保险业的良性发展和保险公司的健康成长，但是目前并无行之有效的方法来衡量保险公司的竞争力，大多数研究仅停留在定性分析上，研究中很多人非常主观地认为中资公司注重规模，外资公司注重效益。这样一来，对中国保险公司的竞争力来说，对反映公司竞争力的两个重要方面——规模和效益往往分开研究，认为中资公司规模方面竞争力强，外资公司效率方面的竞争力强。或更简单地概括为：大公司注重规模，小公司注重效益。通过上述对中国财险公司的 DEA 分析，我们发现，这种简单的、分散化的研究思路是有问题的，问题的关键在于对保险公司来说，不管是规模还是效益，都是其竞争力的重要组成部分，在实际经营中二者对保险公司来说并不存在明显的分界，因此，保险公司竞争力研究的二分法是不正确的。而 DEA 方法恰好可以弥补传统对保险公司竞争力研究的不足，将规模和效益放在一个平台上，通过相对效率这一概念将反映二者的因素很好地整合起来。因此，在上表中我们可以看出大公司（中华联合）可以有相对效率，小公司（三星火灾）也可以有相对效率，而这正是传统保险公司竞争力理论无法明确的问题。通过 DEA 方法，将所有的财险公司放在一起进行研究，得到中国财险行业的生产前沿面，处于该前沿面上的有大公司，也有小公司；有中资公司，也有外资公司。尽管中资公司与外资公司都存在不在有效前沿的个体，但是仔细分析价值链要素的改进情况，总的来说中资财险公司需要改进的程度要小于外资合资财险公司需要改进的程度，而且相对效率得分更加接近有效前沿。

下面进行保险企业价值链方面的分析。上述 DEA 分析结果将 2005 年中国财险市场上的公司分为两大类——有效率的公司和没有效率的公司。有效率的公司包括中华联合、大众保险、安信农险、永安财险、阳光农业、民安海分以及三星火灾这几家财险公司。有效率的公司指的是在既定财险市场竞争格局和经营价值链的配比下，没有必要调整价值链上关键竞争要素的比例关系和结构，即可保持其竞争优势的财险公司。需要指出，当前有效的财险公司在应用以往年度的数据进行分析时未必也是有效的，同样在未来是否有效也是无法判断的。也就是说，应用数据包络方法求得的各财险公司的 DEA 有效仅仅是一个静态相对效率的概念。正是基于这样的认识，在本节后面将要进行跨年度的 DEA 方法运算，以得到各家公司动态相对效率情况。

　　除去有效的公司，无效率的财险公司在三个主要的投入要素领域都存在可以进一步改进的空间。在此至少可以从两个方面对无效的财险公司进行划分：第一，纵向看，按照可以改进的投入的程度，划分为需要轻度改进、中度改进以及高度改进的财险公司；第二，横向看，按照投入要素需要改进的不同组合，又可以分为组织形式主导型（实收资本　项反映）、人力资源主导型（员工人数一项反映）、治理结构主导型（资产总额一项反映）以及综合因素影响型（三项投入均对其有影响）。于是将上述无效财险公司按照这两种类别概括于以下两表中。

　　纵向的，可以分类如表5.8。

　　表5.8说明2005年中国的财险市场需要进行价值链改造的财险公司占到了绝对多数，财险公司价值链建设普遍存在改进余地，且有很多公司改进空间巨大。在每一个类别中，同时存在中资公司与外资公司。

　　横向的，可以分类如表5.9。

表 5.8　2005 年财险公司经营数据纵向分类表

改进程度	公司名称
轻度改进	人保、天安、民安、大地、东京海上上海、丰泰、三井住友、安联
中度改进	太平、平安、太平洋、华泰、美亚上海、美亚深圳、天平汽车、日本财险
高度改进	阳光财险、华安、永诚、安邦、安华农业、渤海、美亚广州、美国联邦、中银、利宝、安盟成都

说明：根据 2005 年中国寿险公司的实际相对绩效表现，在进行相对绩效的纵向区分时，我们将根据四项投入的平均值大小划分为三个不同的等级：当平均值的绝对值在区间 0～0.35 时，将其界定为轻度改进区间；当平均值的绝对值在区间 0.35～0.7 时，将其界定为中度改进区间；当平均值的绝对值在区间 0.7～1 时，将其界定为高度改进区间。

表 5.9　2005 年财险公司经营数据横向分类表

类型	公司名称
组织形式主导型	太平、平安、天安、华安、大地、美国联邦
人力资源主导型	
治理结构主导型	人保、华泰、美亚深圳、东京海上上海、三井住友、安联
综合因素影响型	阳光财险、太平洋、永诚、安邦、安华、天平、渤海、美亚上海、皇家太阳、利宝、安盟

说明：在三项投入指标中，任何一项相对于其他两项异常显著时，将其作为前三种之中的一种。若三项并没有表现出显著不同于其他者，归为最后一类。

可见，当前中国财险公司价值链存在的主要问题在于组织形式、治理结构以及综合因素。人力资源的影响相对来说并不是最重要的，也没有证据表明任何一家财险公司中人力资源问题最为突出。但是，这并不能简单否定人力资源的重要地位，因为尽管不是最突出的，但是其作用力在每一家公司都有所体现。以上分析为通过改进中国财险公司的价值链进而提高其竞争力指明了努力的方向。同时也对现有公司进行了分类，使得在现有财险市场条件下，对财险公司应如何提高竞争力从实践层面进行了佐证。

至此，已经完整地对 2005 年财险市场保险公司竞争力的价值链基础进行了分析。下面通过逐次地对寿险公司以及 2004 年和 2003 年两年的数据进行相应的分析，以期得到近年来中国财险公司和寿险公司的经营价值链变动规律，这也是本章主要希望解决的关键问题。至于如何通过改善价值链来提升竞争力，将是本书六至八章要重点解决的问题。本部分为一整套运用数据包络方法研究单年保险公司价值链与竞争力的完整模式。按照在本部分内容中发展起来的研究方法和研究思路，在后面的内容中我们仅给出最终结果，对一些基础层面的分析将不再涉及。

（二）对寿险公司的分析

类似于对 2005 年中国财险业主要经营主体的处理方式，在本部分内容中对中国 2005 年的寿险市场进行 DEA 分析。有关原始数据汇总在表 5.10 中。

表 5.10　2005 年寿险公司经营数据表

公司	年末资产总额（百万元）	负债总额（百万元）	员工总人数（人）	实收资本（百万元）	投资收益（百万元）	本年末总保费（百万元）	营业税（百万元）
人保寿险	1017.91	55.1	161	1000	0	1.26	0.06
中国人民健康保险	1016.37	84.4	358	1000	0	53.65	0.03
中国人寿	521804	458431	75728	26765	9183	160953	212
太平人寿	22105.7	21093.02	5817	2330	531.75	7833.1	8.81
民生人寿	2072.05	1566.47	1442	873	92.76	674.37	4.56
太平洋人寿	128377.9	126309.4	29117	1998	2680.77	36201.4	110.01
平安人寿	250819.1	240343.4	31000	3800	5543.58	58848.9	187.54
华泰人寿	219.21	29.67	138	220	2.14	26.96	0.07
新华人寿	60565.16	59444.47	7570	1200	1529.4	21077.57	24.56
泰康人寿	55558.83	53843.49	9458	852.2	1871.51	17805.06	20.94

公司	年末资产总额（百万元）	负债总额（百万元）	员工总人数（人）	实收资本（百万元）	投资收益（百万元）	本年末总保费（百万元）	营业税（百万元）
生命人寿	5841.02	4211.06	287	1358.19	81.43	3246.04	1.2
合众人寿	765.85	583.12	915	300	0.56	579.81	3.33
长城人寿	337.02	85.67	377	300	0.29	71.68	3.84
国民人寿	481.95	6.03	82	500	0	0.09	0.01
中宏人寿	2059.84	1904.54	390	500	71.85	701.95	2.15
太平洋安泰人寿	1736.74	1663.46	509	500	57.22	711.86	0.39
中德安联人寿	777.08	718.99	249	300	16.33	289.93	1
金盛人寿	777.25	633.35	332	500	9.92	294.47	-0.93
中保康联人寿	398.49	260.94	105	200	0.03	219.77	0.31
信诚人寿	1585.25	1357.03	979	700	27.83	1059.45	2.71
恒康天安人寿	321.78	237.15	138	200	4.78	156.98	0.35
中意人寿	22774.18	21707.51	419	1300	537.55	19971.95	2.62
光大永明人寿	758.13	563.13	235	500	14.52	256.65	8
首创安泰人寿	705.96	342.18	347	500	35.29	227.07	0.21
海尔纽约	470.71	358.91	378	300	6.47	235.92	0.47
中英人寿	1209.99	951.62	610	500	18.92	889.71	20.7
海康人寿	677.06	325.77	457	600	4.2	270.32	0.96
招商信诺	328.45	110.13	126	280	1.99	106.02	5
广电日生	254.43	28.7	128	300	3.26	25.37	1.21
恒安标准	1804.67	511.19	458	1302	33.08	219.31	0.4
瑞泰人寿	253.57	98.83	75	240	0.6	68.82	0
中美大都会	440.98	117.94	238	500	5	121.76	1.08
国泰人寿	926.99	175.53	159	800	8.77	176.86	1.7
中航三星	169.65	8.06	180	200	0	1.61	0.027
花旗人寿	457.59	56.01	151	500	0.08	18.04	0.26
友邦上海	877.05	8948.1	824	200	269.49	2135.24	4.69
友邦广州	4681.15	4529.58	486	200	133.81	1923.62	-1.09

公司	年末资产总额（百万元）	负债总额（百万元）	员工总人数（人）	实收资本（百万元）	投资收益（百万元）	本年末总保费（百万元）	营业税（百万元）
友邦深圳	1225.96	1201.25	298	200	32.69	692.77	0.83
友邦北京	2177.02	2045.87	286	200.29	51.01	1453.38	2.25
友邦苏州	321.85	162.72	113	200.29	2.99	126.17	0.43
友邦东莞	242.19	80.48	92	200	0.53	56.33	0.17
友邦江门	258.82	92.56	86	200	1.27	65.77	0.16

说明：平安人寿和中航三星人寿的员工人数并未在年鉴中披露，因此按照规模相似公司的数据进行处理。与平安人寿规模相似的公司是太平洋公司，考虑到在寿险领域平安要更胜一筹，因此人数要稍微多于太平洋人寿，最终设定为 31000 人。中航三星人寿是一家新公司，但在 2005 年已有各项业务收入，因此结合同一类型的公司，将其人数设定为 180 人。投资收益一项在年鉴中国民人寿和三星人寿数据缺失，考虑到二者均具有开业时间短、业务正在起步期的特点，将此两项均设置为 0。

下面就可以进行松弛变量的计算，结果见表 5.11。

表 5.11　2005 年寿险公司经营数据松弛变量表

公司	年末资产总额	负债总额	员工总人数	实收资本	投资收益	本年末总保费	营业税
人保寿险	81.82	0	0	62.47	0.15	15.17	0
中国人民健康保险	374.92	0	65.11	347.16	2.95	0	0.32
中国人寿	24996.48	0	3764.51	0	0	0	0
太平人寿	0	0	867.68	0	0	0	0
新华人寿	4503.43	5395.86	0	0	86.47	0	0
生命人寿	367.56	0	0	51.93	10.36	0	1.07
长城人寿	29.4	0	248.35	12.26	2.09	9.66	0
中宏人寿	1178.22	0	0	68.7	0	0	0

续表

公司	年末资产总额	负债总额	员工总人数	实收资本	投资收益	本年末总保费	营业税
太平洋安泰人寿	0	0	19.33	0	0	0	0.61
中德安联人寿	0	0	0	0	0	0	0
金盛人寿	0	0	20.97	96.47	0	0	1.06
信诚人寿	0	0	601.45	315.82	0	0	0
光大永明人寿	182.27	0	0	45.08	0	8.72	0
海尔纽约	0	0	169	55.22	0	0	0
海康人寿	0	0	0	44.86	1.18	0	0.64
恒安标准	547.95	0	0	426.78	0	33.63	0
花旗人寿	0	0	0	18.75	1.41	9.9	0.29

说明：出于节省篇幅的考虑，表 5.11 中已将处于前沿面的寿险公司剔除，因为这些公司的松弛变量数据在计算中是不会出现的。也就是说，表 5.11 中出现的公司都不是处于有效前沿上，至少在某一方面需要改进。

下面，将各家不在生产前沿面上的寿险公司在投入方面需要改进的项目和改进的方向、程度概括为表 5.12：

表 5.12　2005 年寿险公司价值链要素改进程度表

公司	年末资产总额	负债总额	员工总人数	实收资本
人保寿险	-0.57788	-0.4975	-0.4975	-0.55997
中国人民健康保险	-0.72288	-0.354	-0.53587	-0.70116
中国人寿	-0.4167	-0.3688	-0.41851	-0.3688
太平人寿	-0.2857	-0.2857	-0.43486	-0.2857
新华人寿	-0.08046	-0.09687	-0.0061	-0.0061
生命人寿	-0.22943	-0.1665	-0.1665	-0.20473
长城人寿	-0.09264	-0.0054	-0.66415	-0.04627
中宏人寿	-0.5721	-0.0001	-1E-04	-0.1375
太平洋安泰人寿	-0.1772	-0.1772	-0.21518	-0.1772

续表

公司	年末资产总额	负债总额	员工总人数	实收资本
中德安联人寿	-0.2439	-0.2439	-0.2439	-0.2439
金盛人寿	-0.3785	-0.3785	-0.44166	-0.57144
信诚人寿	-0.139	-0.139	-0.75335	-0.59017
光大永明人寿	-0.25802	-0.0176	-0.0176	-0.10776
海尔纽约	-0.1234	-0.1234	-0.57049	-0.30747
海康人寿	-0.1634	-0.1634	-0.1634	-0.23817
恒安标准	-0.59733	-0.2937	-0.2937	-0.62149
花旗人寿	-0.3125	-0.3125	-0.3125	-0.35

说明：表中显示数据为中国寿险市场主体——各家寿险公司中 2005 年处于非前沿面的公司需要改进的方向、程度数据。其中各个数字具体含义的解释参考上文有关财险公司的解释，这里不再赘述。

　　从上面的计算中，可以看出中国寿险公司竞争力在 2005 年呈现的特点：上述 DEA 分析结果将 2005 年中国寿险市场上的公司分为两大类——有效率的公司和没有效率的公司。有效率的公司包括平安人寿、华泰人寿、泰康人寿等寿险公司。有效率的公司指的是在既定寿险市场竞争格局和经营价值链的配比下，没有必要调整价值链上关键竞争要素的比例关系和结构，即可保持其竞争优势的寿险公司。与对财险公司的分析类似，也需要指出，当前有效的寿险公司在应用以往年度的数据进行分析时未必也是有效的，同样在未来是否有效也是无法判断的，应用数据包络方法求得的各寿险公司的 DEA 有效仅仅是一个静态相对效率的概念。

　　除去有效的公司，无效率的寿险公司见表 5.12 所示。由于采用投入法进行运算，根据在寿险公司的分析中所选取的投入指标，上述处于非有效前沿的寿险公司在四个主要的投入要素领域都存在可以进一步改进的空间。在此至少可以从两个方面对无效的寿险公司进行划分：第一，纵向看，按照可以改进的投入的程度，划分为需要轻度改进、中度改进以及高度改进的寿险公司；第二，横向看，按照投入要素需要改进的不同组合，又可以分为组织形式主导型（实收资本一项反映）、人力资源主导型（员工人数一项反映）、治理结构主导型（资产总额一项反映）、偿付能力主导型（负债总额一项反映）以及综合因素影响型（三项投入均对其有影响）。现在将上述无效寿险公司按照这两种类别概括于以下两表中。

纵向的，进行分类如表 5.13。

表 5.13　2005 年寿险公司经营数据纵向分类表

改进程度	公司名称
轻度改进	新华、中宏、太平洋安泰、生命、光大永明、海康
中度改进	中国人寿、太平人寿、长城、中德安联、海尔纽约、花旗人寿
高度改进	人保寿险、人保健康、金盛、信诚、恒安标准

说明：根据 2005 年中国寿险公司的实际相对绩效表现，在进行相对绩效的纵向区分时，我们将根据四项投入的平均值大小划分为三个不同的等级：当平均值的绝对值在区间 0～0.2 时，将其界定为轻度改进区间；当平均值的绝对值在区间 0.2～0.4 时，将其界定为中度改进区间；当平均值的绝对值在区间 0.4～1 时，将其界定为高度改进区间。

可以看出，从寿险公司价值链的改进程度上看，中资寿险公司和外资寿险公司并不存在明显的差异，因为在每一个区间内都是同时包括中资公司和外资公司的。

横向的，进行分类如表 5.14。

表 5.14 2005 年寿险公司经营数据横向分类表

类型	公司名称
组织形式主导型	金盛、海康、恒安标准
偿付能力主导型	新华
人力资源主导型	太平、长城、太平洋安泰、信诚、海尔纽约
治理结构主导型	人保寿险、人保健康、生命、中宏
综合因素影响型	中国人寿、中德安联、花旗人寿、光大永明

说明：在四项投入指标中，任何一项相对于其他三项异常显著时，将其作为前四种之中的一种。若四项并没有表现出显著不同于其他者，归为最后一类。

表 5.14 根据寿险公司价值链的主要投入要素进行了汇总，结果发现：中资公司和外资公司在组织形式、人力资源、治理结构以及综合因素这几方面是旗鼓相当的。而在对寿险公司来说至关重要的一环——偿付能力上，则只有新华人寿一家中资公司。需要指出，即使新华人寿在偿付能力方面具有一定的改进空间，但是改进程度并不到 10%，尚在可以接受的范围。

根据中国寿险公司在 2005 年表现出的上述特点，当前中国寿险公司的价值链存在的主要问题在于人力资源、治理结构以及综合因素。偿付能力的影响相对来说并不是最重要，也没有证据表明任何一家寿险公司中偿付能力问题最为突出。但是，这并不能简单否定偿付能力在寿险公司竞争力提升与价值链建设中的重要地位，尽管偿付能力改进的程度不是最突出的，但是其作用力在每一家寿险公司都有所体现。这就为通过改进中国寿险公司的价值链，进而提高其竞争力指明了努力的方向。同时也对现有公司进行了分类，使得在现有中国寿险市场条件下，对寿险公司应如何提高竞争力从实践层面进行了佐证。

二、基于多年数据的 DEA 实证分析

（一）基于多年数据的财险公司数据包络实证分析

根据中国保险年鉴公布的有关数据，本研究将中国财险市场 2004 年和 2003 年两年的竞争主体有关数据进行了汇总整理。为保持 2003 年至 2005 年数据的前后一致性，对极其个别年鉴中缺失的数据采用了合理的近似。

1. 2004 年财险公司 DEA 方法实证分析

相关原始数据见表 5.15：

表 5.15　2004 年财险公司经营数据表

公司	保费收入（百万元）	员工总人数（人）	资产总额（百万元）	投资收益（百万元）	实收资本（百万元）
人保财险	65577.61	62862	77365.13	-232.16	11000
太平保险	926.95	2657	1415.59	0.45	1000
中华联合	6488.68	11400	4444.12	15.99	200
太平洋财险	13849.22	20107	17541.01	321.2	2452
平安财险	10643.9	17000	11151.59	82.89	1600
华泰财险	987.64	1503	6154.2	48.54	1333
天安保险	5147.92	10358	3783.24	-17.1	501.5
大众保险	953.56	1259	1118.41	-47.92	420
华安财险	1460.17	2780	1434.37	0.71	500
永安	2101.73	5480	1564.49	-5.02	310
大地	1534.8	3000	2045.6	-4.96	1000
民安深圳	211	113	399	0	213
民安海分	4.73	12	43.76	0	15.2
美亚上海	271.46	284	396.13	3.21	100.18
美亚广州	135.81	284	167.35	0	100.21
美亚深圳	46	115	327	0	100
东京海上上海	207	113	522	1	202
丰泰上海	47.95	43	187.02	0	146.58

续表

公司	保费收入 （百万元）	员工总人 数（人）	资产总额 （百万元）	投资收益 （百万元）	实收资本 （百万元）
皇家太阳上海	50.15	65	196.81	0	100.17
美国联邦	20.07	37	88.67	0	100
三井住友	124.95	85	341.3	0	200.19
三星火灾	94.79	44	272.76	0	200.38
中银保险	56.24	71	572.31	0	106.04
安联保险	40.21	30	348.27	0.25	200
日本财险	43.29	85	247.5	0	200
利宝互助	2.37	63	197.99	0	202.78

说明：安邦、安华农业、天平汽车、阳光农业以及渤海财险仅获批复，并没有开始营业，因此这几家公司并未纳入我们的分析。大部分外资公司的投资收益由于没有此类业务，或者因数额太小而并未在年鉴中出现，因此作为 0 进行处理。人保财险实收资本一项没有，参考 2005 年该公司本项数据设为 11000。

为使表述简洁，在对部分数据进行处理的基础上，在此直接给出最终计算结果。

表 5.16　2004 年财险公司价值链要素改进程度表

公司	实收资本	员工总人数	资产总额	效率值
太平保险	−0.92855	−0.4507	−0.4507	54.93%
平安财险	−0.28953	−0.068	−0.068	93.20%
天安保险	−0.67737	−0.12672	−0.0658	93.42%
大众保险	−0.67951	−0.0878	−0.0878	91.22%
华安财险	−0.79718	−0.1686	−0.1686	83.14%
永安	−0.75821	−0.32574	−0.0624	93.76%
大地	−0.84022	−0.2933	−0.2933	70.67%
美亚广州	−0.7967	−0.1761	−0.1761	82.39%

公司	实收资本	员工总人数	资产总额	效率值
美亚深圳	-0.6302	-0.6302	-0.64607	36.98%
丰泰上海	-0.47479	-0.2867	-0.2867	71.33%
皇家太阳上海	-0.48357	-0.4043	-0.4043	59.57%
美国联邦	-0.8072	-0.2894	-0.2894	71.06%
三井住友	-0.21219	-0.2055	-0.2055	79.45%
中银保险	-0.4399	-0.4399	-0.72001	56.01%
日本财险	-0.77915	-0.5767	-0.5767	42.33%
利宝互助	-0.92507	-0.80948	-0.779	22.10%

说明:本表仅包括处于非前沿面上的 2004 年中国财险市场上的市场主体。有效率的公司包括人保财险、中华联合、太平洋财险、华泰财险、民安、美亚上海、东京海上上海、三星火灾以及安联保险。

类似地,可以将这些在 2004 年处于非有效前沿面上的财险公司进行横向与纵向的分类:

首先,在纵向上,按照这些财险公司价值链上可以改进的程度分为三类。

表 5.17 2004 年财险公司经营数据纵向分类表

改进程度	公司名称
轻度改进	平安、天安、大众、三井住友
中度改进	华安、永安、大地、美亚广州、丰泰上海、皇家太阳上海、美国联邦、中银保险
高度改进	太平、美亚深圳、日本财险、利宝互助

说明:根据 2004 年中国财险公司的实际相对绩效表现,在进行相对绩效的纵向区分时,我们将根据四项投入的平均值大小划分为三个不同的等级:当平均值的绝对值在区间 0～0.3 时,将其界定为轻度改进区间;当平均值的绝对值在区间 0.3～0.6 时,将其界定为中度改进区间;当平均值的绝对值在区间 0.6～1 时,将其界定为高度改进区间。

可以看出，无论在哪个改进层次中，都同时出现大、中、小规模的公司和中、外资公司。这恰好说明了采用数据包络方法进行的效率分析所具有的客观性和科学性。

其次，按照横向不同投入指标的相对重要程度将上述公司分类，见表5.18：

表 5.18　2004 年财险公司经营数据横向分类表

类型	公司名称
组织形式主导型	中银保险
人力资源主导型	
治理结构主导型	太平、天安、大众、永安、大地、美亚广州、美国联邦
综合因素影响型	平安、美亚深圳、丰泰上海、皇家太阳上海、三井住友、日本财险、利宝互助

说明：在三项投入指标中，任何一项相对于其他两项异常显著时，将其作为前三种之中的一种。若三项并没有表现出显著不同于其他者，归为最后一类。

2004 年中国财险公司的主要迹象表现和基于数据包络分析的价值链改进与 2005 年具有极强的相似性，员工人数仍然是相对不突出的投入要素，在此不再赘述。需要指出，处于非有效前沿面的各家财险公司与 2005 年相比是有所区别的。

2．2003 年财险公司 DEA 方法实证分析

相关原始数据如表 5.19 所示：

表 5.19 2003 年财险公司经营数据表

公司	实收资本（百万元）	员工总人数（人）	资产总额（百万元）	保费收入（百万元）	投资收益（百万元）
人保财险	11141.8	63720	71067.86	58073.6	676.66
太平保险	500	1456	676.43	523.9	0.96
中华联合	200	202	2562.88	1910.94	12.01
太平洋财险	2452	20052	14437.4	10633.68	286.4
平安财险	1600	17000	9617	8418	100
华泰财险	1333	1318	4649.4	817.71	122.35
天安保险	501.5	5892	2423.43	2077.53	10.49
大众保险	420	985	1265.06	984.45	-15.73
华安财险	300	1918	691.57	774.43	4.25
永安财险	310	2009	902.74	781.99	11.63
大地	1000	300	1030	11	0
美亚上海	100.18	235	316.25	189.89	7.02
美亚广州	100.21	217	131.62	85.97	0
美亚深圳	100	89	120.46	35.2	0
东京海上上海	202	83	437	117	0
丰泰	149.58	47	176.99	45.74	1.99
皇家太阳上海	100.17	49	170.28	37.39	1.13
美国联邦	100	18	82.78	9.15	0.69
三井住友	100.16	57	171.73	60.66	1.31
三星火灾	100.14	29	139.37	51.48	0
中银保险	106.04	65	559.32	37.43	0
安联保险	200	21	321.61	17.11	0
日本财险	200	32	202	8	0
利宝互助	20278.64	20	21128.71	1.92	0

说明：平安和利宝的员工人数一项年鉴中缺失，因此采用规模和业务相似公司的数据作为参考，最终分别确定为 17000 人和 20 人。大地、美亚广州、美亚深圳、东京海上上海、三星、中银、安联、日本财险、利宝互助公司由于成立时间尚短，投资收益一项尚未有数据，因此作为 0 进行处理。

经过相应计算，可以得到以下结果。与前述处理相似，并不将处于前沿面的财险公司在价值链上各要素中需要改进的方向和程度纳入表 5.20 中。

表 5.20　2003 年财险公司价值链改进程度表

公司	实收资本	员工总人数	资产总额	效率值
太平保险	-0.578	-0.2257	-0.2257	77.43%
天安保险	-0.0515	-0.34336	-0.0515	94.85%
大众保险	-0.48396	-0.0671	-0.0671	93.29%
永安财险	-0.11253	-0.14952	-0.0433	95.67%
大地	-0.9	-0.9195	-0.91646	10.00%
东京海上上海	-0.4878	-0.4878	-0.4878	51.22%
丰泰	-0.26832	-0.1294	-0.1294	87.06%
皇家太阳上海	-0.0013	-0.0013	-0.29875	99.87%
中银保险	-0.0568	-0.0568	-0.78504	94.32%
安联保险	-0.4979	-0.1062	-0.71035	89.38%
日本财险	-0.5	-0.4375	-0.59017	56.25%
利宝互助	-0.99507	-0.1	-0.99608	90.00%

表 5.20 说明，2003 年中国财险市场上处于有效生产前沿面的有人保、太平洋、平安、中华联合、华泰、华安、美亚上海、美亚广州、美亚深圳、美国联邦、三星和三井。

首先，纵向上按照这些财险公司价值链上可以改进的程度分为三类，见表 5.21：

表 5.21 2003 年财险公司经营数据纵向分类表

改进程度	公司名称
轻度改进	天安、大众、永安、丰泰、皇家太阳上海
中度改进	太平、中银、安联
高度改进	大地、日本财险、利宝互助

说明：根据 2003 年中国财险公司的实际相对绩效表现，在进行相对绩效的纵向区分时，我们将根据三项投入的平均值大小划分为三个不同的等级：当平均值的绝对值在区间 0~0.25 时，将其界定为轻度改进区间；当平均值的绝对值在区间 0.25~0.5 时，将其界定为中度改进区间；当平均值的绝对值在区间 0.5~1 时，将其界定为高度改进区间。

在按照改进程度划分的纵向领域，结论与 2005 年、2004 年是相似的。

其次，可以按照横向不同投入指标的相对重要程度将上述公司分类如表 5.22：

表 5.22 2003 年财险公司经营数据横向分类表

类型	公司名称
组织形式主导型	太平、大众、丰泰
人力资源主导型	天安、永安
治理结构主导型	皇家太阳上海、中银、安联
综合因素影响型	大地、东京海上上海、日本财险、利宝互助

说明：在三项投入指标中，任何一项相对于其他两项异常显著时，将其作为前三种之中的一种。若三项并没有表现出显著不同于其他者，归为最后一类。

2003 年中国财险公司的主要迹象表现和基于数据包络分析

的价值链改进与 2005 年、2004 年相比，在每一具体类别之间的中外资财险公司结构方面具有极强的相似性。但是员工人数首次作为突出的投入要素出现，天安和永安两家公司在其价值链上人力要素是需要重点改进的。类似的，处于非有效前沿面的各家财险公司与 2005 年、2004 年相比是有所区别的。

（二）基于多年数据的寿险公司数据包络实证分析

根据中国保险年鉴公布的有关数据，我们对中国寿险市场 2004 年和 2003 年的竞争主体有关数据进行了汇总整理。为保持 2003 年至 2005 年数据的前后一致性，对极其个别年鉴上缺失的数据采用了合理的近似。因为寿险公司经营具有较财险公司更强的负债性，并且承担着更加重要的社会责任，因此在投入指标中新增负债一项指标，在产出指标里新增营业税一项指标。

1. 2004 年寿险公司 DEA 方法实证分析

相关原始数据见表 5.23 所示：

表 5.23　2004 年寿险公司经营数据表

公司	年末资产总额（百万元）	负债总额（百万元）	员工总人数（人）	实收资本（百万元）	投资收益（百万元）	本年末总保费（百万元）	营业税（百万元）
中国人寿	407737.55	349866.59	75437	26764.71	3668.61	149983.4	236.63
太平人寿	12315.7	10733.93	4798	2330	164.01	6614.75	6.5
民生人寿	2527.4	1779	1007	873	48.8	1206.1	1.3
太保寿险	91309.88	94220.25	20644	1000	1868.55	34490.35	82.55
平安寿险	202420.05	194784.35	31000	3800	2848.06	54876.91	156.72
新华人寿	39783.83	38686.68	6573	1200	453.59	18820.71	12.92
泰康人寿	40084.25	38542.55	8387	852.2	710.95	17674.05	19.6
生命人寿	3253.41	1302.91	822	1358.19	18.73	1245.22	6.74
中宏人寿	1614.22	1394.89	277	500	23.78	597.6	0.7
太平洋安泰	1373.12	1232.27	518	500	16.74	617.36	1.52
安联大众	578.41	486.81	186	250	11.58	188.26	0.48

公司	年末资产总额（百万元）	负债总额（百万元）	员工总人数（人）	实收资本（百万元）	投资收益（百万元）	本年末总保费（百万元）	营业税（百万元）
金盛人寿	536.7	306.6	229	500	5	174.9	0.7
中保康联	218.45	71.61	91	200	1.65	50.32	0.15
信诚人寿	956.6	709.19	696	500	-5.88	650.98	1.47
恒康天安	213.96	103.09	109	200	3.28	75.69	0.25
中意人寿	11783.78	11413.2	189	500	5.14	333.9	0.36
光大永明	639.34	335.14	226	500	6.33	213.04	0.86
首创安泰	569.8	146.51	237	500	4.89	120.62	0.15
海尔纽约	305.4	173.24	215	240	5.19	116.74	0.43
中英人寿	530.85	92.92	266	500	2.56	87.78	2.73
海康人寿	235.343	68.29	303	300	-0.6	53.592	0.374
招商信诺	240.61	27.88	173	240	3.51	21.56	0.84
广电日生	268.73	4.96	93	300	0.98	3.66	0.1
恒安标准	1623.51	296.28	167	1302	14.88	292.21	0.13
瑞泰人寿	182.804	30.412	42	200	0.031	11.253	0
中美大都会	470.59	26.9	151	500	1.37	28.14	0.987
友邦上海	7354.72	7534.64	754	100.23	256.01	1938.1	0.22
友邦广州	3300.8	3249.37	488	200.52	81.29	1519.97	3.64
友邦深圳	748.54	745.38	299	100	14.96	522.71	1.02
友邦北京	952.89	831.58	238	200.29	16.09	699.69	0.69
友邦苏州	246.12	75.44	93	200.29	0.91	67.57	0.29
友邦东莞	11.83	37.04	78	1	0.03	24.16	0.11
友邦江门	23.89	46.83	71	1	0.18	32.97	0.04

说明：平安人寿员工人数一项缺失，根据规模相似公司估值为31000人。

DEA 分析结果见表 5.24：

表 5.24　2004 年寿险公司价值链改进程度表

公司	年末资产总额	负债总额	员工总人数	实收资本	绩效值
中国人寿	-0.30721	-0.2137	-0.2137	-0.2137	78.63%
太平人寿	-0.2512	-0.2316	-0.48521	-0.2316	76.84%
中宏人寿	-0.28668	-0.25965	-0.2327	-0.59952	76.73%
太平洋安泰	-0.3107	-0.32174	-0.3107	-0.55524	68.93%
安联大众	-0.1855	-0.1855	-0.1855	-0.5271	81.45%
金盛人寿	-0.3141	-0.3141	-0.3141	-0.5877	68.59%
中保康联	-0.0794	-0.0794	-0.0794	-0.14855	92.06%
中意人寿	-0.95182	-0.96228	-0.2903	-0.59978	70.97%
光大永明	-0.2343	-0.2343	-0.2343	-0.38772	76.57%
首创安泰	-0.1087	-0.1087	-0.1087	-0.28066	89.13%
海尔纽约	-0.0395	-0.0395	-0.27941	-0.32679	96.05%
海康人寿	-0.0946	-0.0946	-0.67107	-0.39143	90.54%

纵向的，进行分类如表 5.25：

表 5.25　2004 年寿险公司经营数据纵向分类表

改进程度	公司名称
轻度改进	中保康联、首创安泰、海尔纽约
中度改进	中国人寿、太平、中宏、安联大众
高度改进	中意人寿、太平洋安泰、金盛、光大永明、海康

说明：根据 2004 年中国寿险公司的实际相对绩效表现，在进行相对绩效的纵向区分时，我们根据四项投入的平均值大小划分为三个不同的等级：当平均值的绝对值在区间 0～0.2 时，将其界定为轻度改进区间；当平均值的绝对值在区间 0.2～0.35 时，将其界定为中度改进区间；当平均值的绝对值在区间 0.35～1 时，将其界定为高度改进区间。

可以看出，从寿险公司价值链的改进程度上看，中资寿险公司和外资寿险公司并不存在明显的差异，除需要进行高度改进的区间外，在其他每一个区间内都是同时包括中资公司和外资公司或合资公司的。

横向的，进行分类如表5.26：

表 5.26　2004 年寿险公司经营数据横向分类表

类型	公司名称
组织形式主导型	中国人寿
偿付能力主导型	
人力资源主导型	太平人寿、海康
治理结构主导型	中宏、太平洋安泰、安联大众、金盛、光大永明、首创安泰、海尔纽约
综合因素影响型	中保康联、中意

说明：在四项投入指标中，任何一项相对于其他三项异常显著时，将其作为前四种之中的一种。若四项并没有表现出显著不同于其他者，归为最后一类。

表 5.26 根据寿险公司价值链的主要投入要素进行了汇总，结果发现：中资公司和外资公司在人力资源和综合因素这两方面是旗鼓相当的。而在对寿险公司来说至关重要的一环——偿付能力上，并没有非常突出的中资或外资公司。在人力资源方面，太平和海康有待改进。

根据中国寿险公司在 2004 年表现出的上述特点，当前中国寿险公司的价值链存在的问题主要在于人力资源、治理结构以及综合因素。在股改后的第一年，中国人寿组织形式方面的价值链要素出现重大问题也是可以接受的。

2. 2003 年寿险公司 DEA 方法实证分析

相关原始数据见表 5.27 所示：

表 5.27 2003 年寿险公司经营数据表

公司	年末资产总额（百万元）	负债总额（百万元）	员工总人数（人）	实收资本（百万元）	投资收益（百万元）	本年末总保费（百万元）	营业税（百万元）
人寿集团	455781.48	419189.5	-	4600	5305.61	161705.89	338.3
人寿股份	328720	265964	-	26765	-599	52925	-
太平人寿	5290.43	4601.16	1649	1000	125.33	3269.11	3.75
民生人寿	1466.69	592.15	298	873	33.04	345.81	0.26
平安人寿	162861	157325	31000	3800	2488	58959	110
新华人寿	24379.15	22883.93	3944	1200	428.48	17184.88	4.39
泰康人寿	24534.78	23206.01	6332	840	342.25	13343.16	20.11
生命人寿	2106.05	29.19	209	2078.57	3.84	4.44	0.25
中宏人寿	1241	1019	252	500	27	488	1
安泰人寿	1095.57	881.18	481	500	32.61	608.96	1.43
安联大众人寿	395.75	313.31	196	200	14.82	166.56	0.46
金盛人寿	495	211	202	500	13	125	1
中保康联人寿	194.57	37.29	65	200	3.75	37.62	0.17
信诚人寿	746.74	367.57	426	500	20.14	382.28	0.72
恒康天安人寿	192.89	59.15	100	200	5.98	46.62	0.2
中意人寿	522.471	91.002	157	500	1.141	87.622	0.619
光大永明	549.89	164.97	220	500	5.09	168.41	0.19
海尔纽约	261.19	94.41	104	220	5.55	81.8	0.12
首创安泰	510.12	46.31	200	500	-0.78	60.76	0.11
海康人寿	158.26	19.05	131	200	1.77	6.25	0.03
招商信诺	194.34	4.37	77	200	1.91	0.27	0.01
中英人寿	514.42	20.04	119	511.36	27.96	34.4	0.47
恒安标准人寿	1330.67	28.67	160	1302	0	0	0
广电日生人寿	290.86	0.49	63	300	0.68	0.22	0.01
太平洋人寿	71534.67	74122.2	14598	1000	1987.22	37674.27	57.23

第五章 基于数据包络分析方法

续表

公司	年末资产总额（百万元）	负债总额（百万元）	员工总人数（人）	实收资本（百万元）	投资收益（百万元）	本年末总保费（百万元）	营业税（百万元）
香港民安深圳	402.61	186.33	101	213.19	0	185.8	9.17
香港民安海口	23.33	6.63	12	3.2	0.32	5.98	0.39
友邦上海	5996.36	6107.1	688	100.23	213.12	1726.21	12.49
友邦广州	2154.26	2256.48	524	100.37	57.92	1099.47	6.71
友邦深圳	412.08	413.7	236	100	9.76	369.41	0.96
友邦北京	421.15	270.63	171	200.29	7.22	287.53	1.32
友邦苏州	217.61	36.71	72	200.29	5.28	36.11	0.11
友邦东莞	6.82	20.06	58	1	0.01	9.16	0.07
友邦江门	8.15	21.32	48	1	0	9.95	0.13

　　说明：2003 年中国人寿的股份公司与集团公司还是分别核算的。平安人寿员工人数一项缺失，根据规模相似公司确定为 31000 人。当年的新公司恒安标准、民安深圳、友邦江门年鉴中不含投资一项，将其设置为 0。当年开业的恒安标准保费收入和营业税作为 0。

DEA 分析结果见表 5.28：

表 5.28　2003 年寿险公司价值链改进程度表

公司	年末资产总额	负债总额	员工总人数	实收资本	绩效值
太平人寿	-0.0441	-0.0441	-0.0441	-0.0441	95.59%
民生人寿	-0.37733	-0.3092	-0.3092	-0.39536	69.08%
平安人寿	-0.34185	-0.3189	-0.3189	-0.3189	68.11%
泰康人寿	-0.10681	-0.0869	-0.33831	-0.0869	91.31%
生命人寿	-0.91468	-0.7921	-0.7921	-0.91717	20.79%

续表

公司	年末资产总额	负债总额	员工总人数	实收资本	绩效值
中宏人寿	-0.2354	-0.26513	-0.2354	-0.55854	76.46%
安泰人寿	-0.1016	-0.20887	-0.1016	-0.1016	89.84%
安联大众人寿	-0.0296	-0.23885	-0.24572	-0.0296	97.04%
金盛人寿	-0.3401	-0.35384	-0.3401	-0.54104	65.99%
中保康联人寿	-0.1095	-0.1095	-0.21396	-0.30355	89.05%
信诚人寿	-0.0214	-0.0214	-0.37389	-0.11166	97.86%
恒康天安人寿	-0.217	-0.217	-0.4832	-0.4678	78.30%
中意人寿	-0.1795	-0.1795	-0.25733	-0.25128	82.05%
光大永明	-0.0809	-0.0809	-0.29504	-0.22186	91.91%
海尔纽约	-0.2011	-0.2011	-0.32129	-0.35928	79.89%
首创安泰	-0.0053	-0.0053	-0.37505	-0.03638	99.47%
海康人寿	-0.6275	-0.6275	-0.85124	-0.7959	37.25%
招商信诺	-0.0464	-0.0464	-0.43432	-0.09475	95.36%
恒安标准人寿	-0.92348	-0.8315	-0.8315	-0.93066	16.85%
友邦苏州	-0.1458	-0.1458	-0.26094	-0.23008	85.42%
中国人寿	-0.60639	-0.58564	-0.323	-0.32382	67.70%

纵向的，进行分类如表5.29：

从寿险公司价值链的改进程度上看，中资寿险公司和外资寿险公司并不存在明显的差异，因为在每一个区间内都是同时包括中资公司和外资公司的。

表 5.29   2003 年寿险公司经营数据纵向分类表

改进程度	公司名称
轻度改进	太平、泰康、安联大众、安泰、中保康联、信诚、光大永明、首创安泰、招商信诺、友邦苏州
中度改进	民安、平安、中宏、金盛、恒康天安、中意、海尔纽约
高度改进	生命人寿、海康人寿、恒安标准、中国人寿

说明：根据 2003 年中国寿险公司的实际相对绩效表现，在进行相对绩效的纵向区分时，我们根据四项投入的平均值大小划分为三个不同的等级：当平均值的绝对值在区间 0～0.2 时，将其界定为轻度改进区间；当平均值的绝对值在区间 0.2～0.4 时，将其界定为中度改进区间；当平均值的绝对值在区间 0.4～1 时，将其界定为高度改进区间。

横向的，进行分类如表 5.30：

表 5.30   2003 年寿险公司经营数据横向分类表

类型	公司名称
组织形式主导型	恒安标准、中国人寿
偿付能力主导型	安泰
人力资源主导型	泰康、安联大众、信诚、光大永明、海尔纽约、首创安泰、海康
治理结构主导型	中宏、金盛、中保康联
综合因素影响型	太平、平安、民生、生命、恒康天安、中意、友邦苏州

说明：在四项投入指标中，任何一项相对于其他三项异常显著时，将其作为前四种之中的一种。若四项并没有表现出显著不同于其他者，归为最后一类。

表 5.30 根据寿险公司价值链的主要投入要素进行了汇总，结

果发现：中资公司和外资公司在人力资源、治理结构以及综合因素这几方面是旗鼓相当的。偿付能力方面突出需要改进的，则只有一家中资公司——安泰人寿榜上有名。

根据中国寿险公司在 2003 年表现出的上述特点，当前中国寿险公司的价值链存在的主要问题在于人力资源、治理结构以及综合因素。

三、实证分析的结论及解释

到目前为止，我们已经根据 2003～2005 年财险公司和寿险公司的实际经营数据分别进行了数据包络分析。根据最终分析结果，有些与人们的日常思维一致，而有些则有较大差距。有些公司稳定地具有效率或不具有效率；有些公司则在某些年份具有效率，而在其他一些年份不具有效率。之所以会出现这种问题，究其根本还是中国保险业发展时间短，不少人对保险业发展的理解还停留在"以保费论英雄"、"以规模论成败"的粗犷型经营阶段。因此，当人们心目中的大规模保险公司处于非 DEA 有效边界时，就会产生与固有的思维相左的诧异。殊不知，出现这种情况是由于竞争环境已经改变，此时大型保险公司已经无法获得和保持以前垄断的地位与优势，尽管由于历史原因和"稳健经营"的保守思维仍占有相当大的市场份额，但是竞争环境的变迁必然导致这种经营方式的过时。于是，当我们将中国保险市场上所有保险公司（仍然划分为财险业和寿险业）放在一起进行分析时，其弊端显现无遗。同样，处于生产前沿面上的保险公司也有一个共同的结论，就是在其价值链的基本构成上是合理的，在现有市场竞争环境下并不存在需要改进的余地。可见，无论是从改进价值链管理，还是从提高保险公司竞争力的角度考量，相对效率都是极其重要的参考。

通过对中国财险公司和寿险公司近三年数据的观察，可以发现，中国当前保险市场上没有哪家保险公司可以保持长久的竞争优势，这是由保险市场竞争环境变化过快和在中国经营的保险公司适应能力相对滞后共同所致。于是，就会出现某一家公司在有些时候可能处于生产前沿面上，而在其他时候则没有处于生产前沿面上。可能的解释如下：当某一家保险公司处于有效的生产前沿面时，这家公司的价值链实现了与竞争环境的匹配，而当环境发生变化时，由于保险公司价值链一旦形成并投入运营，就会存在一定的惯性，无法立即随环境调整，或者保险公司的领导人由于种种原因无法准确观察到环境的改变而并未对此作出反应，因此就会出现前一年处于前沿面的公司，而在后一年处于非生产前沿的情况。尽管现象如此，但是可以断言，这种保险公司价值链和竞争环境不匹配的程度将会越来越小，并终将随着中国保险市场的发育完全而趋于可以预测。

　　另外，从保险企业价值链前半部分——投入角度看，组织、人才和公司治理具有重要意义；从价值链后半部分——产出角度看，投资和保费收入则起决定性作用。到目前为止，本章的工作已经全部完成，已经按照不同年度对中国的财险公司和寿险公司进行了研究和分析，并总结出不同价值链环节上的保险公司具有不同的竞争力改进特点。至于应该如何提高保险公司竞争力，改进价值链上要素的配比来优化保险公司的价值链管理，则是下一步要进行的研究。在接下来的三章内容中，将主要对具有可操作调整性的领域，如组织形式、内部制度、资金运用等保险公司投入和产出领域进行专项研究。

第六章

组织形式对保险企业经营竞争力的影响

　　本书以价值链作为分析工具，通过它来挖掘和理解成本与差异化的现有与潜在来源，通过价值链把保险企业的活动分解为战略上相关的价值活动。保险企业正是通过比竞争对手更节约或更好地开展和实施这些战略上的重要价值活动来赢得竞争优势的。前面的章节中，在找到价值链理论与保险企业竞争力的契合点之后，建立了保险企业价值链系统。同时我们还实证分析了保险企业竞争力和保险企业价值链，以及如何通过保险企业价值链提高保险企业经营竞争力。

　　组织形式的形成实际是制度选择问题，既是以前经营的结果，也是当前经营的背景，经营竞争力是在不同形式的保险组织的基础上得以维系的，而且不同组织形式的保险企业在经营竞争力的侧重点选择和相应的提升做法领域不尽相同。也就是说，组织形式是经营竞争力的一个基础。当然，从降低交易成本角度考虑的话，组织形式也可以由此进入扩展的保险企业价值链体系。因此，保险企业组织形式既是保险企业经营价值链的基础，也是其价值创造的重要环节。

在保险业中，不同的保险企业具有不同的价值链，同一个保险企业在不同的发展阶段也会有不同的价值链，价值链上的各个环节对于保险企业的竞争力贡献度是不同的。保险企业组织作为生产要素中的"组织"要素，在保险企业中发挥着革命性的作用。本章将通过分析保险企业的组织形式对保险企业的价值链的影响，进一步深入探讨保险企业价值链对保险企业竞争力的影响和作用。其中，在第一节使用传统的交易成本理论介绍保险企业的基本组织形式及其变迁；第二节介绍保险企业组织形式对保险企业价值链及竞争力的影响，包括直接影响、间接影响和总影响；第三节探讨了保险企业组织形式对中国保险企业竞争力和保险市场建设的作用，并提出从组织形式的角度改进保险企业价值链，进而提高保险企业经营竞争力的建议。

第一节　保险企业基本组织形式

保险企业的组织形式从形式上看主要包括相互制、股份制，从规模上看可以分为中小公司和保险金融集团。从保险出现演化至今，保险企业组织形式是一个复杂变化的体系，可以从企业的组织形式理论着手进行研究。自从1937年科斯的经典论文《企业的性质》发表以后，对于企业的主流研究开始转向应用契约理论作为主要的分析工具，并在此基础上又发展了完全契约和不完全契约两大部分内容，在不完全契约理论中又分出交易成本理论和产权理论。将这些前人研究的成功理论运用于保险企业领域，就成为保险企业组织形式的理论基础，保险行业的种种交易行为都是通过相互制、股份制、保险金融集团等组织形式的演变表现出来。这在产业组织中可以归结为一种纵向关系，运行的前提是可以降低交易成本，从而降低整体运营成本；同时可以提高规模收益，达到提高保险企业竞争力的目的。

从企业的范畴上来分类，保险企业大体可分为：政府保险组织（又叫国营保险公司）、公司组织形式（主要是指股份保险公司）、相互保险公司、合作保险组织和专业自保公司等。目前世界上基本的保险企业组织形式有以下三种：相互保险公司、股份制保险公司、保险金融集团。下文将对这三种基本形式进行研究和分析。

一、相互保险公司

（一）相互保险公司的概念

研究相互保险企业要从相互保险制度谈起，相互保险制度是参加保险的成员之间相互提供保险的制度，它来源于早期的海上保险。相互保险最初是以个人作为所谓"会员"的形态出现的，并且仅仅体现在对相互制组织中的各个成员进行损失补偿上，是一种非营利性的保险组织。随着保险业的发展，目前按照营利与否来确定，相互保险公司是营利性的一种相互保险组织，是公司法人。

（二）相互保险公司的特殊性质及优点

1. 特殊性质

相互保险公司的特点包括：第一，最高权力机关是社员代表大会，公司的表决权属于全体保单所有人；第二，公司不按利润进行分配。相互保险公司是所有参加保险的人为自己办理保险而成立的法人组织。它是保险业特有的公司组织形态，同时也是相互制保险组织中最为重要的组织形式。

相互保险公司尽管也叫做公司，但是相互保险公司并没有资本股票和股东，在这一组织形式下，公司的保单持有人称为会员，同时也是投保人、所有者，保险人和被保险人是统一体，董事会由会员投票选举，产权关系和利益关系十分特殊。相互保险公司的所有权是不可转移的，所有者与消费者之间潜在的冲突如发生在红利、投资保单上的矛盾可以通过内部解决。从技术层面来说，相互保险公司的资产和收入是由公司持有的。而保单持有人被视为契约上的债权人，依法享有选举董事的权利。保险人持有资产并对公司资产进行投资运用，从本质上讲是为了保护保单所有人和受益人的利益。在相互保险公司，保单持有人的地位与股份制保险公司中的股东地位类似，是相互保险公司的实际所有者。所以，相互保险公司的基本特点是较明显的互助性。在有的国家和地区，相互保险公司除了依据《保险法》外，还依据有关合作法规。所以，相互保险公司是公司保险与合作保险相结合的一种形式，参与者是保险合同当事人，公司的所有社员为投保人，既是保险人也是投保人或被保险人。

与一般公司（包括与股份公司）相比较，相互保险公司的交费方式具有特殊性。相互制保险公司按照是否事先收取保险费，可以分为评估性相互保险公司与事先收费保险公司两大类。前者不事先确定保险价格也不收取保险费，在保险事故发生后，根据经验损失状况，将损失在所有保单持有人之间进行分摊，确定每人的应付金额，收取后用于支付赔款。后者在经营运作上很接近股份制保险公司，事先设计保险产品，确定保障范围，评估保险风险，厘定保险费率，再通过出售产品吸纳会员参加。前者在保险出现早期起到了重要的作用，但因其规模小、保单持有人范围小、没有专职保险经营管理人员等显著缺陷，导致现在仅仅在农村中开展。后者通过保费收入来积累保险基金，并没有事后向会员收取保费的能力，与股份制保险公司的经营管理非常相近，正在成为现代相互制保险公司的主要模式。相互制保险公司最初是在营业年度的终了，按照各会员的分配比例征收保费的。但是这种看似公平的事后征收方式在保险金给付不足的情况下会由于临时征收给其会员造成很大的不便，现在已经完全改为事先支付保费，并采用与股份制保险公司一样的确定保费制。

在事先交费的情况下，保单所有人按照记载于其保单上的典型的固定保险费交缴，相互保险公司的保费一般来说要高于股份保险公司类似的保证成本契约的保费。但是保单持有人实际负担的净成本，却要视董事会每年分配的红利数额而定。记载于保单上的固定保险费为其购买保险的支出并代表保费的上限，对投保人来说，最后的实际保费支出是在固定保费的基础上减去红利给付金额或契约所生利息金额而定。

2. 优点

其优点在于：第一，相互保险公司中保单持有人既是消费者又是所有者，可以避免保单销售过程中的不正当经营和道德风险。第二，相互保险公司以全体投保人的利益为重，被保险人的利益能够得到充分的重视。第三，保险加入者可以参与分配经营结果的剩余部分，有利于他们参与经营管理。

二、股份制保险公司

随着社会经济的发展，保险公司经营规模不断扩大，相互制保险公司中一般会员的权利反而由于无法直接参与决策而受到损害和威胁，股份制作为最有效率的现代企业制度应用于保险企业的组织形式。

（一）股份制保险公司的概念

股份制保险公司是指按照股份制企业组织形式运行的保险公司，遵循股份制企业运行的一般规则。股份制企业的经营权和所有权分离，公司治理结构能够保证企业高效运行，全部注册资本由全体股东共同出资，股东依据在股份制企业中所拥有的股份多少参与管理、享受权益并承担风险，股份可在规定条件下或范围内转让，但不得退股。

中国的股份制企业主要有股份有限公司和有限责任公司两种

组织形式，现阶段中国保险公司组织形式是股份有限公司。

（二）股份保险公司的优点

股份保险公司的优点包括：第一，所有者与管理者分离，管理者以追求利润最大化为原则，必然在经营活动中千方百计地降低成本、提高收益。第二，股份公司融资渠道广泛，资金的积累较为便利，满足了保险业偿付能力的需要。第三，股份公司的大规模经营能够广泛地分散风险。第四，股份公司经营制度透明。

（三）股份保险公司和相互保险公司的比较

将股份保险公司与相互保险公司进行比较，两者的具体区别汇总在表 6.1 中。

表 6.1　股份公司与相互公司的差异

项目	保险股份公司	保险相互公司
法律上的性质	盈利法人	不以公益为目的的中性法人
企业主体	股东	会员＝投保人
经营资金	股东支出的股本	会员支出的基金及出资人支出的基金（负债性质）
决策机关	股东大会	会员大会或会员代表大会
损益归属	股东	会员
保险关系	基于保险合同而取得	与会员关系同时基于保险合同而取得

需要指出的是，相互保险公司最初的相互性正在渐渐消失，与股份保险公司已无明显差异；而且事实上，不少相互保险公司最初也是以股份公司形式设立的，后来再通过退股实现相互公司化。因此，相互保险公司在内部组织机构设置、保险业务拓展、保险费率厘定、保险基金运用等方面，都遵循了保险的一般原则。

三、保险金融集团

（一）保险金融集团的出现

近年来出现的金融一体化和经济全球化趋势产生了一种新的

保险企业组织形式或者说是一种经营方式——保险金融集团。集团是指以资本为纽带联系在一起的一组公司的联合体，集团化是一种公司之间的组织形式，这种组织形式通过控股实现并维持有效的管理协调机制。保险公司集团化经营是保险企业集中化的一种具体表现形式。集团化经营的基本组织架构是母子公司结构，母公司和子公司都是独立法人。

纵观世界上集团控股公司的发展历程，控股可以分为经营型控股（Operating Holding）和纯粹型控股（Pure Holding）。经营型控股母公司拥有自己的事业领域，此外还通过控制其他领域的子公司的股份来支配管理子公司的经营活动，当集团选择集约化多角经营战略时较多采用该种控股方式。纯粹型控股母公司没有自己特有的事业领域，仅为公司的一个经营战略的决策部门，集团战略撤退或开发风险性新事物时多用此种形式。保险控股集团是以保险公司为子公司的金融集团控股公司。

（二）保险金融集团在中国的发展

由于目前中国相关法律的限制，保险公司的资金只可用于投资与保险相关的公司，因此，保险公司可以通过下设寿险子公司、产险子公司、资产管理子公司和销售代理子公司的方式来实现集团化经营。从目前来看，中国人寿保险集团、中国人民保险集团、中国再保险集团、平安保险集团和太平洋保险集团走的都是保险集团的路子，下设寿险子公司、产险子公司和其他机构，从它们的发展中我们已经可以发现构建金融控股集团的雏形。

第二节　组织形式对保险企业价值链及竞争力的影响

在第四章中重点介绍了价值链如何决定保险企业的竞争优势，要取得竞争优势，保险企业就必须在所有影响企业成本及差异性的方面作出选择。同时第四章还探讨了差异化，从保险产品的差异化过渡到保险企业的不同组织形式，最终将组织形式与竞争力联系起来。在这一节中我们利用产权理论分析保险企业的组织形式的变迁，如何在企业成本和差异化方面作出选择，从而改造企业价值链，达到提高企业竞争力和创造价值的目的。

本书认为交易成本是引起保险企业组织形态变化的最主要因素，其他因素都是通过影响保险企业的交易成本来影响保险企业组织形式的。

一、组织形式对保险企业价值链及竞争力的直接影响

（一）保险企业组织形式的演变规律

相互制保险企业作为保险企业组织的原始形态，至今仍在很多国家发挥重要作用。股份制保险公司作为现代企业制度在保险组织领域的应用，正在发挥其对私有产权的最佳诠释作用。随着金融全球化的趋势不断蔓延，保险集团化经营以及由此衍生出来的保险业的兼并狂潮说明一种新的组织形式——保险金融集团正在快速发展。本书认为保险企业组织形态从相互制发展到股份制乃至保险集团的变化都是为了调整保险企业价值链，从而使价值链适应保险企业运行的大环境，能够充分发挥价值链的作用从而提升企业竞争力。其主要是通过企业的组织制度变迁，改变产权结构、公司治理等影响保险企业的价值链来降低保险交易成本，提高竞争力。

保险风险是一种可以交易的风险，而且在当今社会必须是一种可交易的风险。交易就是一种制度，而交易的基础就是不同产权背后的关系，产权明晰能够降低交易成本，可以认为是产权从根本上影响交易成本。随着社会的发展与进步，可保风险范围不断扩大，越来越多的资本市场内的机构参与进来承担保险风险。为保险企业提供资本来满足其扩充承保能力及开发新险种的需

要，这是促成保险企业股份制和集团化经营出现的重要制度因素，将市场上的交易成本转化为企业内部交易成本，从总体上使交易成本降低。而保险公司的内部制度从根本上说就是通过划分公司内部的产权归属来降低交易成本。

（二）保险企业组织形式对价值链的直接影响

下面具体分析保险企业组织形式如何通过保险企业的产权、风险变化和治理结构等三个因素直接影响企业价值链。

1．产权对保险公司交易成本的影响

制度经济学认为，产权关系的明晰有助于降低交易成本。产权通俗地说就是处置和运用资产的各种权限，保有产权要支付排他成本；运用产权与他人产权交易或与他人产权在某一组织内结合时，会发生协调成本。产权是一把双刃剑，持有产权一方面可以因为权力而享受到好处，同时也必须承担为使其发挥作用而产生的成本。"随着产权所有者影响某一方面的结果的能力增强，该交易者应该承担相关变化性的更多责任，将趋向于承担起所能影响的属性的收入的更大份额，从而成为这部分收入的更大的剩余索取者。"

交易成本的概念可以扩充到度量、界定和保证产权的费用上。历史上最早出现的具有保险性质的组织是自发形成的社团性组织，这一保险组织是属于其参与成员共同所有的，从产权的形成机理上看，是一种共有产权。从保险出现一直发展至今的保险企业组织形式应该是相互制保险企业，该组织形式是保险组织的原始形态。相互保险公司的会员身份特殊，既是投保人又是被保险人。但是相互制保险公司共有产权的性质并没有改变，会员平等地享有对相互制公司的权利，这一点从目前仍在使用的"一人一票制"可以看出。随着经营规模的不断扩大，相互制公司一般会员的权利反而由于无法直接参与决策而受到损害和威胁。这样相互制公司不但在产权界定和度量方面发生问题，而且对会员权利的保证也受到影响，交易成本随之增加，保险公司的价值链受到影响，降低了保险企业的竞争力和创造价值的能力。

随着股份制作为最有效率的现代企业制度的出现，保险业也将股份制纳入其备选组织形式框架。在采用股份制之后，保险企业产权组织形式发生了巨大的变化，不需要分散风险的股东为了获得股利分红，投资于股份制保险公司并按照所持股份拥有了对公司的产权（所有权）。从此，以风险分散、聚集和转移为要义的保险企业又多了一种被要求的功能——实现股东价值最大化。随着金融一体化和经济全球化趋势，保险金融集团逐渐形成。产生这一组织形式的原因很多，从产权角度可以理解为：金融一体化和全球化趋势对金融机构的规模提出了更高的要求，股权与债券融资虽好，但往往很难满足保险机构短期内大幅扩大规模的需求。因此，以掌握产权为目的的兼并、并购出现并被很多保险企业采用，兼并结果就是产生了保险金融集团或保险控股公司——一种产权由集团（或控股公司）的股东所有的组织形式。

2. 风险变化对保险公司交易成本的影响

随着社会的进步与科技的发展，客观存在的风险在深度和广度、内涵与外延上都发生了显著的变化，可保风险也在发生变化。如果保险行业的保障范围与保障程度并不与之同步，整个保险行业的竞争力就会受到影响和冲击。可保风险的变化趋势是不断地将新风险纳入到既有体系，尤其最近一个世纪，随着科技进步，可保风险的范围快速扩大。这样，原有的相互制保险企业组织形式在承保新风险方面就因其自身局限性受到限制，保险市场上的交易成本在新环境和新风险的作用下快速上升，于是股份制保险公司应运而生，将高昂的市场交易转化在股份制公司内部进行。

传统保险领域包括海上保险、火灾保险与寿险三种类型。随着海陆空立体运输网络的出现与广泛应用，海上保险已经扩充到包括河川、港湾和陆上运输保险，并且很多场所的风险与货物的风险也算在海上保险范围内。在社会的快速变革中，不同所有者财产之间的关系发生了巨大的变化，最初的火灾保险也已经发展到爆炸、雷击、消防、房屋出租关系火灾事故、地震特约承保等这些复杂的风险类型。在人寿保险方面，在西方社会人本主义思想的影响下，最初的死亡保险发展到如今的混合保险、生存保险、年金保险和团体寿险，并且将保险原有的功能与储蓄和投资结合起来，开发出储金型保险与投资分红型保险。随着传统保险不能保障的新领域风险的出现，车险、责任险、核保险等风险已经成为保险企业的可保风险。这种新出现的风险，一方面发生的概率并无经验数据可以借鉴；另一方面，一些风险一旦发生，损失结果很难衡量，因此对保险企业的资金实力要求提高得很快。

近年来出现的保险金融集团从所有权上看，不过是股份制保险企业在很多方面的加强，仍然是由持有保险集团股票的股东拥有实际所有权。对于保险集团的出现，有专家认为是受到以下几个方面的影响：第一，需求的影响，即消费者行为的不断变化、消费者意识与期望的提高、雇主提供的经济保障减少。第二，供给的影响，即规模经济范围经营、分销的低效。第三，政策的影响，即政府作用的弱化、政府监管的变化以及自由化。本书认为，上述观点固然重要，但是促使保险集团出现的主要力量还是保险组织形式转化为保险集团有利于发挥保险企业价值链的作用。

以股份制和相互制公司形式经营跨国保险业务出现困难时，保险消费者对其能力产生怀疑，影响到保险要素在其中的流动，交易中的摩擦与成本上升。市场交易成本的存在导致企业的存在和产生，同样交易成本的变化也会导致企业组织形态的变化。当现有相互制和股份制组织形态不能满足变化了的交易成本的需要时，资本实力更强、分散风险机制更完善的保险金融集团的出现可以缓解交易成本的快速上升。从国际保险业的实践看，近年来排名靠前的保险企业都是集团化经营的。

3. 治理结构对保险公司交易成本的影响

制度经济学认为，市场与企业都是资源配置的方式。但是市场价格机制的运转存在市场交易成本。在企业内部交易也存在成本，其高低主要取决于企业采用何种方式组织生产，即企业内部关系的处理，也就是公司治理。因此企业是不能完全代替市场的，而是二者共存。保险企业到底选择相互制、股份制还是集团化经营，实际上是一个交易成本影响保险企业边界的问题。而保险公司的边界是由其内部的管理性费用与保险市场上的交易成本比较决定的。当保险企业由相互制转化为股份制或股份制兼并重组为保险集团时，规模必然扩大，内部费用支出也随之增长，只要增加的费用低于市场交易成本，转化就会发生。当由保险企业内部多组织一项交易引起的成本与通过保险市场组织该项交易的成本相等时，企业的规模不再变化。本书已经在前面阐述了，不同组织形式的保险企业所对应的规模是不同的，因此，可以近似地认为在这个时候保险企业与保险市场的均衡得以实现，暂时不会发生组织形态的变迁。在这里需要指出，当保险企业组织形态稳定时，其规模仍然可能变化。

广义上讲的公司治理与企业所有权的安排含义近似。企业内部交易成本主要受到公司治理的影响。公司治理结构是企业所有权安排的具体化，企业所有权是公司治理结构的抽象概括。狭义的公司治理是公司控制权、董事会功能结构和股东权利等方面的制度安排。本书主要论述狭义的保险公司治理。

相互制保险企业的会员通过购买保险自动享有对公司的一部分所有权，会员代表大会选出的专职人员负责日常运营。随着保险的发展，保险企业的规模越来越大，相互制企业的会员不太容易凑在一起就某一事项进行表决，企业的实际控制权是在董事会和经理层手中，显然这是不利于广大会员利益的。这样通过相互制保险企业内部进行的交易成本反而会高于通过保险市场交易的花费，这时促使制度变迁的力量出现，开始向股份制保险公司发展。当然，并不是所有的相互制公司都转化为股份制公司，决定转化与否的还是在于保险企业内部交易和市场交易的对比。股份制公司由于其更高的透明度和更加明晰的产权关系而深受投资者欢迎，尽管也会存在经理层与广大股东的利益冲突，但和相互制相比，股东可以"用脚投票"，可以减少交易中的摩擦，具有明显优势。

随着银行和证券公司都可以合法、正当地进入保险领域，相互制和股份制保险公司开始面临前所未有的生存危机。承保业务和投资业务都面临着强有力的竞争：承保方面，保险产品与其他的可投资领域是具有非常强替代性的替代品；投资方面，保险公司本身不是专业的投资机构，在这种情况下资金运用保值增值的压力就更加明显。保险企业治理的最终目标是提高有关各方的经济利益，而集团化确实可以实现这一点。集团化经营付出的成本主要包括为经营新业务所付出的成本和一次性付出的组织成本。而节省下来的交易成本包括集团中非保险金融机构对整个集团的协同效应、范围经济收益和改变生存危机的隐含收益。随着经济形势和金融格局的变化，保险企业形成了递增的预期收益曲线与递减的预期成本曲线，当预期收益大于预期成本时，制度变迁的诱致机制就开始启动，保险集团的组建和涉及保险企业的兼并重组行为开始大量出现。

通过以上的分析，能够认识到保险企业组织形式如何是通过交易成本的三个方面来直接影响保险企业的价值链的。

二、组织形式对保险企业价值链及竞争力的间接影响

从第四章可知，保险企业的价值链是指一些相互关联的保险单位通过相互间和内部的各种联系而传递价值的网链结构模式。在这个界定中，价值的收集、组织、选择合成就是价值创造过程，

而数据、信息、知识的传递过程同时也就是价值的流动过程，从而把波特关于价值链的经典理论应用到保险企业价值链和提升竞争力的活动中，设计了一套适应保险企业经营特殊性的保险业价值体系。本书认为，保险企业组织形式对保险企业价值链的间接影响主要是通过组织形式来影响保险企业的营销渠道价值链和消费者价值链。研究分析可以发现，这是一个价值传递的活动，是一条完整的网链结构模型。虽然保险企业的价值创造主要是通过保险企业价值链来完成的，但是，我们会发现保险企业价值链系统中的营销渠道价值链和消费者价值链对于保险企业实现价值活动是必不可少的环节。不同组织形式的保险企业有不同的保险销售渠道和消费者群体，从而可以构造不同的营销渠道价值链和消费者价值链。保险企业组织形式正是通过在保险企业营销渠道和消费者价值链这两个环节上的作用来间接影响保险企业价值链系统的，是企业组织形式对企业外部价值链的影响过程。

通过研究相互保险公司这种组织形式存在所对应的保险营销渠道价值链，可以发现其相应的竞争优势。这种竞争优势主要体现在一定程度上可以避免道德风险和保持营销渠道的稳定性。相对来说，股份制保险公司和保险金融集团也有与其组织形式相对应的特殊的营销渠道价值链。例如，保险金融集团一般下设产险子公司、寿险子公司或者从事银行、证券、养老金等业务的子公司，这样保险金融集团就可以充分利用服务领域的优势，进行交叉营销，从而拓展营销渠道价值链，实施差异化和低成本的优势战略，最后实现提高公司整体竞争力和创造价值的活动。

另外，保险企业的组织形式还可以通过保险企业价值链体系中的辅助价值活动来间接影响保险企业的竞争力和价值创造活动。因为不同的组织形式在辅助价值活动方面具有区别于其他各种组织形式的特点，这些特点决定了价值链要素对保险企业价值有不同的贡献度，这样就可以间接地影响保险企业经营竞争力。

三、组织形式对保险企业价值链及竞争力的总影响

根据制度变迁理论，由于规模经济、外部性、风险和交易费用，使得在现有的保险企业组织形式下存在潜在的"外部利润"。在这种情况下，如果一种新的保险企业组织形式能够把"外部利润"内在化，创新的收益大于成本，就有激励去推动制度变迁。无论是相互制保险公司向股份制转化，还是保险金融集团的出现，只有在创新增加了价值链潜在利润或降低了创新成本使得制度的变迁变得合理的情况下才能实现。而引起这两种情形的可以是保险市场规模的变化，精算、核保等技术的进步或者要素相对价格的变化等造成的交易成本的下降。

综上所述，本研究认为，保险企业组织形式影响保险企业价值链就是保险企业组织形式如何通过直接影响和间接影响来达到制造企业的成本优势和差异化的过程，从而影响保险企业的价值链。保险企业组织形式对保险企业价值链及竞争力的直接影响和间接影响是相辅相成的。最后可以归结为不同形式的保险企业组织形式通过价值链优化实施相应竞争战略，以此来形成竞争优势，从而提高公司竞争力。

第三节　组织形式与中国保险企业竞争力的提升

一、保险组织形式对中国保险市场建设的作用

保险企业组织作为生产要素中的"组织"要素，在保险企业中发挥着革命性的作用。保险企业组织与产业组织之间又是相互联系的，企业组织行为影响产业组织，进而影响保险市场建设。例如，保险企业通过横向联合或纵向一体化，使过去在市场中处于交易或竞争关系的企业成为集团中的子公司，这既是一次企业

组织的变迁，也会导致保险产业组织的调整。

保险组织形态的变迁在一定程度上也影响着保险市场结构、市场行为及市场绩效。从各国保险的历史来看，每一次新的保险组织的出现，都使得在一定的时期保险公司的数量增加，市场集中度降低，新的保险组织形式降低了保险公司的进入门槛，增加了保险公司间的有效竞争。以美国为例，相互保险公司因为其没有资本金的要求而大大降低了保险公司的进入门槛，新的保险公司的成立相对容易，直到今天美国的寿险市场的集中度仍然很低。但近几年来，相互保险公司的数目有所减少，垄断程度提高。

根据产业组织理论，保险企业的组织行为本身即为市场行为的一部分。保险组织形式的变迁本身就是市场行为、市场结构、市场绩效三者相互作用的结果。观察不同企业组织形式与运作成本的关系，我们认为不同的企业组织形式分别从不同的角度降低了运作成本，因为保险企业价值链在处理保险企业内部特定矛盾时存在成本差别，从而导致不同组织形式的保险企业效率的差别。组织行为在一定程度上也是市场绩效和市场结构选择的结果。以美国为例，其组织形式的历次变化都是市场绩效要求对其内部价值链改造的过程。

就中国保险业来说，目前市场处于发展的初级阶段，主体不多，结构较为单一，保险产品的多样性受到限制，中国保险市场在"十一五"期间乃至"十一五"之后的相当一段时间才能赶上国外保险业水平。从国外保险市场的发展历程看，各种公司组织形式能起到活跃市场、丰富险种、减少垄断的积极作用，还能够有效地解决保险公司与客户信息不对称的问题，提供其他类型公司不愿提供的产品。

股份有限保险公司是国际保险业最常见的组织形式之一。作为一种现代企业制度，股份制是中国很多企业调整和发展的方向，在很多行业中已经取得了很大的成绩，中国现有保险公司中绝大多数选择了股份制公司的形式进行经营。在未来中国保险市场不断完善的过程中，产权关系必定越来越清晰。

随着保险业的迅速发展，中国保险公司销售体系的维护和发展对业务多元化提出需求，中国保险企业集团化是中资保险公司迎接市场竞争的重要选择，是"做大做强"保险业的具体体现。在可保风险的范围不断扩大的今天，通过集团化经营更能实现分散风险、降低交易成本的要求。从长期趋势看，保险集团的发展将经历三个阶段，即单一业务阶段、综合保险业务阶段、综合金融业务阶段，目前中国的保险集团正处于由第一阶段向第二阶段演进的过程中。在这一过程中，由于业务比较单一且业务集中度较高，集团公司会较多地关注主体业务的发展。同时，集团公司在初期开拓新业务领域时，主要采取"内部成长"的策略，更多地依靠内部资源调配的方式实现业务的多元化，甚至有些新业务还要在子公司中培育，因此，这一阶段集团公司将倾向于采取较为紧密的管理方式。随着中国保险集团结构的完善和业务的丰富化，集团公司对子公司的管控手段将不断趋于股权管理。在未来进入综合金融业务阶段后，保险集团将更多地通过收购与合并的方式实现规模扩张，而随着"外部成长"的成分逐步扩大，保险集团将以更为间接的方式对其所属公司进行管理。

二、从组织形式角度改进保险企业价值链

从组织形式角度改进保险企业价值链，应该从企业和产业政策两个方面着手。

（一）从企业的角度出发

不同形式的企业组织形式应该结合企业形式的特点，通过整合保险企业内部价值链和外部价值链来充分发挥各个环节的作用，即利用保险企业组织形式的变迁实现保险企业的外部价值链，利用销售渠道价值链和消费者价值链与内部价值链上的各个环节

的整合，实现提高创造价值的活动，从而提升企业竞争力。

（二）从产业政策的角度出发

1. 营造有利于保险企业进行组织形式创新的环境。具体来说就是应加快将相互保险纳入立法框架的步伐。中国目前相关法律只明确规定了商业保险，尚没有明确相互保险，这不利于农民、行业职工、学生及其他中低收入群体享受补充保险的选择权利。中国《公司法》第2条规定"本法所称公司是指依照本法在中国境内设立的有限责任公司和股份有限公司"，相互保险应该是合作性公司，既不是有限责任公司，也不是股份有限公司，所以相互保险公司在现行《公司法》中就得不到合法地位。另外，相互保险的又一法律基础是非营利性质的合作社法，而中国的合作社法尚在起草之中，一直没有出台。法律冲突和缺位成为相互保险合法化的最大障碍。因此，急需出台一套针对相互保险公司的管理规定，同时还要进一步完善建立保险金融集团的相关法律规定。这样保险企业就会适时地通过保险企业组织形式影响企业价值链，从而可以提升企业竞争力。

2. 完善保险企业的退出机制。保险企业组织形式的创新也存在一定的风险，各种市场主体进入市场后，依靠市场机制的力量去实现优胜劣汰，这使得监管显得更加重要。激烈的竞争使得保险公司的破产难以避免，完善市场退出机制已是迫在眉睫。尽管中国对保险市场上因经营不善等各种原因而退出的保险公司规定了退出市场的处理方法，但是对保险公司存在的问题缺乏定性判断和科学的衡量方式，对出现问题的保险公司的救助行为尚不明确，也缺乏统一的市场退出程序。而完善的市场退出机制对于提高中国保险业的竞争力无疑是具有重要意义的。作为提供保障这一特殊产品的行业，保险业本身就承担了一定的社会责任，保险业的活动有很强的正外部性，具有一定的公共物品性质。如果没有完善的市场退出机制，一旦有保险公司因为各种原因需要从市场中退出，那么对该公司承保人和社会的影响是不可低估的。

保险保障基金在国外有"保单持有人的最后安全网"之称。如果将保险公司退出的风险由财政兜底改为符合市场化要求的行业自救，就会有利于建立符合保险产业可持续发展要求的有效竞争机制。在市场经济条件下，保险行业或政府面临着一个重要问题或选择，即如何在防范和化解保险业风险，加强对保险监管的同时，发挥市场竞争规律，提高保险经营效率。根据市场经济发达国家和地区的经验，建立保险保障基金不失为一种有效的措施。当保险公司破产或被撤销时，如果其有效资产无法全额履行其保单责任，保险保障基金可以按照事先确定的规则，向保单持有人提供全额或部分救济，减少保单持有人的损失，确保保险机构平稳退出市场；与此同时，又能维护金融稳定和公众对保险业的信心，保证保险产业的持续发展。

三、通过价值链优化提升保险企业竞争力

中国保险市场主体应该充分利用组织形式对保险企业价值链的正面影响来提高中国保险企业的竞争力。具体可以从两个方面着手，简要阐述如下：

（一）保险企业应该适时进行企业组织形式的变迁

保险企业所处的竞争环境不是一成不变的。保险企业所面临的竞争环境主要包括社会人文环境、政策法规环境、科学技术环境等因素，其中任何一个环境因素的变化都可能使得保险企业组织形式不适应目前的价值链系统，影响企业的竞争力。上文已经论证过，保险企业的组织形式能够直接通过影响交易成本影响保险企业的价值链，所以保险企业应该适时地根据企业自身面临的市场环境，并结合企业自身的特点进行企业组织形式的变迁，加强企业价值链与周围环境和企业自身特点的耦合，这样才能保证企业价值链的价值创造活动和价值传递活动的顺畅进行，真正地

提升企业的竞争力。

对于目前中国保险企业来说，从变革保险企业组织形式、改造企业价值链、提升企业竞争力的角度来讲，传统的国有大型保险企业应该在股份制改造的基础上积极筹措组建保险金融集团，这种组织形式能够适应目前金融全球一体化的趋势，而且这些保险企业具有相应的资金、技术和管理等方面的实力，可以通过保险企业价值链降低企业的交易成本；经过营销渠道价值链的整合，向顾客提供一体化的服务，实现消费者价值链的整合。这样企业的价值流动将更加顺畅，有利于提升保险企业的竞争力和价值创造活动。

（二）微观调整价值链提升保险企业竞争力

保险企业通过企业组织形式的变迁建立一套价值链体系后，这种价值链体系从总体上或许适应企业的发展，但是也可能在细微方面存在需要改进的地方。这时保险企业就应该从细微处着手，按照价值链管理流程对价值链环节进行优化。具体可以从单独研究保险公司的价值链上的主要价值活动——险种开发、保险营销、偿付能力、核保理赔、风险管理与转嫁以及投资这几个核心环节下功夫，本书第四章已对这几个环节分别进行了介绍，这里不再赘述。

第七章

内部制度对保险企业经营竞争力的影响

　　所谓内部制度是指保险企业的风险管理、公司治理以及内部控制制度。由于涉及保险企业内部的经营管理，因此统称为内部制度。本章主要研究保险企业各种内部制度对其价值链的影响，在上述几种内部制度的约束下，保险企业价值链得到改进，从而使企业竞争力得到提升。如果说保险企业经营价值链上各环节是"结点"的话，以风险管理、内部控制、公司治理等为代表的内部制度可以认为是连接各结点的"关系"或"联系"运行的规律。

　　本章在分别介绍上述三种保险企业经营的内部制度基础上，对三者之间的内在逻辑关系进行了阐述，研究分析了保险企业各种内部制度对其价值链要素的影响。通过对保险企业全面风险管理体系的分析，可以看到风险管理贯穿了价值链的各个环节。保险公司作为市场经营主体，经营风险的过程就是价值创造的过程，因此风险管理作为保险公司经营的业务本身就是价值链增值的过程。保险企业通过进行与其他企业不同的风险管理活动或是构造与其他保险企业不同的风险管理体系可以取得差异化经营的竞争优势。没有良好的治理结构，就不可能制定合理的企业战略目标，不能形成完善的风险管理的内部环境，企业如果无法正常开展运营，也就无从谈起创造出良好价值的经营链。本章在此分析基础上，通过研究保险企业的内部制度对优化价值链的重要作用，提出如何整合价值链，使保险企业竞争力得到提升的方法。

第一节　保险企业全面风险管理与价值链

一、保险企业全面风险管理概述

（一）风险管理的含义

风险是一个十分常用却又很模糊的概念，尽管对其研究已经有多年，但是目前对风险还没有一个统一的定义。从传统来看，风险是通过不确定性来界定的，因此本书将风险定义为在事物发展的过程中，损失发生的不确定性。不可否认，风险和收益是相对的，并非所有的风险都会带来损失，一般认为投机风险就是既可能引起损失也可能带来收益的风险，例如有些高风险的投资从某种意义上来说也意味着高收益。但是对于企业风险管理来说，更多的是要防范和降低因风险而带来的损失，而不是去追求可能带来高收益的投机风险。

对于风险管理的定义相对来说比较统一。威廉姆斯（C. Arthur Williams）和汉斯（Richard M. Heins）在《风险管理与保险》认为："风险管理是通过对风险的识别、衡量和控制，以最低的成本使风险所致的各种损失降到最低限度的管理方法。"乔治·E. 瑞达（George E. Rejda）提出："风险管理是识别其面临的风险并选择最有效的方法来处理这些风险的过程。"美国 Treadway 委员会的发起组织委员会（COSO）对企业风险管理的定义是："企业风险管理是一个过程，它是由一个主体的董事会、管理当局和其他人员实施，应用于战略制定并贯穿于企业之中，旨在识别可能会影响主体的潜在事项，管理风险以使其在该主体的风险容量之内，并为主体目标的实现提供合理保证。"

　　企业风险管理是管理过程的一个组成部分。企业风险管理框架的要素都是管理层经营一个企业所做的事情，但是，并非管理层所做的事情都是企业风险管理的组成部分。张宜霞（2005）对管理活动和风险管理内容的差别总结见表 7.1 所示。

表 7.1　管理活动和风险管理的不同

管理活动	管理活动	企业风险管理
确立任务、价值和战略	√	
在战略规划中应用企业风险管理	√	√
确立设定目标的程序	√	√
选择企业水平和水平目标	√	
确定实施步骤	√	
建立内部环境	√	√
确定风险偏好并设定风险容忍度	√	√
识别潜在事项	√	√
评估风险的影响和可能性	√	√
识别和评估风险应对	√	√
选择和执行风险应对措施	√	
影响控制活动	√	√
与内外部团体进行沟通和交流	√	√
监督其他风险管理要素的存在及其作用	√	√

（二）保险企业风险管理的含义

　　保险企业既是风险市场中风险管理工具的提供者，又是自身风险管理的承担者，这样一种双重任务的链接，使得对保险公司风险管理问题的研究必须放到更大的系统中去进行，以一种系统化、综合化的思想去进行。保险公司作为经营和管理风险的金融服务机构，强调控制风险是其永恒的主题。中国保监会主席吴定富曾在 2005 年中国保险工作会议上指出，"建立风险防范的五道防线是中国现代保险监管体系的核心内容"；2006 年国务院《关于保险业改革发展的若干意见》指出，"坚持把防范风险作为保险业健康发展的生命线"，风险管理可以说是保险公司经营管理的核心内容。

保险企业风险管理是指通过风险识别、风险估计、风险处理等过程，预防、避免、分散或转移保险企业经营中的风险，从而将经济损失降到最低限度，保证保险企业经营安全的一系列措施的综合。就宏观而言，通过单个保险企业的稳健经营，确保整个保险业的正常运转，避免保险企业倒闭并出现"多米诺效应"，最终维持金融秩序的稳定，促进国民经济持续健康发展；就微观而言，通过处置和控制风险，防止和减少损失，最终保证保险企业经营活动顺利进行。具体包含两层含义：一是在风险一定的前提下实现价值最大化；二是在收益一定的条件下达到风险最小化。本书研究的重点主要在微观层面。

（三）保险企业全面风险管理的含义

随着社会的进步，风险管理科学得到了很大的发展，保险企业风险管理也在不断发展之中。部分中国学者论述了保险业整合性风险管理（Integrated Risk Management，IRM）的内容和发展（刘新立，2003；邓静，2006；陈晓峰，2006；孙蓉，2006），还有部分中国学者（雷星晖，2002；郭景阳，2002；曾忠东，2006）论述了保险企业全面风险管理（Enterprises-wide Risk Management，ERM）的思想和发展。本书对比后认为，IRM 和 ERM 所倡导的风险管理理念是一致的，没有根本区别，因此后文将把两者作为同一概念来讨论。

　　20 世纪 90 年代中后期，亚洲金融危机、巴林银行倒闭、USB 公司等巨额损失的出现，使人们意识到要确保金融机构的安全运作，必须对企业面临的各种风险给予足够的重视，传统的风险管理模式已不能适应现代化企业的要求。基于这种理念及各方实践经验，2001 年巴塞尔委员会发表了一个改动很大的《新巴塞尔协议》（也称巴塞尔Ⅱ），这个新的资本协议将市场风险和操作风险纳入其中，从而使资本充足率的计算涵盖了信用、市场和操作等三大风险。《巴塞尔协议》通盘考虑了企业面临的各类风险，充分反映了全面风险管理理论的发展趋势，将现代商业银行的风险管理引入 ERM 时代。顺应这一发展趋势，国际保险业也做了诸多研究和尝试，其中包括美国全美保险监督官协会的强化风险监管管理评估系统，该系统强调企业全面风险评估；英国 FSA 监管当局提出了 Integrated Prudential Sourcebook（PSB）框架，它类似巴塞尔的三大支柱结构。其他国家的保险业也开始积极探索建立有效的全面风险管理系统，将保险产品经营过程中的设计、定价、核保、理赔等风险及资金运用的投资风险、资产负债匹配风险等综合到统一的风险管理体系中进行管理，并引进在银行业较为流行的动态金融分析和风险预算模型等予以实现。

　　全面风险管理是指根据组织的整体目标，从所有的业务范围出发，对影响公司价值的众多风险因素进行辨识和评估，积极、超前和系统地理解、管理及交流风险，把公司面临的所有风险都纳入到一个有机的具有内在一致性的整体管理框架中。保险企业的全面风险管理系统在理论上可以界定为战略、流程、基础设施和环境的融合，是以风险管理的流程、基础设施和环境为纽带，将整个保险企业各类风险以及承担这些风险的各个业务单位纳入到统一的管理体系中，最有效地整合企业的有效资源，达到风险和收益的最佳平衡，以求企业价值创造的最优化，确保全面风险管理战略的实现。

二、保险企业全面风险管理的特点和原则

（一）保险企业全面风险管理的特殊性

保险公司经营具有诸多的特殊性（江生忠，2005），这些特殊性导致了保险公司全面风险管理与一般公司风险管理存在差异，影响保险公司风险管理的特殊性主要表现在以下几个方面：

1. 产品特殊

保险公司所从事的经营活动，不是一般的物质生产和交换活动，而是为社会提供保险保障的特殊活动，其经营的业务可以分为：风险性业务、储蓄性业务、服务性业务。但其核心业务是风险性业务，即生产保险保障产品。国际保险监管核心原则（2003）指出："保险与其他多数金融产品不同，其生产过程是逆反的。"保险费是在保险合同签订时收取的，只有特定事件发生时，才会产生赔付。保险产品是一种复杂的金融产品，保险公司的经营者与所有者、被保险人之间存在信息不对称问题，不仅被保险人甚至一些保险公司所有者都缺乏足够的专业知识了解保险公司经营状况。

2. 资本结构特殊

资本结构作为一种公司融资比重的选择不仅会影响公司价值，而且其所包含的股权与债权融资的不同比例，也往往意味着股东和债权人对公司的不同控制力和在公司治理中不同的角色与作用。保险公司特别是寿险公司对被保险人所负债务期限可以长达几十年，收取的保费及其投资获得的金融资产可能很快达到公司资本金的数十倍甚至上百倍。保险公司这种高比例负债的资本结构和控制权掌握在股东手中的现实很可能会带来经典的股东——债权人代理问题。这是因为债权人获取的是固定比例的投资回报，可以获得剩余索取权的股东为追求高额的风险回报往往

偏向于投资风险大的项目而侵害债权人的利益，并因此而强化保险公司管理者从事高风险项目的激励和能力。一旦少数股东利用公司圈钱或是公司经营出现问题,有限资本也无法偿还巨额负债，最终损害的还是投保人利益，甚至波及行业安全和社会稳定。

同时，作为主要债权人的被保险人极端分散，且不具备专业知识，难以对保险公司的经营形成有效的监督，当保险公司的财务状况超出被保险人的风险预期，债券价值就难以得到保障，这种事后的信息不对称激励着保险公司的经营者对高风险资产进行投资，从而使被保险人的债券承担了额外的风险。根据统计，从 1978 年到 1994 年，世界上有 648 家财产保险公司出现偿付能力不足，从 1972 年到 1992 年，美国保险公司经营失败的达到 768 家。1996 年至 2001 年，日本有 7 家保险公司连续破产，多是在经营中对风险估计不足造成的，导致日本保险业"不倒神话"的破灭，给投保人带来极大的损失，详细情况见表 7.2。

表 7.2　日本破产保险公司情况一览

公司名称	公司成立时间	破产时间	债务总额（亿日元）	契约者保护基金援助金额（亿日元）	由其他公司接收后责任准备金下调幅度（%）	预定利率下调幅度（%）	投保人早期解约	
							提前解约期限（年）	支付的解约金比率（%）
日产生命	1909	1997.4.25	3000	2000	0	2.75	1～7	3～15
东邦生命	1898	1999.6.4	6500	3663	10	1.5	1～8	2～15
第百生命	1914	2000.5.31	3200	1450	10	1	1～10	2～20
大正生命	1913	2000.8.28	365	267	10	1	1～9	3～15
千代田生命	1904	2000.10.9	3119	0	10	1.5	1～10	2～20
协荣生命	1935	2000.10.20	6895	0	8	1.75	1～8	2～15
东京生命		2001.3.23	325	0	0	2.6	1～11	2～20
第一火灾		2000.4.30	1400	400	—	最高达 5.7	—	3～15

3．经营性质特殊

保险经营具有广泛的社会性，公司经营的好坏不仅关系股东利益，更关系广大被保险人的切身利益。随社会不断发展，风险所造成的影响也越来越大。因而，有学者提出"风险社会化"，即某种风险的存在，其影响涉及整体的社会福利。因此，风险的社会化不仅要求保险公司必须有足够的承保能力以及处理自身风险的能力，改变或调整保险经营方式，而且应同时考虑整体社会的福利，增加保险公司的社会责任。

4．管制特殊

金融市场发展的历史表明，政府管制是一种普遍存在的现象，而且由于对金融体系脆弱性和法律体系不完备性的担忧，政府对金融业的管制比其他行业要严格得多。保险经营的公共性和社会性、保险交易存在的信息不对称性和不完全性以及保险发展存在市场失灵与破坏性竞争等问题都需要政府对保险业实施严格的监管。

（二）保险企业全面风险管理系统的特征

1．从企业整体角度进行，而非在数量有限的部门如财务、安全、法律等孤立地进行若干个独立的风险管理。

2．要管理所有风险，而非数量有限的个别风险。不但要分析单个事件的结果，还要意识到相关风险的综合效应。

3．它是一项复杂的系统工程，须有一个系统的框架将管理范围内的风险管理活动组合成一个有机的整体，而非简单的所有部门风险管理活动之集合。

4．它是全员风险管理，应融于企业文化之中。要求组织从高层到基层每位员工都要参与，风险管理意识融入企业的战略决策及各项活动之中，使风险管理成为人们的一项自觉的行为。

5．管理的目标不再仅仅是降低风险，而是尽量做到与风险共存荣，充分利用不同风险相互抵消、相互影响、相互关联的性质，挖掘和利用企业潜在的发展与获利机会，尽可能增加盈利及盈利的可能性，变单一的损失控制为综合性的价值创造。

（三）保险企业全面风险管理的原则

1．全面管理与重点监控相统一的原则

保险企业应当建立覆盖所有业务流程和操作环节，能够对风险进行持续监控、定期评估和准确预警的全面风险管理体系，同时要根据企业实际有针对性地实施重点风险监控，及时发现、防范和化解对企业经营有重要影响的风险。

2．独立集中与分工协作相统一的原则

保险企业应当建立全面评估和集中管理风险的机制，保证风险管理的独立性和客观性，同时要强化业务单位的风险管理主体职责，在保证风险管理职能部门与业务单位分工明确、密切协作的基础上，使业务发展与风险管理平行推进，实现对风险的过程控制。

3．充分有效与成本控制相统一的原则

保险企业应当建立与自身经营目标、业务规模、资本实力、管理能力和风险状况相适应的风险管理体系，同时要合理权衡风险管理成本与效益的关系，合理配置风险管理资源，实现适当成本下的有效风险管理。

三、国内外保险企业全面风险管理体系

保险企业风险管理是一项复杂而庞大的系统工程，涉及企业日常运作的各个层面。风险管理职能的有效发挥，依赖于一个高效运转的风险管理体系，包括合理的风险管理框架、完善的风险管理组织机构、完整的风险管理流程、严格的风险管理制度以及健全的信息系统等。高效的风险管理体系是任何一个保险企业风险管理成功与否的关键。

（一）全面风险管理的框架

2004年9月美国COSO委员会发布了《企业风险管理——整合框架》，其内容完整、逻辑清晰，加上其权威性都优于其他风险管理的文献，因此，本书在该框架的基础上重点讨论全面风险管理流程。

1. 设定企业风险管理的目标

在既定的使命或远景范围内，管理部门建立战略性目标，选择战略，并在整个企业内自上而下设立相应的目标。企业全面风险管理框架应该力求实现以下四种类型的目标：

（1）战略（Strategic）目标——高层次目标，与使命相关联并支撑其使命；

（2）经营（Operations）目标——有效和高效率地利用其资源；

（3）报告（Reporting）目标——报告的可靠性；

（4）合规（Compliance）目标——符合适用的法律和法规。

这种对企业目标的分类使得董事会和管理部门专注于企业风险管理的不同方面。它们既相互区别又相互交叉，一个特定的目标可以归入多个类别，反映不同的主体需求，而且可能会成为不同管理人员的直接责任。

2. 企业风险管理的构成要素

根据管理者经营的方式划分，企业风险管理包括八个相互关联的构成要素，这八个要素渗透于企业管理的过程之中，包括：

（1）内部环境——企业的内部环境是其他所有风险管理要素的基础，为企业的人员如何认识和对待风险设定了基础，包括风险管理理念和风险容量、道德观和诚信，以及人们从事经营的环境。

（2）目标设定——必须先有目标，管理部门才能识别可能影响目标实现的潜在事项。企业风险管理确保管理部门采取适当的程序去设定目标，并且所选定的目标支持并与主体的使命或愿景一致，同时与主体的风险容量相符。

（3）事件识别——必须识别出可能会对主体产生影响的内部和外部事件，区分风险和机会。机会被反馈到管理当局的战略或目标制定过程中。

（4）风险评估——通过考虑风险的可能性和影响对其加以分析，并以此作为决定如何进行管理的依据。风险评估应立足于固有的风险和剩余风险。

（5）风险应对——管理部门选择风险应对——回避、承受、降低或者分担风险等采取一系列行动以便把风险控制在主体的风险容限和风险容量以内。

（6）控制活动——制定和执行政策及程序以帮助确保风险应对得以有效实施。

（7）信息和沟通——对确保员工履行其职责的方式和时机的相关信息予以识别、获取和沟通。有效沟通的含义比较广泛，包括信息在主体中的向下、平行和向上流动。

（8）监控——对企业风险管理进行全面监控，必要时加以修正。监控可以通过持续的管理活动，个别的评价，或者两者结合来完成。

企业风险管理并不是一个严格的顺次过程，一个构成要素并不是仅仅影响接下来的那个构成要素，它是一个多方向的、反复的过程，在这个过程中几乎每一个构成要素都能够、也的确会影响其他构成要素。

3．企业风险管理目标与构成要素的关系

目标是一个企业力图实现什么，企业风险管理的构成要素则意味着需要什么来实现它们，二者之间有着直接的关系。这种关系可以通过一个三维矩阵以立方体的形式表示出来，见图7.1。

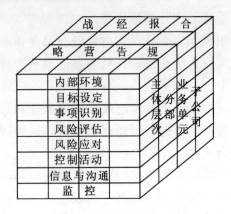

图 7.1　风险管理目标与构成要素关系图

　　这种表示方式使我们既能够从整体上关注一个企业的风险管理，也可以从目标类别、构成要素或者主体单元的角度，乃至其中的任何一个分项的角度去加以认识。企业全面风险管理是一个动态的过程，各因素之间相互作用共同完成风险管理任务。

　　（二）保险企业风险管理组织体系

　　保险企业实施全面风险管理必须首先建立由保险企业董事会和管理层直接领导，以风险管理机构为依托，相关职能部门密切配合，与各个业务部门紧密联系的风险管理组织体系。保险企业财务、精算、审计、法律合规等职能部门应当在风险管理中担任重要职责，保险企业其他职能部门及各业务单位应当接受企业风险管理机构的组织、协调、指导和监督。只有健全风险管理的组织机构，才能通过制定相应的规章制度来改善保险企业风险管理的内部环境。

　　图 7.2 是一个风险管理组织体系，这个内部框架分为三个级别的风险管理组织体系，几个业务单位和职能部门如精算部、财务部、产品开发、再保险等为第一级风险管理组织；风险管理机构和内部审计机构为第二级风险管理组织；董事会、管理层为第

三级风险管理组织。每个级别负责不同的工作和职责，通过企业的信息系统及时地进行信息传达和沟通。其中董事会对企业的风险管理负最高责任，企业的风险管理机构负责具体的风险管理，并对企业的管理层负责，通过对各个职能部门的组织、协调、指导和监督，建立健全本职能部门或业务单位的风险管理子系统，执行风险管理的基本流程，定期进行风险评估，至少每年向董事会内部审计委员会和管理层提交一次关于风险管理工作的全面报告。

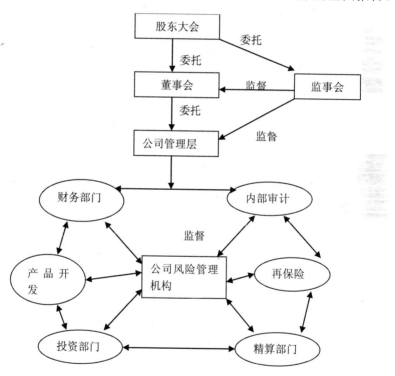

图 7.2　保险企业风险管理组织体系示意

（三）保险企业风险管理的内容

全面、系统、动态的风险识别和科学、准确的风险衡量是实施有效风险管理战略的起点与基础。认识风险的基础是事项识别过程，具有负面影响的事项代表风险，需要管理者对其评估和应对。COSO 对需要识别的事项归类如表 7.3，当然保险企业最终要根据自身经营的特点进行分析。

表 7.3 COSO 风险管理框架事件种类

事件种类		
内部因素	外部因素	
基础结构	经济	科技
● 资产的有用性	● 资本的可用性	● 电子商务
● 资产的生产能力	● 信贷	● 外部数据
● 资本的获取	-发行	● 新兴技术
● 复杂性	-违约	自然环境
● 兼并/收购	-集中程度	● 生物多样性
员工	● 流动性	● 排污、排水和废弃
● 员工能力	-市场	● 能源
● 舞弊行为	-资金	● 火灾
● 健康和安全	-现金流	● 自然灾害（地震洪水等）
● 判断力	● 市场	● 可持续发展
● 渎职	-商品价格	● 运输
● 证券经验	-利率	● 水资源
● 销售经验	-失业率	政治
程序	-指数	● 政府变更
● 能力	-汇率	● 立法
● 设计	-权益估价	● 公共政策
● 执行	-房地产价值	● 监管
● 供货商/从属方	● 商业	社会
技术	-品牌/商标	● 人品结构
● 数据	-竞争情况	● 公司责任
-获取	-消费者行为	● 环境保护工作
-维护	-反对党	● 私有化
-传递	-欺诈	
-保密性	-行业标准	
-完整性	-所有权结构	
● 数据及系统的有用性	-公开性	
● 容量	-产品相关性	
● 系统		
-选择		
-开发		
-利用		
-可靠性		

目前对于保险公司面临的风险分类不仅没有统一的标准，而且观点众多，在引入本书的保险公司风险分析框架之前，有必要对目前国内外保险理论研究和经营实践中所普遍采用的保险经营风险分类标准和状况进行梳理。

1. 中国保监会《保险公司风险管理指引（试行）》中的风险分类

保险公司应当识别和评估经营过程中面临的各类主要风险，包括战略风险、保险风险、市场风险、信用风险、商业风险和运营风险等。

（1）战略风险是指由于对宏观经济和行业发展趋势判断不正确或者公司治理结构不完善等原因，导致战略决策或者发展规划失误给公司业务带来不利影响的可能性。

（2）保险风险是指由于对死亡率、疾病率、赔付率、退保率等判断不正确导致产品定价错误或者准备金提取不足，再保险安排不当，非预期重大理赔等造成损失的可能性。

（3）市场风险是指由于利率、汇率、股票价格和商品价格等市场价格的不利变动而造成损失的可能性。

（4）信用风险是指由于债务人或者交易对手不能履行合同义务，或者信用状况的不利变动而造成损失的可能性。

（5）商业风险是指由于重大危机造成业务收入无法弥补费用的可能性。

（6）运营风险是指由于操作流程不完善、人为过错和信息系统故障等原因导致损失的可能性。

2. 国际保险监督官协会（IAIS）的风险分类

IAIS 制定的《保险监管核心原则和方法》（2000）指出，保险机构面临的风险主要有承保风险、与准备金有关的风险、市场风险（包括利率风险）、经营风险、法律风险、机构和集团风险（包括传递性风险、关联风险和集团其他实体带来的风险）、信用风险等。

3．部分保险公司对风险的分类

（1）美国国际集团将公司面临的风险分为保险业务相关风险、操作风险、法律风险、信用风险和财务风险。

（2）法国安盛集团将公司面临的风险分为市场风险、信用风险、运营风险和保险风险。

（3）德国安联集团将公司面临的风险分为市场风险、信用风险、精算风险、业务风险。

（4）德国慕尼黑再保险集团将公司面临的风险分为战略风险、承保风险、违约风险、投资风险、操作风险、信息风险、人力风险、法律风险和环境风险。

（5）中国平安保险（集团）股份有限公司将公司面临的风险分为保险风险、市场风险、金融风险、资产与负债的失衡风险和经营风险。

4．本书对风险的分类

为了研究方便，本书在总结上述分类的基础上对保险企业面临的风险进行了分类，详见表7.4。

（四）风险评估体系

保险公司风险管理机构应当对收集的风险管理信息和公司各项业务管理及其重要的业务流程进行风险评估，以使企业能够考虑潜在事项影响目标实现的程度。风险评估应当采用定性与定量相结合的方法，采用统一的风险度量单位和风险度量模型，对假设前提、数据来源和定量评估程序的合理性和准确性进行定期测试，根据环境的变化修改假设和相关的参数。风险评估应当包括风险之间的关系分析，评估多项风险时，应当根据风险发生的可能性和对经营目标的影响程度，确定各项风险的管理优先顺序和策略。

表7.4　保险企业风险分类

	分类	定义	主要类别
来自保险公司内部	战略风险	由于对宏观经济和行业发展趋势判断不正确或者公司治理结构不完善等原因，导致战略决策或者发展规划失误给公司业务带来不利影响的可能性	战略决策风险、治理风险、集团风险
	保险风险	由于对死亡率、疾病率、赔付率、退保率等判断不正确导致产品定价错误或者准备金提取不足，再保险安排不当，非预期重大理赔等造成损失的可能性	定价风险、承保风险、理赔风险、精算风险
	经营风险	由于内部程序不完善或失效、人员和系统以及外部事件可能给公司带来损失的风险	财务风险、信息系统风险、流程风险、人员风险、事件风险、决策风险
来自保险公司外部	市场风险	利率、汇率、股票价格和商品价格等市场价格的不利变动而造成损失的可能性	利率风险、汇率风险、股市风险等
	信用风险	由于债务人或者交易对手不能履行合同义务，或者信用状况的不利变动而造成损失的可能性	
	环境风险	由于外部政策、法律或者自然环境因素而造成损失的可能性	法律风险、政策风险、巨灾风险

（五）风险应对

在评估了相关风险之后，管理者就要确定如何应对风险。风险应对是指保险公司根据自身情况和外部环境，选择风险承担、转移、转换、回避、降低、对冲、补偿或者分担等一系列风险管理工具的总体策略，确保把风险控制在保险公司的风险限额以内。

　　保险公司应当根据不同类型的保险业务特点确定风险偏好和风险限额，明确风险的最低限额和不能超过的最高限额，并据此确定风险的预警线及相应采取的对策。保险公司风险管理机构还要根据选择的风险管理策略，针对各类风险或者每一项重大的风险制定具体的风险管理解决方案，并提交董事会、审计委员会和管理层审议。

（六）信息与沟通

　　保险企业中的各个层级都需要信息，以便识别、评估和应对风险，并从其他方面去经营并实现目标。信息可以保证人们能够对履行其职责的形式和时机予以识别、获取和沟通。信息系统利用内部生成的数据和来自外部渠道的信息，为管理风险作出与目标相关的决策提供信息。沟通是信息系统中内生的。通过沟通，可以使全体员工明确必须认真担负起企业风险管理的责任，使其了解自己在企业风险管理中的职责，以及个人的活动与其他人员的工作之间的联系。

　　信息与沟通在保险企业全面风险管理的过程中不仅是必要的，而且有助于促进全面风险管理的效果。

（七）控制活动和监控

　　控制活动是确保管理当局的风险应对得以实施的政策和程序。控制活动的发生贯穿于整个组织，遍及各个层级和各个职能机构。它们包括一系列不同的活动，例如批准、授权、验证、调节、经营业绩评价、资产安全以及职责分离。

　　保险企业风险管理随着时间而变化，曾经有效的风险应对可能会变得不相关、变得不太有效或者不再被执行。保险公司需要通过压力测试、敏感性分析等监控手段，对风险管理的有效性进行检验，持续对公司所承担的风险的性质及程度进行全面、定期的评估，并采取相应的改进措施。保险公司各职能部门和业务单位应当定期对风险管理工作进行自查和检查，及时发现缺陷并改进，其检查、检验报告应当及时报送公司风险管理机构。

控制活动和监控主要是企业内部控制的内容，本书将在本章第二节做详细分析。

四、风险管理的机制及其与价值链的关系

风险管理的机制，就是通过什么途径来实现全面风险管理。本书第四章分析了保险业价值链和价值链系统，价值链系统中包括保险企业价值链、营销渠道价值链和消费者价值链，保险企业价值链中又包括产品开发、销售咨询、核保理赔、风险管理和转移以及保险资金运用等环节。通过对保险企业全面风险管理体系的分析，可以看到风险管理贯穿了价值链的各个环节。

从风险管理的角度来看，保险是实现风险集中与分散的技术机制，即通过保险的制度安排和相应技术机制，实现风险在投保人之间、投保人与保险人之间、原保险与再保险人之间乃至保险市场的交易主体与资本市场的投资者之间的风险转移与分散。在此意义上可以说，风险是保险经营的自然基础，经济主体风险管理的需要是保险产生、发展、创新的原动力；没有风险的客观存在，也就不会产生保险这种风险处理机制；保险公司不接受并管理风险，也就丧失了其存在的价值。

保险公司作为市场经营主体，经营风险的过程就是价值创造的过程，因此风险管理作为保险公司经营的业务本身就是价值链增值的过程。保险企业风险管理技术的差异是保险企业经营差异性的一个潜在体现。保险企业通过进行与其他保险企业不同的风险管理活动或是构造与其他保险企业不同的风险管理体系来取得差异化经营的竞争优势。保险企业全面风险管理贯穿了企业的整个经营过程，在保险企业风险管理的价值活动中增进差异性就是要求保险企业能够控制和引领各种影响风险管理差异性的驱动因素。在中国非寿险市场险种业务占比中一直是车险占绝对份额，

2005 年车险保费收入占全部非寿险市场保费收入的 66.72%，几乎所有的中资财险公司都是以车险业务作为主营业务，而车险属于风险管理技术含量相对较低并且效益较差的险种，这说明财险公司借助风险管理技术本身来进行价值增值还存在很多不足，不能从风险管理技术差异化的角度使得价值链增值。

综上所述，从风险管理角度来看价值链，就是要通过全面风险管理的各个环节找到自身的优势和不足，实现差异化风险管理。由于全面风险管理中公司治理和内部控制机制的重要性，后文将详细分析公司治理和与内部控制相关的风险管理与价值链的关系，此处不再赘述。

第二节　保险公司治理与价值链

一、保险公司治理概述

（一）公司治理的内涵

自 1932 年 Berle 和 Means 合著的《现代公司与私有财产》开创了公司治理这一研究领域以来，其逐渐成为全世界经济管理领域中的一个突出问题，受到前所未有的关注。从利益机制的角度分析，公司治理首先要解决的问题是什么样的机制或制度安排最有利于出资者在公司中的资产得到应有的保护和获得合理的投资回报，其核心是解决公司所有权与经营权分离条件下存在的委托—代理和内部人控制等问题。

虽然国内外对公司治理的研究不断深入，但是学者对公司治理的概念至今没有统一的意见（Oliver Hart，1996；Meyer，1994；Cochran & Wartick，1988；钱颖一，1995；吴敬琏，1994；张维迎，1996；周小川，1999；李维安，2001）。这些学者分别从公司治理的产生、制度、组织结构、参与主体及其利益关系安排等角度界定，都是有可取之处的。相对而言，本文倾向李维安的观点，即公司治理是指通过一套正式或非正式的、内部或外部的制度或机制来协调公司与所有利益相关者之间的利益关系，以保证公司决策的科学化，从而最终维护公司各方面利益的一种制度安排。

我们可以从狭义和广义两方面来理解这一概念：

狭义的公司治理，是指所有者、主要是股东对经营者的一种监督与制衡机制，即通过一种制度安排，合理地配置所有者与经营者之间的权利与责任关系。公司治理的目标是保证股东利益的最大化，防止经营者对所有者利益的背离。其主要特点是通过股东会、董事会、监事会及管理层所构成的公司治理结构的内部治理。

广义的公司治理则不局限于股东对经营者的制衡，而是涉及广泛的利益相关者，包括股东、债权人、供应商、雇员、政府和社区等与公司有利害关系的集团。公司治理是通过一套包括正式及非正式的制度来协调公司与所有利益相关者之间的利益关系，以保证公司决策的科学化，从而最终维护公司各方面的利益。因为在广义上公司已不仅仅是股东的公司，而是一个利益共同体，公司的治理机制也不仅限于以治理结构为基础的内部治理，而是利益相关者通过一系列内部、外部机制来实施共同治理，治理的目标不仅是股东利益的最大化，而且要保证公司决策的科学性，从而保证公司各方面的利害相关者的利益最大化。

（二）公司治理的机制

公司治理的机制是指公司治理发挥作用的手段，包括内部治理和外部治理，其中，内部治理是一种正式的制度安排，构成公司治理机制的基础。

1. 内部治理

内部治理在一定情况下是公司治理的核心，公司内部治理在性质上有如下两个方面的特点：第一，自我实现性，内部治理的作用主要是通过董事会、监事会和股东自己来实现的；第二，内部治理在所有者和经营者的博弈中注重设计理性，从股东角度出发设计制度安排来激励或约束经营者。

内部治理主要包括以下内容：（1）股东权利的保护和股东大会作用的发挥；（2）董事会的形式、规模、结构及独立性；（3）董事的组成与资格；（4）监事会的设立与作用；（5）薪酬制度及激励计划；（6）内部审计制度等。这些内部治理方面制度安排的目的是为解决公司治理问题提供了三个有效的机制：激励机制、监督机制与决策机制。加强内部治理，就是以更恰当的方式组织好董事会、监事会以及相关的审计委员会，争取有责任心的大股东对公司的关注，保证企业的报告系统和审计系统向股东会、董事会、监事会及外界提供和披露系统、及时和准确的信息，保证经营者很好地履行对股东的说明责任，尽到作为受托者的义务。

2. 外部治理

外部治理主要是指通过外在市场的倒逼机制，市场的竞争压迫公司要有适应市场压力的治理制度安排。股东或潜在股东、债权人与公司主要通过资本市场连接起来；经营者、雇员和顾客与公司主要通过劳动力市场和产品市场相联系。竞争市场的压力要求公司有自动的选择良好公司治理安排的激励。政府对市场的部分替代也构成公司的外部治理，它是公司治理的一个重要的外生变量。

从市场体系的角度看，公司外部治理机制主要包括：（1）产品市场。Blair（1995）认为市场压力是大部分自由市场经济防止商业公司滥用它们的权利和长期维持家族统治的基本机制。规范和竞争的产品市场是评判公司经营成果和经理人员管理业绩的基本标准,优胜劣汰的市场机制能起到激励和鞭策经理人员的作用。（2）经理市场。功能完善的经理市场能根据经理人员的前期表现而对其人力资本估价，因而能激励经理人员努力工作。（3）资本市场。资本市场主要包括股权市场和债券市场，公司治理机制可以划分为股权市场的治理机制和债权市场的治理机制两部分。（4）并购市场。从公司治理的角度而言，活跃的控制权市场作为公司治理的外部机制有独特的作用，适度的接管压力也是合理的公司治理结构的重要组成部分。但并购机制的发挥需要支付较大的社会成本和法律成本，而且需要发达的具有高流动性的资本市场作为基础。（5）市场中的独立审计评价机制。这主要靠市场中立机构（如会计师、审计师、税务师、律师事务所）客观、公正的评判和信息发布。

内部治理机制和外部治理机制并不是互相孤立的，它们往往综合发挥作用，并受到彼此的影响。

（三）保险公司治理的内涵

20 世纪 90 年代的亚洲金融危机使人们更深刻地认识到完善金融机构公司治理的重要性并直接导致了金融机构公司治理研究在全球范围内的兴起。90 年代中期之后，公司治理已经进入了非金融机构公司治理和金融机构公司治理并重的新阶段。1999 年 9 月，巴塞尔委员会关于《加强银行机构的公司治理》的发布，更是掀起了金融企业治理的研究热潮。

作为金融行业的重要组成部分，保险业的公司治理问题也引起了越来越多的关注。2004 年 10 月 14 日，美国纽约州总检查官 Eliot Spitzer 正式起诉全球最大的保险经纪商 Marsh & Mclennan 公司存在商业欺诈，美国国际集团公司（AIG）也因关联交易被调查，由此揭露了 AIG 一系列丑闻，格林伯格被迫在 2005 年 3 月 14 日辞去公司总裁和 CEO 的职位，并在两周后宣布退休，不再担任 AIG 董事会主席，至此有神话之说的"世界保险业第一人"黯然谢幕，结束了他长达 40 年的职业生涯。正如 AIG 的成功绝非侥幸一样，卷入丑闻也绝非偶然，根本原因在于其公司治理的失效。中国保险企业由于公司治理而存在问题的现象也有出现。2004 年 8 月，东方人寿受公司大股东德隆经营影响，成为国内第一家被中国保监会叫停整顿的保险公司；2005 年中再人寿受累于汉唐证券的崩盘，损失了 4 亿多元资本金，而这些资本金的划拨竟然根本没有征得董事会的同意；2006 年新华人寿保险公司原董事长关国亮因违规运用资金，被保监会责令免去其董事长职务。这些事例表明保险企业经营过程中，公司治理是关系公司发展的核心问题。

公司治理在金融机构领域的应用不仅引起了保险业的广泛关注，而且很快进入到政策推广阶段。2004 年 1 月 19 日国际保险监督官协会（IAIS）颁布了《保险公司治理结构核心原则》，既明确了保险公司治理结构的框架，也分别从人员配备、控制权变化与证券转让、内部控制等方面对保险公司治理结构作了系统阐释，并给出了相应的必要标准和高级标准。2005 年 4 月 28 日，经济合作发展组织（OECD）颁布了《保险公司治理结构指引》。在国内，完善保险公司的治理结构被广泛认同为保险业进一步深化体制改革的迫切要求、建立现代保险企业制度的核心内容，而且被认为是提升保险业竞争力的必由之路。2004 年 9 月中国保监会主席吴定富指出，保监会将把促进保险公司完善治理结构，作为从源头上防范化解风险和监管创新的重要举措。2005 年 6 月 23 日，在"保险公司法人治理与内部控制国际研讨会"上，吴定富主席表示，要把建立和完善保险公司治理结构作为一项基础性、关键性的工作来抓，要通过深化改革、扩大开放和加强监管促进保险公司治理结构的建立和健全。IAIS 在 2004 年约旦年会上首次提出将公司治理与财务监管及市场行为并列为保险监管的三大支柱，中国保监会也于 2006 年 2 月下发了完善保险公司治理结构的框架性文件《关于规范保险公司治理结构的指导意见（试行）》。以此为标志，正式拉开了研究和强化保险公司公司治理的序幕。

本书认为，保险公司治理是指通过一套正式或非正式的、内部或外部的制度或机制来协调保险公司与包括股东等所有利益相关者特别是被保险人之间的利益关系，以保证公司决策的科学化，从而最终维护公司各方面利益的一种制度安排。

（四）保险公司治理与全面风险管理的关系

1. 防范风险是保险公司治理的重要目标

保险业经营的诸多特殊性要求保险公司在经营过程中不能仅仅顾及股东利益，而是要特别关注利益相关者特别是被保险人的利益。这一原则决定了公司全面风险管理的目标，有效的公司治理可以防止公司管理层为了提高股东收益，片面追求股东收益最大化而偏离稳健经营的原则；同时，完善的公司治理可以促进内部控制等相应制度的作用，有助于促进保险企业的全面风险管理。

2. 保险公司全面风险管理必须依靠公司治理作为保障

全面风险管理必须由管理层来推动。因此，保险公司做好风险管理的关键取决于公司管理层的意愿和风险偏好，而在这种意愿和风险偏好下作出的决策是否符合股东和其他利益相关者的最大利益，则取决于一套科学的决策制衡机制，即保险公司治理体系。

3. 公司治理是解决股权结构的多元化和保险企业组织形式的多样化带来的风险的重要机制

在中国，随着外资和民营资本进入保险业，投资主体多元化已成为保险市场发展的重要趋势之一，由此也带来了新的风险。随着金融混业的发展，保险企业股权结构也越来越复杂，组织形式也出现集团化的趋势，集团和子公司之间关联交易等新的风险越来越多。这些风险的管理都离不开良好的公司治理结构。

二、保险公司治理模式和国内外实践

（一）保险公司治理模式

1. 公司治理的模式

目前，学者对公司治理模式的划分仍然存在分歧。但总的来说可以大致分为两类：一是以英美为代表的主要依靠外部治理机制的外部控制型；二是以欧洲大陆、日本为代表的主要依靠内部治理机制的内部控制型。两种治理模式的形成受社会、经济、政治、历史和文化影响，而且其本质原因在于公司股权结构的差别，同时也可以反映公司治理的原则是股东中心主义还是利益相关者中心主义。公司治理究竟采取什么样的形式，取决于公司的股权结构，所处的经济和社会环境，同时也会受到行业特殊性的影响。

2. 保险公司治理模式

在本章第一节我们谈到，保险公司经营具有诸多的特殊性，这些特殊性导致了保险公司风险管理与一般公司风险管理的不同，同样会导致保险公司治理与一般公司治理存在差异（李维安，2005；张维功，2005）。

保险公司具有典型的高风险、高信息不对称、高财务杠杆以及高外部性等经济属性，这决定了保险公司治理的双重目标——既要追求企业价值最大化又要实现安全运营，进而维护经济体系的安全，也决定了保险公司治理机制的多元化。保险公司治理虽然有其特殊性，但是其基本机制没有脱离一般意义的公司治理，即保险公司治理也包括内部治理和外部治理两种机制。保险公司治理的模式虽然也有以外部治理为主的英美模式和以内部治理为主的德日模式的一些特征，但是必须从保险经营的特殊性出发来考虑保险公司治理问题。

（1）保险公司的治理应更多地关注利益相关者的利益

保险公司的治理应更多地关注利益相关者的利益，而不能仅仅局限于股东本身。相对于其他行业，保险公司的人力资本所有者和债权人需要更多地承担公司的经营风险，这是因为：

首先，保险公司的资本结构中债务资本的比重很高，作为主要债权人的被保险人极其分散，且不具备专业知识，难以实施有效监督，一旦保险公司的财务状况超出被保险人的预期，债权价值就难以得到保障，使债权人承担了额外的风险。

其次，保险经营者更多地表现为人力资本的价值创造活动，依赖于经理人好员工进行专门知识的投资，在固定报酬的条件下，他们作出这种专门投资使自身处于更高的风险水平上。

最后，保险业的高风险性和复杂性强化了信息的不对称，使股东不仅无法监督经营者的行为，而且难以控制经营者的行动，经营者可能把公司的经营推进到一个超出股东容许的风险水平。

因此，保险公司作为一系列要素契约的组合，签约人（既包括物质资本的所有者——股东和债权人，也包括人力资本的所有者——经理人和员工）构成了公司治理的主体。如果说股东至上主义和利益相关者理论的争议在一般公司治理领域还难分高低的话，那么在保险公司公司治理的问题上应该坚决支持利益相关者理论的观点。保险业作为具有广泛社会性的行业，保险公司治理既要维护股东的利益，更要维护投保人的利益，既要追求公司的效益，更要有效防范和化解风险，维护社会稳定。

（2）保险公司治理应该采取共同治理模式

保险公司治理机制的设计应偏重内部治理机制，有选择地审慎运用外部治理机制，这是因为保险公司的诸多特殊性而导致其外部治理机制功能的发挥较一般公司治理机制欠理想或者成本高昂。因此，目前保险公司的治理应该偏重于内部治理，着重解决好股东会、董事会、经理层和监事会的矛盾和冲突，强化董事会的职能、完善独立董事制度，强化监督机制、实行监事问责制度，强化信息披露制度，完善对高级管理者的长期激励等，从而形成相互制衡和有效激励的机制。在此基础上，借助外部治理来改善保险公司的治理结构，进一步完善股东投票制度，建立股东代表诉讼权，培育机构投资者，通过资本市场的并购活动，健全接管机制。

（3）保险公司治理应该纳入保险监管的内容

保险监管属于保险公司外部的治理机制，健全监管体制，协调监管机构与保险公司之间的关系是保险公司治理的关键内容。OECD《保险公司治理指引》明确提出保单持有人应当有权通过监管机构或法院等法定补偿机制，获得迅速的补偿。研究表明，管制作为一种增加的外部力量必然会对保险公司及其管理人员产生影响，能够在一定程度上替代弱化的公司控制机制。

但是，广泛而严格的政府监管往往会在以下几方面对保险公司治理产生深刻的影响：①对保险公司股东身份和持股比例的政策性限定会影响保险公司的股权结构；②政府对保险业市场的管制会影响保险公司的数量和市场集中度，并因此而限制保险业市场竞争，从而削弱产品市场的竞争威胁；③对并购市场的管制，这一管制使得对保险公司的并购更加昂贵，耗费的时间也会更多，在很多情况下，这些管制会使并购威胁不能有效地惩罚管理者。

因此，不能将政府监管视为一种替代的公司治理机制，这种替代的成本也许会很高昂，官僚主义、监管机构之间因为功能差异而引致的政治问题、市场机制的最大化股东利益的目标与监管机构所追求的最小化系统性风险目标间的差异都会加大政府监管的成本，并因此而影响政府监管的最终效果。

（二）保险公司内部治理国内外实践

1. 优化股权结构

从理论上讲，股权结构确立了股东的构成，决定了公司决策机构、执行机构和监督机构的结构以及这些机构与经理人员的关系，并通过激励机制（Jensen & Meckling，1976）、监督机制（Alchian & Demsetz，1972；Grossman & Hart，1980）、代理权竞争机制（Fama，1980）以及并购接管机制（Martin & McConell，1991）影响公司的治理绩效。实证研究的结果虽然没有得出统一的结论，但都从不同角度证明了股权结构影响公司绩效各种机制的存在，因此优化股权结构是保险公司治理的前提和基础。

近年来，国外保险公司股权结构的变化主要表现在：英美等以外部治理机制为主的国家中机构投资者影响力越来越大，管理者持股日益增多；德日等以内部治理机制为主的国家权益融资增加、交叉持股减少以及个人股东增加。这些变化必然会对保险公司治理产生影响。

中国国有保险公司曾经存在严重的"一股独大"问题，因此优化股权结构对于中国保险公司来说具有特别重要的意义。2003年，中国人民财产保险股份有限公司和中国人寿保险股份有限公司通过在海外上市、中国再保险公司通过改制，引入战略投资者或者民营资本优化了股权结构，改善了"一股独大"不合理的股权结构，有利的推动了公司治理结构的完善。

2．加强董事会和监事会建设

董事会建设是保险公司内部治理的核心，国际保险监督官协会（IAIS）颁布的《保险监管核心原则》公司治理部分指出董事会是治理结构中的重点，董事会对保险公司的经营和行为负最终责任。因此，下面以部分保险公司董事会建设为例对保险公司内部治理进行重点说明。

（1）单层制董事会模式

单层制董事会由执行董事和独立董事组成，这种董事会模式是股东导向型的，美、英、加、澳大利亚和其他普通法国家一般都采用这种模式。美国国际集团公司（AIG）是世界第四大保险公司，它有四个主要的经营业务领域，即非寿险服务、寿险及退休保障服务、金融服务、资产管理服务，业务遍及全球一百三十多个国家及地区，其董事会模式是典型的单层董事会。

AIG 公司治理指引中对董事会建设的要求有：① 董事会成员规模。由于集团的规模性，AIG 的董事会成员在 14 到 16 人之间，2007 年董事会由 15 人组成。② 董事会成员的专业背景及经历。由于 AIG 经营业务的多样性，董事会成员要求经历丰富、知识广博、专业背景雄厚，来源于商业、金融、监管、国际事务、公共政策等各领域。③ 独立性。按照纽约证券交易所（NYSE）的标准，至少 2/3 以上的 AIG 董事会成员保持独立性。目前 AIG 董事会中执行董事仅有两名。④ 董事会主席同 CEO 权责的分离：前任 CEO 不得担任 AIG 董事会成员，董事会主席由董事会的非执行独立委员担任，其职责同 CEO 分开。⑤ 对各委员会成员的要求：除监管、合规和法律委员会外，其他五个委员会都明确要求由独立董事组成。

（2）双层董事会模式

双层董事会一般由一个地位较高的监督董事会（简称监事会）监管一个代表相关利益者的执行董事会。这种董事会模式是社会导向型的，也称为欧洲大陆模式，德国、奥地利、荷兰和部分法国公司等均采用该模式。监事会全部由非执行成员组成，包括主席，而执行董事会则全部由执行董事组成，主席是 CEO。法国安盛集团（AXA）是世界第二大保险公司，其业务遍及保险等领域，其董事会模式是典型的双层董事会。AXA 的监事会（Supervisory Board）发挥着单层制董事会模式中董事会的作用，由 14 人组成，其中 10 人是独立董事，并且公司章程明确要求审计委员会必须全部由独立董事组成，薪酬委员会也全部由独立董事组成。AXA 的董事会实际是负责集团运营的机构。

（3）业务网络模式

该模式也称日本模式，特指日本公司的治理结构，其特点是公司之间通过内部交易、交叉持股和关联董事任职等方式形成非正式的网络关系。日本公司中同时设立董事会和监事会，都由股东大会产生，是平行关系，董事会和监事会中分别有外部董事和外部监事。日本三井住友海上保险公司（下面简称三井保险公司）在世界 500 强中位居第 348 位，其公司治理结构模式属于典型的业务网络模式。三井保险公司内部设有相互分离的董事会和监事会。董事会共有 11 名董事（其中外部董事 3 名），负责讨论和决定公司重大管理策略，包括公司和集团的业务策划，资本的运营策略以及对董事和执行官行使职责情况的监督。董事会设有三个委员会，并且强调外部董事在委员会中发挥主导作用。监事会由 6 名监事组成，其中外部监事占 50%，负责监督董事会的工作，三井保险公司重视监事会的监事职能和高质量的信息披露，以此来提高公司治理的效果。

（4）中国的保险公司治理结构

中国保险公司都按照《公司法》和《保险法》的要求，建立了股东大会、董事会、监事会的组织机构，初步形成了公司治理结构的基本框架，公司治理的制度规则基本完备。2005 年 9 月 7 日，全球著名财经杂志《欧洲货币》（Euromoney）"2005 年全球新兴市场保险公司最佳公司治理"排名揭榜，中国平安以优秀的公司治理水平，得到全球投资者的肯定，荣登榜单第三名，标志着中国保险公司治理结构建设逐步与国际接轨。

中国保险公司按照股权结构可以大致分为三类：国有独资保险公司，例如中国人寿保险（集团）公司、中国再保险（集团）公司等；中外合资保险公司，例如中意人寿保险有限公司、光大永明保险有限公司等；保险股份有限公司，例如中国平安保险（集团）股份有限公司、渤海财产保险股份有限公司等。一般来说，国有独资公司和合资公司没有必要，也无法建立规范的治理结构，只有保险股份公司需要建立相应的治理结构。中国保险股份有限公司的治理结构类似于日本模式，即股东大会选举产生董事会和监事会，董事会负责公司战略发展和高级管理人员任命等重要事项，监事会负责监督董事会和高级管理人员的工作。平安保险（集团）股份有限公司和中国人寿保险股份有限公司治理结构都是这种模式。

3．信息公开和激励约束机制

信息公开和激励约束机制对于公司治理来说有着同样重要的意义。对于保险公司来说，信息披露不仅影响着投资者的价值判断和决策，同时也会影响到债权人等利害关系者。只有信息披露制度科学合理，才能从根本上保证公司经营活动的透明度，使信息使用者作出正确的判断和科学的决策，进而全面维护各方利益。完善的信息披露制度，可以使股东和其他利益相关者得到系统的、有规律的信息，从而使他们能对经理层是否称职作出评价，并作出决策。因此，信息公开是公司治理中重要的内部机制。科学合理的激励和约束机制可以促使经营者从股东和其他利益相关者的角度出发，实现所有利益相关者利益最大化，也是完善公司治理机制的重要环节。

（三）保险公司的外部治理

外部治理机制，特别是政府监管对于保险企业的公司治理来说也很重要，但是由于这些机制属于影响企业全面风险管理的外生变量，对于企业自身价值链增值没有直接关系，因此不作为本书讨论的重点。

三、保险公司治理与价值链的关系

（一）良好的公司治理可以直接提升公司的经营业绩

蒙克斯和米诺（Monks & Minow，2001）认为好的公司治理对国家的商业竞争力非常重要。他们认为政府必须明确采用以下政策：（1）国家应优先考虑商业竞争力；（2）有效的公司治理是必要的前提。贝恩和班德（Bain & Band，1996）持相同观点，他们指出，对公司治理持正确态度的公司的力量更为强大并能获得更好的业绩。多伦多股票交易所认为公司治理和业绩之间有直接和间接的联系，"公司业绩应通过改善公司治理而提高，业绩的提高不仅是因为公司治理的改善的结果，而且是公众对公司治理改善的认同的结果"。美国 IBM 公司从 1984 年开始由兴到衰，由年盈利 66 亿美元到 1992 年亏损达 49.7 亿美元，公司治理得到改善后，公司开始出现转机，并由亏损到 1996 年盈利约 60 亿美元。反面的例子中，AIG 公司由于公司治理的失灵，而使公司遭到重大损失。

（二）良好的公司治理可以提高公司的竞争力

良好的公司治理提供了一个重要的框架，使得董事会针对可能影响股东价值的情况可以及时作出反应。当缺乏良好的公司治理时，即便在经营状况良好的公司，股东仍然可能面临财务损失，因为公司不能迅速作出调整以应对可能出现的财务或管理方面的挑战。投资者认同并相信公司治理的重要性，并愿意为完善的公司治理支付更高的价钱。麦肯锡公司（2000）在其"投资者意见调查"中发现，大多数投资者愿意花高价投资于公司治理完善的公司。调查表明"完善"的公司治理中的董事会应该做到以下几点：真正独立的外部董事占大多数，董事占有很多的股权并且享有丰厚的基于股票的薪酬，正式的董事评估，以及股东可以得到需要的治理信息。调查结果显示，对于拥有类似的财务业绩但治理结构却相去甚远的英美公司，投资者愿意为治理良好的公司的股票多支付 18%，意大利公司则增加到 22%，而哥伦比亚公司则是 27%。21 世纪，公司治理在国际大型投资机构决策中将发挥越来越重要的作用。国际上著名的 4 家保险评级机构 A.M.BEST、Fitch 评级、穆迪投资人服务以及标准普尔（S&P）在其评级方法中都在不同程度上把公司治理作为保险评级的一个重要方面。平安保险公司的公司治理曾经得到国际社会的认同，而其在中国保险市场的竞争力也有目共睹。

（三）良好的公司治理是公司运营中价值链增值的基础

吴定富主席曾经把公司治理比作控制保险公司大脑的神经系统。没有良好的治理结构，就不可能制定合理的企业战略目标，不能形成完善的风险管理的内部环境。公司无法正常开展运营，也就无从谈起创造出良好价值的经营链。同时，良好的公司治理有助于更好的保护利益相关者的合法利益，对于价值链来说，最后的提升环节就是消费者价值链，消费者价值链的增值也是企业价值链增值的表现。因此，公司治理可以从提高消费者价值的角度提升企业的价值。

第三节　保险企业内部控制与价值链

在本节的开始，我们首先引入保险企业内部控制制度和公司治理的联系。二者既相互交叉，同时也有所区别。二者最为重要的区别在于内控制度侧重于对业务流程的影响，而公司治理则侧重于对组织结构的作用。良好的公司治理是公司运营中价值链增值的基础，没有良好的治理结构，就不可能制定合理的企业战略目标，不能形成完善的风险管理的内部环境。公司无法正常开展运营，也就无从谈起创造出良好价值的经营链。从战略目标的确定到经营手段的选择，公司治理保证了这些过程能够从利益相关者利益最大化的角度出发，进行合理的选择，从而使保险公司与保险消费者之间的互动对接、保险公司内部各部门之间的配合，能够有效进行，提高了保险公司的经营运作效率，从而提升了保险公司运营中价值链的价值。公司治理对于保险企业来说，与一般企业公司治理有较多相似之处，因此此处不再单独详细阐述。结合本书保险企业经营价值链的研究，将内控制度作为本节研究重点。

一、保险公司内部控制

（一）内部控制概述

1．内部控制的含义

关于内部控制的含义，国内外专家有几十种不同的说法，归纳起来他们主要从内部控制范围、内部控制手段、内部控制目的三个方面去进行定义：从内部控制范围来看，主要有"部分控制论"和"全部控制论"两大观点；从内部控制手段来看，主要有"牵制论"和"组织方法论"两种观点；从内部控制目的来看，主要有"三目的论"和"四目的论"两种观点。这些观点都各有其适用性，由于本书论述的重点并非是内部控制的基本理论问题，因此对这些观点不再详细展开论述。

1992年COSO委员会的《内部控制——整合框架》报告制定了一个服务于公司、独立公共会计师、立法者和监管部门需要的内部控制定义，为公司评价其内部控制系统的有效性提供一个参照标准的广泛框架。这一特点深刻体现在其制定的内部控制框架与企业风险管理框架中，也正是因为这一点，COSO的内部控制框架得到了企业和注册会计师的广泛应用和参考，并得到了美国注册会计师协会（AICPA）、美国证券交易委员会（SEC）和公众公司会计监督委员会（PCAOB）等组织的广泛认可，也在一定程度上代表了美国内部控制发展的方向。

同时，为了和前文保持一致，本书采用COSO报告《内部控制——整合框架》的概念，认为"内部控制是由董事会、管理当局和其他职员实施的一个过程，旨在为下列各类目标的实现提供合理保证：经营效果和效率；财务报告的可靠性；遵循适用的法律和法规"。COSO内部控制框架是在考虑管理层和其他方面的需求和期望的基础上"将对内部控制的不同概念整合到一个框架中，从而达到对内部控制的共识，确定控制的构成要素"，试图"建立一个适用于各方需求的通用的定义；提供一个标准，无论规模大小、公众还是私人的、营利性的还是非营利性的业务和企业，均可以参照该标准评估他们的控制系统并决定如何改进"，从而"帮助公司和企业的管理层更好地控制组织的活动"。

2．内部控制与相关概念的关系

（1）内部控制与风险管理的关系

COSO 在 2004 年发布的报告《企业风险管理——整合框架》中也明确指出了内部控制和风险管理的关系："内部控制是企业风险管理的不可分割的一部分"，内部控制是风险管理的一个子系统，是不可或缺的部分，是实施风险管理的重要制度保证。但是，无论从风险管理的范围、内容，还是从其采用的管理工具而言，风险管理都要比内部控制宽得多。两者的区别主要有三个方面：

第一，从范围看，内部控制一般是管理企业内部运作过程中的风险，通过规范化的操作减少业务运作的不确定性；而风险管理不仅包括上面的内容，还包括对公司面临的外部风险的管理，例如政策风险、市场风险以及行业风险等。

第二，从内容看，风险管理包括战略目标的设定、风险分析与评价方法的建立和选择、管理者的聘用等，其活动不全是内部控制的内容；而内部控制一般不会涉及管理的目标。

第三，从工具看，内部控制是通过规范性的制度设计、改进和规范业务运作流程，明确相关人员的责任；而风险管理所采用的工具，不仅包括建立规章制度、规范业务操作流程，还包括运用不同的金融市场工具，如期货、期权等衍生工具，以达到利用资本市场来分散风险的目的。

（2）内部控制与公司治理的关系

按照委托—代理理论，企业可以看作是一系列委托—代理契约的集合。这种委托代理关系可以分成两类：一类是公司外部人与公司内部人，即所有者（股东）、客户等利益相关者与董事会、董事会与经理层之间的委托代理关系；另一类是公司内部人之间，即总公司与各分公司之间、同级公司总经理与各部门经理之间、部门经理与员工间的委托代理关系。由于各自目标不同和信息不对称，必须建立一种控制机制，确保代理人的行为有利于委托人的利益。其中对公司外部人与内部人之间委托代理关系的控制称为公司治理；对公司内部人之间进行控制称为内部控制。

公司治理是为了保证公司所有利益相关者利益最大化的一种制度安排，而内部控制是一种管理要件，是公司董事会及经理阶层为确保公司财产安全完整、提高会计信息质量、实现经营管理目标、完成受托责任而建立和实施的一系列具有控制职能的措施和程序。治理结构与内部控制产生的基础相同、最终目标一致，关系密不可分。良好的公司治理结构是提高公司经营管理效率的基本要素，是促使内部控制有效运行、保证内部控制发挥作用的环境和前提，是整个内部控制系统的基石，完善的公司治理结构有利于内部控制制度的建立和执行；而科学、有效的内部控制，是公司受托者实现公司经营管理目标，完成受托责任的一种手段。健全的内部控制将促进公司治理结构的完善和现代企业制度的建立。

（二）内部控制的机制

国际上一般将内部控制按职能划分为内部会计控制和内部管理控制两类。前者涉及直接与财产保护和财务记录可靠性有关的所有方法和程序，包括分支机构授权和批准制度、责任分离制度以及对财产的实物控制和内部审计等；后者包括与管理层业务授权相关的组织机构的计划、决策程序、控制环境、风险评估、控制手段、信息交流、监督管理及各种内部规章制度的执行状况等。

（三）保险公司内部控制概述

1. 保险公司内部控制的含义

保险公司的内部控制是由董事会、经理层和全体员工共同建立并实施的，为实现公司经营管理目标、保证财务报告真实可靠、确保公司依法合规经营而提供合理保证的过程和机制。

2. 保险公司内部控制的特殊性

在本章第一节论述保险公司全面风险管理的过程中，我们谈到保险公司经营具有诸多的特殊性，这些特殊性也会影响到内部控制的执行。保险公司鲜明的经营特点和多样化的经营风险决定了其内部控制具有如下几个特点。

（1）内部控制建设的社会性

保险公司经营的广泛性和社会性决定了其内部控制建设也具有一定的社会性。由于保险公司涉及千家万户的利益，关系国计民生，保险公司在经营中不仅要考虑投资人的利益，还必须充分考虑广大投保人的利益。因此，保障被保险人的利益，为其提供保障和服务既是公司经营的目的和核心内容之一，也是公司内部控制建设应始终秉承的理念之一。因而，保险公司特殊的经营目标决定了内部控制建设不仅仅要考虑自身的效率和效果目标，还要考虑其社会责任目标。可以说，如果不考虑内部控制的社会性，保险公司将难以保证持续发展和稳健经营，也就无从保证广大投资人、保户及公司员工的利益。

（2）内部控制重点的多样性

由于保险公司经营风险遍布整个经营过程，其控制重点不再局限于"会计控制"，而是涉及经营管理的各个环节。无论是财务会计控制、业务管理控制，还是资金运用控制、信息技术控制，都是保险公司内部控制的核心内容，呈现出多样性的特点。例如，核保、理赔作为保险公司业务的入口关、出口关，在保险公司内部控制中的作用显著。没有良好的核保控制，将加剧公司的风险和赔付责任；而理赔控制不严，将使公司承担不必要的给付责任，严重影响公司的效益及偿付能力。精算在产品定价时影响预定利率、费率、死亡率的设定；在负债确认和计量时它直接影响公司当期利润的真实性，精算假设中的任何一点微小疏漏，都可能对精算结果产生巨大影响。在销售环节，由于各销售主体良莠不齐，近年来误导欺骗客户、贪污挪用保费、保险金的事件时有发生，给保险公司造成了一定影响。因此，强化对各销售环节的控制成为保险公司内部控制建设的又一重要内容。

（3）内部控制活动的复杂性

由于保险公司经营、核算的复杂性和不确定性，特别是面对复杂的业务活动，多变的承保风险，频繁的现金流入流出，以及大量的信息收集、处理和保密工作，保险公司的财务会计控制活动、业务管理控制活动、资金运用控制活动和信息技术控制活动等内部控制活动也变得更为复杂和艰巨。因为保险公司的内部控制活动不仅要保证控制活动的合理，还要保证控制活动的效果；不仅要保证业务的快速增长，还要保证财务的稳定；不仅要保证投资的高收益，还要保证足够的净现金流入；不仅要保证信息的可靠和准确，还要保证沟通的畅通和信息使用的便利。

（4）内部控制成本的高昂性

任何一项控制都需要企业进行必要的成本投入。保险公司经营面临大量的内外部风险，其内部控制遍布经营的各个方面，这使得保险公司较一般企业要付出更高的控制成本。特别是部分客户的虚假告知、带病投保、制造虚假赔案等逆选择行为和道德风险的存在，更是要求公司必须在核保、理赔环节有较大的人力、物力、财力投入；再有，为了减少人为干预、保证经营信息的真实、可靠，保险公司在信息技术方面也需要大量的投入等。

二、保险公司内部控制框架和公司实践

（一）保险公司内部控制框架

1．COSO 内部控制框架

（1）三个目标

目标一：经营的效果和效率。它是指企业的基本经营目标，包括业绩、赢利指标和资源保护；

目标二：财务报告的可靠性。它是指编制可靠的公开财务报表，包括中期和简略财务报表，以及从这些财务报表中摘出的数

据（如利润分配数据）；

目标三：法律法规的遵循性。它是指企业经营必须符合相关的法律法规。

（2）五个要素

①控制环境。控制环境决定了企业的基调，直接影响企业员工的控制意识，控制环境提供了内部控制的基本规则和构架，是其他四要素的基础。

②风险评估。每个企业都面临诸多来自内部和外部的有待评估的风险。风险评估的前提是使经营目标在不同层次上相互衔接，保持一致。

③控制活动。控制活动指那些有助于管理层决策顺利实施的政策和程序。控制行为有助于确保实施必要的措施以管理风险，实现经营目标。

④信息和沟通。公允的信息必须被确认、捕获并以一定形式及时传递，以便员工履行职责。

⑤监控。内部控制系统需要被监控，即对该系统有效性进行评估的全过程。可以通过持续性的监控行为、独立评估或两者的结合来实现对内控系统的监控。

这五项要素既相互独立又相互联系，形成一个有机统一体，对不断变化的环境自动作出反应。内部控制制度与企业的经营行为紧密相连，当内部控制成为企业内部构架的核心部分和基本理念时最为有效，这时内部控制可以支持经营质量和主动的授权，避免不必要的花费，并对环境的变化能够迅速作出反应。

COSO 内部控制框架可以用图 7.3 来进一步直观地描述。

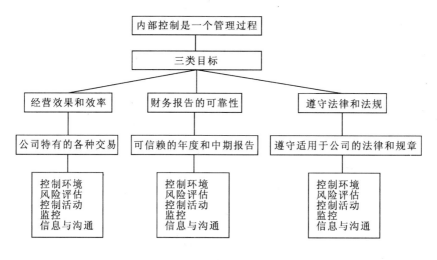

图 7.3 COSO 内部控制的框架

2. 保险公司内部控制框架

随着保险业的不断发展，保险公司内部控制的重要性日益凸显。加强和完善保险公司内部控制，已经成为当前理论界和实务界最为关注的课题之一。不过中国国内对保险公司内部控制的理论研究不仅缺乏，而且尚不够深入，经过比较分析，我们引用陈文辉（2005）的框架，见表 7.5。

（二）保险公司内部控制实践

随着保险业的不断发展，保险公司内部控制的重要性日益凸显。2005 年全国保险工作会议上，吴定富主席明确提出"公司内控是监管的基础，是防范保险业风险的第一道防线"。自此，进一步加强公司内部控制监管，推动保险公司完善内部控制逐渐成为监管的基础性工作。

表 7.5 保险公司内部控制框架

要　素	内　容	二　级　项　目
控制环境	组织架构	
	企业文化	
	诚信和道德观	
	人力资源	
风险评估	公司目标	
	风险识别与评估	
	风险监控	
控制活动	财务会计控制活动	会计基础工作、会计要素控制、财务信息报告、财务处理系统
	资金控制活动	资金监控体制、资金运用决策、投资资金管理、资金效益控制、现金流控制、资金调拨划转、现金控制、银行存款管理
	业务控制活动	产品开发、销售管理、承保管理、理赔管理、保全管理、收付费管理、客户回访及咨询投诉处理、再保险、单证管理、业务档案管理
	信息技术控制活动	信息系统建设、信息技术的岗位设置与职责划分、应用系统的开发、测试与上线，系统维护、数据及数据库管理、网络控制、机房与设备管理、应急计划
信息与沟通	信息	
	沟通	
监督	自我监督	
	合规监督与民主监督	
	审计监督	

1. 中国人寿股份保险公司的实践

中国人寿在美国上市后，内控建设方面取得了较大进展。2004年，该公司根据萨班斯法案的要求，重新构建了包括建设纲领、建设指南、自我评估、审计监督和结果利用在内的五级内部控制体系。该体系具有以下特点：

（1）实现了内部控制的三级跳跃。中国人寿五级内部控制体系从最初用分散的各项规章制度进行控制，发展到融设计、执行、监督、结果利用、持续改进于一体的动态体系，实现了"由点到面，由面到网，由网到立体"的三级跳跃。

（2）明确了内部控制的全面性、全员性、全过程和全方位的建设原则。即内部控制的内容、主体、标准和效果具有全面性；内部控制不仅仅是管理人员、内部审计或董事会的责任，公司的每一个人都对内部控制负有责任；内部控制涵盖并"嵌入"公司经营管理的全过程，持续监督并促进企业各项经营活动的良好运行；内部控制不仅涉及内部规章制度，而且涵盖了环境、企业文化、决策机制、制度执行力和责任追究等立体交叉、全方位、多角度的风险防范体系。

（3）确立了风险导向的内部控制模式。五级内部控制体系建立在全面分析公司风险的基础上，针对各类风险设计控制措施，并确定相应的控制制度。这种风险导向的内部控制模式使内部控制真正实现了风险防范。

（4）强调了主动参与和责任追究。五级内部控制体系明确了各级公司、各部门、各岗位的内部控制责任，并将自我评估纳入内部控制体系，确立了责任追究制度，以使全员主动参与内部控制建设、自觉执行内部控制措施。

2．中国人保的实践

人保和平安通过业务流程不断优化来加强内部控制。

人保公司原来实行的是分散经营，每个分支机构都是职能全面的经营单位，能够独立行使承保、理赔和财务处理各种功能。在这种模式下，由于各级公司经营目标存在较大差异，下级公司很有可能经营中为自身利益而损害整体利益，进行盲目承保、盲目理赔，甚至发生违规行为；上级公司虽然也实行"授权经营"，但仅仅能够对下级公司业务质量、财务质量进行浅层次的监督管理，难以发现深层次的问题。在这种情况下，要实现全面、有效的经营风险管理和控制，的确是比较困难的。2000 年，针对人保公司内部运作中出现的问题，管理层作出了在地市级分公司建立客户服务理赔中心、承保中心、财务中心的决定。

"三个中心"的建设实现了人保财险经营的标准化。"三个中心"的推行，使全系统业务经营部门执行一套统一的包括规范化的工作标准、管理标准、管理制度在内的标准化经营和管理体系。在这套体系下，公司总部的指令能在全国范围内迅速得以实现，而不再需要通过多级公司的分解传递；各公司的经营业务可以在全国范围内横向比较；"三个中心"运营中出现的普遍性问题，可以随时引起公司总部的警惕并得以改进。标准化、规范化管理模式的实现，使人保财险实现了自上而下管理的畅通，从而以最佳秩序取得最佳效益。

人保财险的"三个中心"建设，不仅实现了业务拓展与实务管理的分离，展业与理赔的分离，查勘定损与理算赔款的分离，保费收入与支出的分离；而且实现了资金的集中，数据的集中，查勘、定损、理赔的集中。在这种模式下，将保险经营中最重要的核保、核赔及财务处理都集中到地市级公司，由地市级公司直接进行业务操作和监控，无疑是有效地强化了管控，更加健全了以风险控制为中心的约束机制，进一步提高内部控制的质量和水平，最大限度地降低了经营风险。

3. 中国平安集团的实践

中国平安董事长马明哲在 2004 年的新年祝辞中说："推进后援中心建设和大后援体系的流程再造是仅次于 IPO 的'重大战略项目'。"2006 年后援中心正式启用，后援中心直接隶属集团，是和寿险公司、产险公司以及信托公司等并列的独立单位。平安集团全国 3000 多个分支机构的后台数据中心将全部集中统一纳入到该后援平台，业务的前台和后台得到彻底隔离，可以促进平安在全国实现服务的标准化，集团各分公司的客户资源可以进行共享，后台的运作按照规范统一标准进行，同时，集团可降低成本，并有效地降低风险，增强公司在同业中的核心竞争力。虽然还没有充分的证据表明，后援中心有效推进了平安公司的内部控制，但是从 2006 年 12 月平安副总孙建一透露平安已经着手 2007 年在成都建设第二个后援中心来看，这个流程再造的过程的确是有价值的。

三、内部控制与价值链关系

保险企业的内部控制主要依靠各种内控制度实现，内控制度与保险企业价值链关系紧密。所谓内控制度，是消除经营活动中各种内部隐患，防范经营风险的日常性制度规定；是企业为保证业务活动的有效运行，保护资产的完整性，防止、发现、纠正错误，保证会计资料及其各种载体数据的真实、合法、完整而制定、实施的政策和程序；是改善公司短期绩效和建立长期竞争优势的保障。内控制度与竞争优势的关系是一种间接关系，联系二者的纽带就是保险企业的价值链。一方面，保险企业的价值链是由各具体业务流程所构成，内控制度的管理对象也同样是这些业务流程。另一方面，通过优化保险企业价值链的结构必然能够实现提高保险企业竞争力的作用。由此形成了一条通过价值链联系的内控制度和竞争力提升、获取竞争优势的逻辑关系。

具体来看，保险企业内部控制制度贯穿其经营价值链的始末，并对保险业发展和改革具有重要作用。保险企业内控制度源于保险企业的经营基本环节，其执行情况直接影响保险企业竞争力，其执行结果对保险行业的整体运行和国家有关法律、法规及政策的贯彻落实具有不可忽视的影响。根据保险企业内部控制制度的要求，保险企业的各主要经营环节按照内控制度可划分为以下三类：销售代理体系（业务拓展）、技术体系（核保核赔和再保）以及保险企业共同资源体系（财务、人事等支援系统）。从实际的操作层面进一步将保险企业内部控制制度、价值链优化和竞争力提升联系起来。

建立和健全内部控制对于公司保护资产安全完整，防止在重要业务决策的执行过程发生错误和舞弊行为，强化公司管理、提高经济效益，具有十分重要的作用，主要表现在以下几个方面：

（一）可以提高公司财务会计和其他经营信息的可靠性与完整性

加强经营管理是公司永恒的主题，管理的重心在决策，而决策的科学性则离不开正确、可靠的信息。对管理者而言，在开展业务活动、进行重大决策时，尤其需要大量真实可靠的信息，这一点对于保险业来说又显得尤为重要。健全的内部控制，可以保证公司会计信息的采集、归类、记录和汇总过程得到有效控制，使会计信息真实反映公司经营活动的实际情况，并及时发现和纠正各种错误和疏漏，进而保证会计信息的可靠性和完整性。对于承保、理赔等保险业务信息来说，其真实性和完整性直接关系到后期业务的发展。

（二）能够保证国家法律、法规及政策的贯彻落实与执行

内部控制是管理者根据国家的法律法规和有关政策制定的，是法律法规、政策等在保险公司内部管理中的具体体现，它规定了保险公司业务活动的具体处理方法、程序和措施等。健全有效的内部控制，可以对保险公司内部各职能部门、岗位、人员及各流转环节进行有效的监督和控制，对各项业务是否符合国家的方针、政策、法规和财经纪律进行严格的审查和控制，及时发现贪污盗窃、乱挤乱摊成本和偷税等不法行为，并及时采取有效措施予以纠正，从而确保各项法律法规的执行，避免保险公司因法律

问题而可能遭受的损失，也就为价值链带来了价值。

（三）能够保护公司资产的安全完整

各项资产是保险公司经营管理活动的物质基础，若资产管控体系不健全，比如未实现应有的职责分工和岗位部门的相互制约，往往会造成公司资产的滥用和流失，使公司蒙受严重损失。而健全完善的内部控制能够科学有效地监督和制约各项资产的购置、计量、使用、处置等各个环节，有效地防止或抑制贪污盗窃、挪用公款、营私舞弊等行为，从而保证公司资产的安全可靠。

（四）保证经营的效率与效果

健全有效的内部控制，可以利用会计、统计、业务等各部门的制度规划及有关报告，把保险公司的财务、业务、销售等各部门及其工作紧密结合在一起，从而使各部门能够协调配合，充分发挥整体的作用，促进价值链各个环节有效运行，提升价值链的整体价值。同时，由于严密的监督与考核，能真实地反映工作实绩，再配合合理的奖惩制度，便能激发员工的工作热情及潜能，从而促进整个公司经营效率的提高，增强公司的竞争力。

综上所述，内部控制的演变历程和国内外的内部控制实践都证明，内部控制是企业各项经营管理工作的制度基础，是企业持续健康发展的根本保证。管理的历史和实践也反映出企业的一切工作都无法脱离内部控制而存在，企业的管理工作实际上是从建立健全内部控制开始，企业的一切活动都无法游离于内部控制之外。可以说，企业的内部控制强则企业强，内部控制弱则企业乱。因此，总的来说，内部控制贯穿保险公司价值链的各个环节，可以在每个环节创造价值。

总结本章内容，本研究认为全面风险管理主要包括公司治理、内部控制和狭义的风险管理等机制。公司治理机制是通过建立良好的公司治理体系，优化保险企业风险管理的内部环境，从战略高度设定合理的风险管理目标，同时保证风险管理组织体系的顺畅运作。内部控制机制是通过建立良好的公司内部控制体系，保证控制活动、信息与沟通和监控的有效性。风险管理是通过对事项进行识别，并对风险准确评估，使用恰当的风险应对方法来处理风险。这三种机制是一个有机的整体，彼此密不可分，在同一个全面风险管理系统的框架下，完成企业风险管理过程。作为企业经营管理的一个重要组成部分，一个有效的内部控制系统，是对企业相关业务活动进行组织、制约、考核和调节的重要手段，是企业高效运作的基石，在企业经营管理中具有举足轻重的地位。如果从重构价值链出发考虑加强保险企业自身的竞争力，那么加强内部控制机制的构建无疑是重要的和必需的。

第八章

资金运用对保险企业经营竞争力的影响

　　保险资金运用是保险企业将暂时闲置的保险资金以有偿返还的方式重新投入社会再生产过程，从而扩大社会再生产规模。本书所指的保险资金运用是一种融资活动，是保险企业以取得利息、股息、租金等收入或资本增值为直接目的而进行的对外投资活动，不包括保险企业为自身的经营活动而进行的固定资产及其他办公设备的购置活动。

　　保险资金的运用是保险企业价值链系统中一个重要的环节，同时也是保险公司提高竞争力的重要手段之一。国外保险市场经过长时间的发展，保险业务发展得已经非常完备，保险竞争异常激烈，很多保险公司通过承保获得的利润变得非常微薄，更有甚者存在亏损，保险资金运用越来越成为保险公司持续经营的保障。一般来说，资金运用能力越强的保险公司，其竞争力就越强。

　　本章将通过分析资金运用对保险企业的价值链的影响，进一步深入探讨如何通过资金运用优化价值链，进而提高保险企业经营竞争力。其中，第一节介绍了保险企业资金运用的理论体系及

国内外保险资金运用的实践；第二节分析了资金运用在保险企业
价值链中的地位和资金运用对价值链的要求。

第一节　保险企业资金运用理论与实践

一、保险企业资金运用的理论基础

（一）资产负债管理理论

资产负债管理是西方保险业管理投资业务的基本方法和手
段。一般把保险公司为实现投资经营目标和经营方针而采取的种
种管理方法统称为资产负债管理。资产负债管理的理论是围绕着
保险公司投资的原则——安全性、流动性和收益性的要求，随着
保险投资发展的各个历史时期经营条件的变化，逐步发展起来的
比较系统、科学的经营管理理论。它经历了资产管理理论——负
债管理理论——资产负债综合管理理论的演变过程。

1. 资产管理理论

由于保险资金的来源主要是保险准备金，且各国保险法规对
保险资金的运用范围有着不同程度的限制，特别是在金融市场尚
不发达的国家，资产的变现能力较低，因此，对资产的管理理所
当然地成了保险企业管理资金运用的重点。

资产管理理论又称流动性管理理论，根据其发展状况，主要
有三种资产管理理论。

（1）商业贷款理论，又叫真实票据理论。该理论从保险可运
用资金的来源主要是责任准备金这一客观现实出发，认为准备金
随时有被用于支付赔付的可能，从保持资产的流动性考虑，保险
资金只应用于发放短期的、与商品周转相联系或与生产物资储备
相适应的自偿性贷款。这类贷款能随着物资周转、产销过程的完

成，从销售中得到偿还。放款以商业行为作基础，并有真实的商业票据为凭证，一旦企业不能偿还贷款，保险企业可以处理抵押的票据以收回贷款。

（2）可转换理论。可转换理论是随着金融市场的发展和完善、金融资产多样化、资产流动性增强而产生的。该理论认为，保险资金的资产组合能否保持其资产的必要流动性，关键在于资产的变现能力。保险企业可以将资金的一部分投入二级市场上流通性较好的证券，贷款也不一定要局限于短期和自偿性。根据可转换理论，政府公债是一种适当的资产，特别是在适合于充当流动性资产的证券数量增多、证券二级市场趋于成熟之后，以政府公债为主的各类可流通证券成为保险企业保持资产流动性的主要力量。

（3）预期收入理论。该理论认为，贷款或证券的变现能力是以未来收入为基础的。若一项投资的未来收入有保证，哪怕是长期放款，仍然可以保持流动性；反之，若一项投资的未来收入没有保证，即使短期放款，也有发生坏账和到期不能收回的风险。这种理论并不否定上述两种理论，但强调的不是放款的用途（指自偿性），也不是担保品（指可转换性），而是借款人的预期收入。

根据资产管理理论，保险资金运用不再局限于短期商业性贷款和高流通性的证券，可投资不动产、流通性较差的有价证券、中长期设备贷款、票据贴现、委托投资以及项目投资等，为保险资金运用的综合化发展奠定了理论基础。

2．负债管理理论

20 世纪 60 年代以后，在银行业竞争加剧、利率管理严格、金融工具不断创新（如大额可转让定期存单的出现）的背景下，负债管理理论开始形成。该理论的核心在于商业银行资产按照既定的目标增长，主要是通过调整资产负债表负债方的项目、货币市场上的主动性负债，或者"购买"资金来实现银行的最佳组合。

即通过介入资金的方式保证银行资产的流动性，而不必完全依赖大量高流动资产。该理论突破了传统思想，使负债方式从被动转向主动，同时亦加大了经营风险，提高了负债成本。在这种状况下，商业银行若不调整资金配置策略，只是一味强调从资产方考虑资金配置组合，必将陷入严重的困境。银行负债管理思想源于利率管制下的金融创新，负债管理一改传统流动性管理中严格期限对称的原则和追求盈利性时强调存款制约的原则，不再主要依赖维持较高水平的现金资产和出售短期证券来满足流动性需要，而是积极主动地在货币市场上"购买"资金来满足流动性需求和不断适应目标资产规模扩张的需要。商业银行运用负债管理策略使银行降低了流动性资产储备水平，扩大了收益性资产，提高了资产的盈利能力。

对于保险企业而言，负债管理理论把保险企业的经营注意力从资产管理转移到负债管理上来，重视负债结构的合理化、组织吸收资金的多样化，发展了金融产品，扩大了金融服务，增加了保险企业的盈利。该理论的发展对于促进保险企业的经营管理有着重要的积极意义，主要表现在：第一，在资产流动性管理上变单一的资产调整为资产和负债两方面同时调整。第二，使保险企业资产与负债的匹配更趋灵活，为提高保险资金运用效益创造了条件。第三，增强了保险企业的竞争能力。

3. 资产负债管理理论

资产管理理论和负债管理理论，在保持安全性、流动性和盈利性的均衡方面，都存在片面性。资产管理理论过于偏重安全与流动，在一定条件下以牺牲盈利为代价；负债管理理论能够较好地解决流动性和盈利性之间的矛盾，能够鼓励保险企业的进取精神，但它依赖于外部条件，往往带有很大的经营风险。

资产负债管理理论是以资产负债表的各科目之间的"对称原则"为基础，来缓和流动性、盈利性和安全性之间的矛盾。资产负债管理理论认为企业管理体系应该对资产和负债双方并重，根据经营情况的变化，通过资产结构和负债结构的共同调整来统一协调，综合平衡。资产负债管理理论应当遵循以下原理：

（1）规模对称原理。这是指资产规模与负债规模相互对称，统一平衡。这种对称并非简单的对等，而是一种建立在合理经济增长基础上的动态平衡。

（2）结构对称原理。这是一种动态资产结构与负债结构的相互对称与统一平衡。长期负债用于长期资产；短期负债一般用于短期资产，其中的长期稳定部分亦可用于长期资产。

（3）速度对称原理，又叫偿还期对称原理。保险企业资金的运用应根据资金来源的流通速度来决定，也就是说，保险企业资产和负债的偿还期应保持一定程度的对称关系。这种原理有一个相应的计算方法，即平均流动率法。用资产的平均到期日和负债的平均到期日相比，得出平均流动率，若平均流动率大于 1，表示资产运用过度，反之则表示资产运用不足。

（4）目标互补原理。该原理认为，流动性和安全性的降低，可通过盈利性的提高来补偿，而盈利性的提高一般要以流动性或安全性的降低为代价。因此，在经营实践中，不能单纯根据某一目标（如利润）来考虑资产分配，而应将安全性、流动性和盈利性结合起来进行综合平衡，以保证保险企业经营目标的实现，力图使最终达到的总效用最大。

（5）资产分散化原理。资产分散化是避免信用风险、减少坏账损失的有效手段。资产负债综合管理的目标与任务主要有以下几个方面：

①通过有效地管理资产与负债，抑制各种经营风险，以谋求收益的稳定增长。

②对收益性的评价基准是注重考察资产收益率和资本收益率。

③维持适当的流动性，并明确规定自有资本的比例。

④设立资产负债管理委员会，由该委员会来制定保险企业经营的策略和资金运用以及筹资的具体方针。

（二）现代投资理论

现代投资理论是关于投资管理的理论。哈利·马尔科维茨在1952年发表的题为"投资组合资产选择"（Portfolio Selection）的论文是该理论诞生的标志。该论文开创了以数量方法研究投资理论的先河，其核心内容是在给定风险的情况下，如何选择收益最大的资产。此后，威廉·夏普（William Sharpe）遵循马氏的思路，对影响证券收益的因素作了简化，于1963年提出了"单因子模型"。随着计算机技术的飞速发展，资产组合理论在实践中被广泛应用。现在单因子模型被广泛应用于投资资金在各种资产之间的分配。

资本资产定价模型（CAPM）（夏普，1964）的提出解决了证券定价问题。该理论认为，每种资产的收益均由无风险利率和风险收益两部分构成，而风险收益是与风险呈正相关的。之后，斯戴尔·罗斯（Stare Ross）提出了另一个类似的理论"套利定价模型"。

西方经济理论界对证券市场定价结构的本质作了深入的研究，提出了资本市场效率性理论，为投资组合理论的应用奠定了基础。

现代投资理论发展至今已经是一门较成熟、完善的理论，它包括资本资产定价理论、资本市场的效率性理论、投资组合理论等组成部分，为投资者提供了分析证券市场、进行效率投资的方法。尽管现代投资理论建立在复杂的数学模型基础上，应用颇为繁杂，但它已为很多投资者特别是保险公司这样的机构投资者所采用。

（三）中国保险资金运用理论的探索和发展

中国保险资金运用理论的研究是在改革开放的形势下，在保险资金运用实践的基础上进行的。主要的研究内容和成果表现在以下几个方面：

1．关于保险金融性质的研究

关于保险的金融性质的研究开始于 20 世纪 80 年代初，主要围绕保险是否属于金融范畴、怎样认识其金融性质、如何发挥其金融作用等问题而展开。理论界首先对保险的特性进行了分析，认为保险是一种经济保障劳务商品，属于金融商品的范畴，因而具有金融性质。一些学者提出了保险的金融性质的内涵是指众多投保人以保险人为金融中介、以保险单为金融资产，运用金融市场机制，相互融通补偿资金，从而使被保险人的资产得到保障的一种特殊金融方式。

在论证了保险的金融性质和融资职能的基础上，理论界普遍认为保险资金运用是保险金融性质的具体表现。为了发挥中国保险业的金融职能，保险公司应直接运用保险基金，建立和完善保险资金运用体制，以扩大保险基金的积累，增加保险企业的盈利。

2．关于保险资金运用基本原则的研究

目前，国内学者对保险资金运用原则的具体表述虽有所不同，但所反映的思想基本是一致的。首先，都强调保险资金运用的安全性、收益性和流动性三条原则。这三条原则事实上是所有资金运用的基本原则，反映的是资金及资金运用的共性，但由于保险资金自身的特殊性，三条原则的协调关系又有不同于其他类型资金运用的特点。其次，从保险资金来源的社会性及保险资金运用对社会经济生活的重大影响出发，一般学者都认同保险资金运用要兼顾自身的经济效益和社会效益，因此，一般也把社会性作为保险资金运用的一条原则。此外，近几年来随着风险管理理论和实践的发展，许多学者也从企业财务和风险管理的角度，提出保险资金运用的匹配原则、多样化及分散性原则；但本书认为，这些原则更多地是安全性、收益性和流动性原则在实践中的体现，是保险资金运用实践中的措施与实现安全性、收益性和流动性的方法及手段。

3．关于保险资金运用形式的研究

理论界在涉及关于保险资金运用形式的研究领域之初，就提出了选择资金运用形式的依据，认为要在不背离保险资金运用基本原则的前提下来进行，保险资金运用形式应取决于保险基金的性质、特点和资金运用的效益，以及政府对保险资金运用的法律限制。在借鉴了西方发达国家的实践经验的基础上，有的主张将不动产投资、贷款、购买有价证券和存款作为保险资金运用的基本形式，有的还主张将寿险保单贷款、与保险系列有关的企业投资也列入保险资金运用的范围。随着近几年中国金融市场的发展、金融工具和信用方式的多样化，保险理论界还大胆探讨了保险资金运用形式创新的课题，为保险资金运用新业务的开拓提供了可靠的理论依据。尤其是在证券投资方式多样化和可行性研究上，理论界对证券投资的各种证券品种、各种方式的可行性以及策略性选择和运作步骤都做了较为详尽的探讨，为近几年保险企业证券投资业务的发展奠定了良好的理论基础。

4．其他方面的研究

除以上几个方面外，中国保险界还对"保险资金的运动规律"、"资金运用的必要性与可行性"、"可用资金的来源规律"等方面作了深入的探讨，使整个保险资金应用理论体系日趋完善。

通过以上分析，总结得出保险资金运用理论体系结构图（如图8.1），此体系分为基本原理、基础理论、应用理论三个部分，每个部分的侧重点不同，却能够相互联系。

- 保险资金运用理论体系
  - 基本原理部分
    - 资产负债管理理论
    - 现代投资理论
    - 保险资金的金融性质
    - 保险资金的运动规律
    - 保险资金运用的必要性与可行性
  - 基础理论部分
    - 可用资金的来源规律
    - 资金运用的基本方法和理论
      - 流动性管理理论
      - 安全性管理理论
      - 盈利性管理理论
  - 应用理论部分
    - 各种业务的操作实务研究
    - 保险资金运用的经营管理
    - 保险资金运用的创新等

图 8.1　保险资金运用理论体系

二、国内外保险企业资金运用的实践

（一）西方国家保险资金运用现状

在保险业发达的国家和地区，随着经济的高速发展和金融资产的多样化，保险公司的投资形式也表现为多样化。多样化的投资形式，一方面满足了社会的需求，另一方面也降低了保险投资的风险。保险发达国家的保险公司的投资收益比较理想，较高的投资回报率不仅可以弥补保险业承保业务的亏损，而且还有剩余使保险业的综合利润率接近甚至超过社会平均利润率（表 8.1）。

表 8.1 发达国家保险经营指标（单位：%）

	美国	加拿大	英国	法国	意大利	日本
赔付率	77.5	73.4	75.4	84.5	85.7	56.7
费用率	27.4	32	32.5	22.5	27.1	35.7
承保结果	-6.5	-5.7	-7.9	-8.3	-14.1	3.3
净投资结果	18.8	16.5	24.6	15.4	15.8	12.4

资料来源：瑞士再保险公司，Sigma，2001 年第 5 期。

1. 西方国家保险资金营运情况

以美、英、德、日为例，他们在资金营运上都遵循国际惯例，但他们的投资模式却是不同的，其根本原因就是每个国家有不同的国情，包括不同的保险投资历史和保险投资环境，保险投资环境又包括宏观经济环境、资本市场状况、保险行业特征和社会投资理念等。其中资本市场状况是影响保险投资的最关键因素，资本市场的现实状况是保险投资监管的既定前提和主要依据，资本市场的结构在一定程度上决定着保险投资的结构，资本市场的效率与稳定性在一定程度上决定着保险投资的效果。美、英两国直接金融居主导地位，证券市场十分发达，所以保险公司主要投资于有价证券，投资回报率也很高。但由于管理等方面的原因，英国资本市场的稳定性不如美国市场，导致了在投资效果上也有所区别。同时，美国资本市场以债券为主，而英国证券市场以股票为主，表现在保险投资结构上就是美国保险投资结构以债券为主，而英国保险投资结构以股票为主。

相反，德国和日本资本市场上以间接金融为主，直接金融为辅，所以保险公司投资于银行和信贷领域的比重较英美要高，而银行贷款和信贷投资回报率显然要低于证券市场，所以，德日两国的保险投资收益率不如英美高（见表 8.2）。

表8.2　2001年主要发达国家的投资收益比较　（单位：%）

	美国	日本	英国	德国
保费收益率	-8.2	0	-8.48	0.51
投资收益率	14.4	8.48	11.15	8.72

2.西方国家保险资金营运模式

保险资金营运模式与保险资金营运的组织机构是紧密联系的。保险资金的营运模式主要有四种：专业化控股资金营运模式、集中统一资金营运模式、内设投资部资金营运模式和外部委托资金营运模式。

（1）专业化控股资金营运模式，是指在一个集团或控股公司下设立保险公司和投资公司。见图8.2：

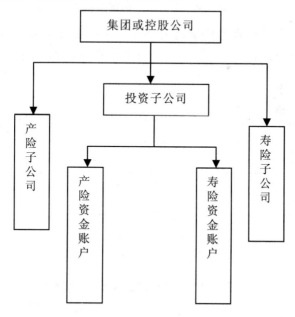

图8.2　专业化控股资金营运模式

（2）集中统一资金营运模式，是指在一个集团或控股公司下设立产、寿险子公司和投资子公司。见图8.3：

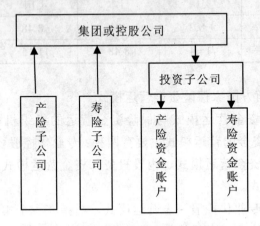

图 8.3　集中统一资金营运模式

（3）内设投资部资金营运模式，是指在保险公司内部设立专门的资金营运管理部门，由此部门负责整个保险公司的资金营运。见图8.4：

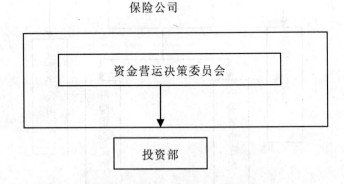

图 8.4　内设投资部资金营运模式

（4）外部委托资金营运模式，是指保险公司将全部的保险资金委托给外部的专业投资公司进行资金运用管理，保险公司按照保险资金的规模支付相应的管理费等委托费用给投资公司。见图 8.5：

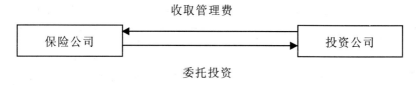

图 8.5　外部委托资金营运模式

从西方国家保险业资金营运模式来看，国际保险集团多采用集中统一资金营运模式（图 8.3）。如英国保诚集团（Prudential Corp.）、美国通用电器资金服务公司（GE Capital Services）等，都是在同一集团或控股公司下设立专业的产险子公司、寿险子公司和投资子公司，由投资子公司进行专业保险资金营运管理。

（二）中国保险资金运用的改革过程及现状

1．资金运用的改革过程及取得的成果

中国的保险资金运用经历了一个曲折的发展过程，有成功的经验，也走过一些弯路。自保险业恢复发展到 1995 年《保险法》颁布实施的十几年里，中国的保险资金运用一直处于探索阶段。保险业在不断实践中初步培育了保险投资意识，探索了保险投资渠道，积累了保险投资经验，但同时也出现了投资理念不成熟、投资制度不完善、风险管理机制不健全等问题。1995 年《保险法》颁布实施之后，特别是 1998 年中国保监会成立以后，针对保险资金运用中存在的问题，采取综合措施，深化改革，健全机制，保险资金运用步入规范发展阶段，并取得长足进步。主要表现在以下四个方面：

（1）拓宽了保险资金运用渠道，构建了较合理的保险投资结构

1995 年 6 月颁布的《保险法》规定保险资金运用限于银行存

款、国债、金融债和国务院规定的其他资金运用方式。但随着保险市场的加速发展和保险业改革的深入,保险资金规模不断扩大,对增加投资渠道、分散投资风险提出了现实需求。为此,中国保监会加大了拓宽保险资金运用渠道的力度,1999 年允许保险资金进入同业拆借市场,投资企业债券、证券投资基金和同商业银行办理大额协议存款;2003 年 7 月开始允许保险资金投资中央银行票据;2004 年 3 月允许保险资金投资银行次级定期债务,6 月允许保险资金投资银行次级债券,7 月允许保险资金投资可转换公司债券,8 月允许保险外汇资金境外运用,10 月允许保险资金直接投资股票市场。间接投资基础设施项目和其他运用渠道也在研究过程中,资金运用渠道逐渐拓宽。资金运用渠道的拓宽,为保险资金运用分散投资风险、增加投资机会、提高投资能力、构建合理的投资结构、培育新的盈利模式创造了有利条件。

2006 年随着国务院 23 号文件发布,《保险资金间接投资基础设施项目试点管理办法》、《关于保险机构投资商业银行股权的通知》、《保险机构境外投资管理办法(修订稿)》出台,保险资金运用取得了全方位的突破,投资渠道已涵盖从金融投资到实业投资、从债权投资到股权投资、从境内投资到境外投资等各个方面,保险资金投资业绩创历史最好水平。2006 年,保险机构积极进行资产配置,优化固定收益类资产结构,加强流动性管理,提高资金使用效率,投资收益率显著提高。截至 2006 年底,保险公司资金运用累计实现收益 950 多亿元,平均收益 5.8%。

(2)强化了投资风险意识,健全了保险资金运用风险管理机制

确保资金安全是保险资金运用的首要任务,在有效控制风险的前提下管好、用好资金是保险资金运用的根本原则。为此,近年来,中国保监会不断加大改革力度,通过优化保险公司法人治理结构和加强风险管控机制建设,有效防范保险资金运用风险。2004 年 4 月,中国保监会下发了《保险资金运用风险控制指引》,

对保险公司资金运用过程中的风险识别、评估、管理和控制的组织结构、制度安排和措施方法提出全面要求，督促各保险公司建立风险防范制度，加强风险内控机制建设，有效防范和化解金融风险。此外，结合保险资金直接入市作了托管制度安排，引入第三方独立托管制度。这些措施对提高保险资金运用的安全性、防范不良资产的发生发挥了重要作用。

（3）推行保险资金集中化和专业化运作模式，深化资金运用管理体制改革

建立保险资金集中化、专业化的运作模式，是保险公司稳健经营的客观内在要求，也是防范投资风险的现实需要，更是国际保险业资产管理的通行做法。近几年来，中国保监会一直致力于推动保险资金集中化、专业化运作机制的建设工作。目前，大部分保险公司都建立了专门的资金运用部门和专业投资队伍。2003年7月，中国人保资产管理公司的成立，标志着中国保险资金运用专业化建设进入了新阶段。特别是2004年5月，中国保监会颁布了《保险资产管理公司管理暂行规定》，这为保险资产管理公司队伍的壮大提供了法规保障。2004年6月，中国人寿资产管理公司也宣告成立。

2006年，泰康、太保等五家保险资产管理公司和友邦保险资产管理中心相继挂牌成立，以集中管理和专业化运用为导向的保险资金运用体制初步形成，保险机构的投资团队初步建立，专业化水平不断提高，市场竞争能力显著增强。同时，保险资产管理功能不断完善，第三方金融服务业务取得快速发展，保险资产管理公司开始向综合资产管理机构演进。他们先后成功地开拓了企业年金投资管理业务，接受了其他保险公司委托进行股票投资等业务的试点，并介入短期融资券承销业务，积极开展投资咨询业务等。

（4）建立健全监管法规，加强保险资金运用的有效监管

外部监管是确保保险资金安全、防范和化解保险资金运用风险的重要保证。近年来，中国保监会十分重视保险资金运用监管工作，在放开企业债券、基金、银行次级债、境外投资、直接入市等渠道的同时，制定相应的管理办法，采取制度先行、严格监管、加强调控、逐步放宽的监管政策。2003年11月，中国保监会设立了保险资金运用监管部，专门执行保险资金运用渠道管理和风险监管工作，推动了保险资金运用监管朝着更加专业化的方向发展。

2. 主要保险公司资金运用结构现状

随着保险监管的逐渐完善以及资本市场的不断发展，中国保险资金运营的规模也随之扩大，保险业的资产结构也在逐步调整。从表8.3可以看出，中国主要保险公司（中国人保、中国人寿、太保等）的资产结构中，现金和银行存款在资产中的比重都明显偏高。

表8.3　中国主要保险公司资产结构变化状况　（单位：%）

年份	现金与存款	投资	固定资产	其他	合计	认可资产占比
1990	62.9	21.3	9.3	6.5	100	88.6
1991	54.7	21.6	9.4	14.3	100	85.1
1992	46.3	21.0	12.1	20.6	100	81.4
1993	39.4	26.6	13.3	20.7	100	80.6
1994	43.9	26.9	11.6	17.6	100	81.6
1995	49.8	14.8	17.7	17.7	100	82.2
1996	48.4	19.6	17.5	14.5	100	83.7
1997	47.3	20.2	17.2	15.3	100	78.4
1998	42.6	34.6	13.2	9.6	100	83.5
1999	40.1	42.3	11.0	6.6	100	83.65
2000	39.1	46.9	8.8	5.3	100	87.3
2001	44.8	41.2	9.1	4.9	100	89.2
2002	53.2	38.4	8.2	1.4	100	90.2
2003	49.9	40.2	9.2	0.7	100	90.5

1990 年前现金和存款的比例在 60％以上，从 1992 年开始下降到 50％以下，在 1993 年和 1994 年比重比较低，但 1995 年后这一比重又上升到近 50％，直到 1999 年后又开始下降。可见，一直以来中国保险公司的现金和银行存款是资金运用的主要形式，这种投资运用流动性和安全性较好，但是盈利性比较差。

统计显示，截至 2005 年 7 月底，在所有投资中，用于国债投资的保险资金达到 3295.73 亿元，比上年同期增加了 1334.95 亿元，同比增长 68.08％；用于证券投资基金的保险资金首次超过千亿大关，达到 1036.85 亿元，比上年同期增加 368.81 亿元，同比增长了 55.21％；比上个月增加 151.43 亿元。7 月底，保险行业对债券的投资比例已经超过了银行存款的比例；债券市场今后将会得到保险行业、保险资金的更大关注。目前，债券是中国保险公司在国际市场上选择的主要投资品种，其本金有保证、期限较长、收益相对稳定，既能满足保险资金对安全性和收益性的要求，也能满足保险公司资产负债匹配的需要。

综上所述，保险资金的运用是保险公司提高竞争力的重要手段之一。由于保险竞争异常激烈，保险公司通过承保得到的利润变得非常微薄，这就更加突出了国际保险市场上的变化——保险资金运用越来越成为保险公司持续经营的保障。保险资金运用对于保险公司价值的创造和实现具有重要作用，可以断言，资金运用能力越强的保险公司，其竞争力就越强。

第二节　保险企业资金运用与价值链

保险企业向顾客提供产品和服务的整个过程一般分为若干个相互独立又彼此相关的战略活动，如市场开发、展业、承保、理赔、资金运用等等。在第四章，根据保险企业经营管理的特殊性分析了保险企业自身的价值链。资金运用作为保险企业价值链上重要的一个环节，一方面需要分析并研究其在保险企业价值链中的地位与作用，另一方面资金的合理运用也对价值链的完善和优化提出了要求。下面继续对这两个方面进行重点分析。

一、资金运用在保险企业价值链中的地位

（一）资金运用是价值创造的主要环节

在第二章的分析中，提出了一个简单而又清晰的价值链结构（图 2.5），这个结构列出了保险企业价值链中主要的几个环节，资金运用是其重要组成部分，也是价值创造的主要环节。

1．保险行业负债性决定了资金运用在价值链中的重要地位

保险企业的直接业务经营具有负债性，以负债方式筹集的保险基金从总体上讲，将在保险责任发生或期限届满时返还给被保险人，而且在商品经济条件下，这种返还除了本金外还必须包含一定的增值。对保险企业来说，通过保险资金运用实现直接业务所预定的资金增值是其最基本的作用。通过合理的资金运用，保险企业能够实现其负债业务和资产业务的合理匹配，保证保险企业履行保险直接业务中承担的义务。

2．资金运用环节是保险企业价值链的利润体现

企业之间价值链的差异就是企业竞争优势的来源。价值链包括价值活动和利润，价值活动是企业从事的物质上和技术上的界限分明的各项活动，价值链列示了总价值，利润是总价值与从事各种价值活动的总成本之差。

在保险企业中，虽然很多环节都参与价值创造，但整个价值链上利润主要体现在承保、销售环节和投资环节。主要形式是直接业务利润（通常称为承保利润）和投资利润。承保利润是指保险公司就本公司主营业务即从事接受风险保障业务所产生的来源于风险业务本身的利润。对非寿险业务来说，不考虑利息因素，

即假定保费收入和风险成本及营运成本是同时发生的，主要是保费收入减去风险成本和营运成本。对于寿险业务来说，主要是用毛保费的现值减去损失成本支出的现值以及营运成本支出的现值，其来源于利差异、费差异和死差异。对再保险业务来说，是当期保费收入与转回的各种准备金之和减去提取的各项准备金与已付赔款及费用之和。投资收益是指保险公司通过对外投资所获得的利润、股利等。投资收益对于保险公司来说是比较重要的，保险公司不仅可以通过投资收益来获取承保利润，而且可以通过投资收益来弥补承保不足。

企业的首要任务是创造利润、求得生存，在整个价值链上，虽然每个环节都创造价值，但从利润体现这个角度来看，资金运用在该环节具有显著作用。

（二）资金运用实现了保险价值链的价值循环

在第四章的分析中，本书观点是，保险企业的价值链是指一些相互关联的保险单位通过相互间和内部的各种联系而传递价值的网链结构模式。在这个界定中，价值的收集、组织、选择合成就是价值创造过程，而数据、信息、知识的传递过程同时也就是价值的流动过程。

自主地运用保险资金，可以使保险业的经营效果与物质利益进一步挂钩，促进保险业产生增加盈利的内在动因，不断扩大保险业务量，利用负债性资金的时间差进行运用，进一步增加盈利，由此增加保险基金，支持业务进一步扩大。如此形成价值链的良性循环，使保险企业竞争力逐步加强。

以下从几个方面详细分析资金运用对价值链其他环节的促进作用。

1. 资金运用对产品开发环节的推动

20 世纪 70 年代寿险产品的创新一方面有来自保险市场竞争加剧的原因，另一方面保险投资方式多样化，投资组合更趋于灵活，也是寿险产品创新的原因，保险资金运用是推动寿险产品创新的重要因素之一。在低风险、低收益的资产组合约束下，保险公司只能设计低风险、高费率、预期收益率低的寿险产品。反之，多元化、更灵活的保险投资组合必将催生更具竞争力和吸引力的创新型保险产品。

2. 资金运用对承保环节的促进

保险资金的积累主要有三种形式：第一，依靠扩大保险业务经营的广度和深度来增加承保的规模，增加保费收入，保险企业通过这种方式实现保险基金积累的同时，相应扩大了自身所承担的保险责任。第二，依靠改善保险经营和风险管理，降低费用率和赔付率，从而降低保险经营成本，增加直接业务经营的利润来积累保险基金。第三，通过保险企业对保险资金的合理运用，获取对外投资收益，积累保险资金。保险资金的积累证明了承保业务与投资业务之间互动发展的关系，即保费累积的速度快、规模大，则保险资金运用的规模大，更有利于保险投资方式的组合，提高保险投资收益就有可能；反过来，保险投资收益提高，增加保险公司盈利，有助于增强公司的实力，使其有能力开发更具竞争力、更能吸引消费者的保险产品，从而扩大承保面，提升保费的筹集能力，加快保险资金的积累速度和扩大规模。

3. 资金运用对偿付能力、风险管理能力的加强

从国外保险发达国家的保险实践来看，资金运用收益不仅是特定保险责任准备金增值的主要来源，而且也是保险总准备金的重要来源。此外，保险资金运用收益还相应增加了保险企业其他形式的自有资金的积累，提高了保险企业的偿付能力。可见，保险资金运用有利于增强保险企业的财务稳定性，提高保险企业应付巨灾风险的能力。

保险资金的积累性是指保险资金随公司保户不断增加，保费筹集规模从小到大，逐渐积累形成。其积累速度的快慢、积累规

模的大小主要取决于保险产品的竞争力和公司的盈利能力。

（三）资金运用在价值链中的地位日趋突出

保险资金运用为保险企业的经营开辟了新的利润渠道，随着保险业的发展，保险企业的经营发生了巨大的变化，从主要依靠直接业务经营获取利润逐渐转化为更多地依赖保险资金运用来获取利润。由此可见，资金运用在价值链中的地位更加突出。

当今，在发达国家中，投资收入对保险人至关重要。上世纪70年代以来，保险市场竞争激烈，保险费率不断降低，保险收入已不足以应付赔款支出和费用开支。投资收入不仅成为保险人利润的主要来源，一部分甚至还要用来弥补承保亏损。可以说，保险人通过保险资金运用来取得投资收入，已成为其存在和发展的必要前提条件之一。

表 8.4　2004 年上半年两家保险公司承保利润和投资收益情况

（单位：百万元）

单位	承保利润		投资收益		经营利润
	金额	占经营利润之比	金额	占经营利润之比	金额
中国人寿	-445	-11.8%	4232	111.80%	3787
中国平安	-1106	-60%	2948	160%	1842

资料来源：卢晓平，《三保险公司中报全分析》，《上海证券报》，2004 年 9 月。

二、资金运用相对于保险企业的独立属性

对于保险业来说，其资金运用有自身独立的属性，不同于经济学上的投资概念，也不同于一般企业的自有资金运用。经济学意义上的投资一般是指固定资产或者流动资产等实质资产的投资，主要着眼于现实资本存量的增加和使用以及现实生产能力的扩大。

保险资金运用所强调的是一种金融性投资，主要是以获取金

融收益为目的，而不以增加自身资本存量为目的；尽管保险资金运用中包含不动产等实质资产的投资，但这种实质资产投资的目的在于直接获取租金收入和资本增值，而不是以投入运用为目的，因而从保险企业的角度来看，仍然是一种金融性的投资活动。

虽然保险业的资金运用属于金融性范畴，但其资金运用与其他金融行业相比较，也存在着独特之处。下面对保险业资金运用的独立属性进行简要分析。

（一）保险企业资金运用与一般企业自有资金运用的区别

保险人的保险资金运用同企业的自有资金运用有所不同。企业的自有资金运用，顾名思义，来源于企业经营中暂时闲置的资金，它的资金运用属于直接融资的范畴，其资金运用方式和资金运用规模除了公司法有关保护股东权益的规定以外，通常没有严格的管理，其资金运用不当将直接影响企业正常营运的资金需求，影响股东权益，但其影响远远小于保险人和银行的资金运用不当所可能带来的广泛的影响。因此，对企业自有资金运用的管理不那么严格，其资金运用的方式和资金运用的比例很大程度上取决于投资经理个人的风险偏好。而保险投资是一种组合投资，市场有效组合与投资者个人的风险偏好是无关的，风险资产的价格取决于资产期末现金流、风险量、市场风险价格和无风险利率。

（二）安全性是保险资金运用的首要原则

保险公司可以运用的资金来源中除较小比例的自有资本外，主要来源于投保人缴纳的保险费形成的保险基金、保险人的资本金和未分配利润等，从性质上讲实际上属于公司负债。为此，将安全性作为保险资金运用的首要原则，要求保险公司的资金运用必须稳健，遵循安全性原则，并保证资产的保值增值。这就要求保险公司确保保险投资的所有资产可实现价值不少于保险公司总负债的价值。

（三）保险企业的负债性经营对资金运用有较高的收益要求

保险企业直接业务经营中存在的保险费收支时间差，使大量的资金以保险基金的各种形式滞留于保险企业内部，形成可运用保险资金的主要组成部分。其中以损失期望为依据提存的具有特定责任内容的准备金，以相当大的概率基础确认为保险企业的负债。保险基金的负债性决定了它们不能作为业务盈余在企业所有者之间分配，而只能由保险企业加以运用和管理，以备履行未来的赔付责任。负债性本身意味着本金和利息的双重返还，因此，可运用保险资金的负债性对保险资金运用不仅具有安全性要求，而且有增值性要求。

对寿险业而言，其资金运用的收益性要求直接反映在其保单的预定利率上，这一资金来源所预定的收益率是寿险资金运用的最低收益率标准，如果寿险资金运用不能达到这一收益率标准，将导致负债现值的增加，经营亏损，并最终导致保险企业偿付能力降低。对产险业务来说，虽然传统上计算保险费率时并没有考虑投资收益的问题，但保险市场竞争的日益激烈以及其他风险管理技术对保险的替代性，使得产险的定价必须具有竞争力，以反映市场可接受的风险成本水平。

近年来，保险业内外部竞争日益激烈，从保险业内部竞争来看，赔付率偏高，甚至超过 100%，这样就导致承保利润通常为负值，保险企业直接业务经营不仅不能获得利润，而且还有可能亏损，保险企业的整体收益在某种意义上讲就取决于资金运用收益，这使保险资金运用的收益性越来越受到保险企业的重视。

（四）保险企业更强调资金运用与负债的期限匹配

保险业负债期限的特殊性决定了其保险资金运用期限与其他金融行业有着较大的不同。一般而言，寿险资金运用的期限较长，产险资金运用的期限较短。从资产负债匹配的角度看，负债有期限的返还决定了资金运用的期限必须与之相匹配。当然，由于保险企业的连续经营，新的负债可以形成对旧负债的替代（新保单的保险费收入可以用于旧保单的赔付支出），从而使保险企业能将部分的短期资金作长期运用。保险资金来源的这种连续性一定程度上使资金运用的期限可以超越保险资金来源的期限结构。另外，仅就保险资金来源负债返还的期限而言，长期的资金来源作短期的运用是不受限制的。但是这两种期限不匹配的保险资金运用都是有条件的，最终要受保险资金来源和远期市场收益率的限制。根据保险资金来源的期限结构匹配保险资金运用是保险资金来源对保险资金运用的又一要求。

（五）保险资金运用更强调社会性

由于保险本身所具备的社会保障性，另外保险资金也来源于广泛的社会经济单位缴纳的保险费，因此保险资金运用必须兼顾自身经济利益和社会公共利益，使保险资金运用发挥更大的社会效益。由于保险直接业务经营和资金来源本身的社会性，因而政府关于保险资金运用的法规及政策一般都体现社会性要求，因此保险资金运用应自觉强调社会性、兼顾社会公共利益，这也是法律和政策的要求。此外，保险资金运用于交通、能源、民用住宅建设等直接或间接有利于被保险人的项目也有助于扩大保险的影响，提高人们的保险意识，增加保险资金的来源。

三、资金运用通过价值链优化对保险企业竞争力的影响

保险企业资金运用作为保险企业价值链中的重要一个环节，同样也与价值链系统的其他活动有着密切的联系。上节已经分析了资金运用在价值链中的重要地位，从另一个角度来说，要实现保险资金的合理运用，使其具有高度的价值创造能力，资金运用对保险企业整体的价值链系统，以及各个价值活动也有较高的要求。同时，保险资金运用也存在着其价值链外部联系，特别是其资金运用过程中需要直接面对一些金融机构。下面分别从资金运

用对内部价值链、外部价值链两个方面的作用进行分析，研究其对保险企业经营竞争力的影响。

（一）对内部价值链的作用

通过内部价值链分析，可以找出作业链中哪些环节能增加企业价值，哪些无助于增加企业价值，从而制定优化企业内部价值链的策略。保险企业的价值体系包括三个基本组成部分：保险企业价值链系统、保险企业主要价值活动以及保险企业辅助价值活动。保险企业价值链主要价值活动构成了保险企业价值链的主体，此外，还有一些辅助活动作为保险企业价值链的重要组成。以下对保险资金运用的价值链体系要求逐一进行分析。

1. 对保险企业价值链系统的要求

保险企业的发展不只是增加价值，还要重新创造价值。在保险价值链系统中，不同的经济活动单元（保险公司、保险营销渠道以及顾客）通过相互作用共同创造价值，而此时所实现的价值已不再受限于具体险种的产品本身的物质转换，还有资金运用的作用。

从资金运用这个角度来看，对价值链系统的要求主要体现在整个价值链价值的传导性强弱方面，其决定了资金运用所创造的价值是否最终会传导至公司的最终价值。从实务来看，一些具有投资功能的险种，其资金运用的效果也要考虑能否最终增加企业和顾客的价值。这就要求从整体上对价值链系统进行优化，使资金运用创造的价值更好地面向企业和消费者传递。

2. 对保险企业主要价值活动关键环节的要求

（1）对产品设计环节的要求

前面分析了合理的资金运用对产品设计的推动作用，从另一个角度来看，资金运用同时也对产品设计环节提出了要求。保险产品的特点需与资金运用的方式及投资组合相匹配，这种要求尤其体现在具有投资性质的保险险种上。具体来说，保险公司的资金运用在市场风险、市场预期收益率、市场利率等方面需要产品设计环节的相互协调。多元化、更灵活的保险投资组合需要更具竞争力和吸引力的创新型保险产品。

（2）对基础业务经营的要求

保险公司资金主要来自资本金、非寿险责任准备金（包括到期责任准备金、赔款准备金、长期责任准备金、总准备金）、寿险责任准备金、保险保障基金和其他资金。由于保险公司经营的特殊性，保险公司资产中绝大部分资产是投资性资产，可用于投资的保险资金相当大部分来自保费收入，如果主营业务环节如核保、销售等经营状况不良的话，将影响保费收入来源，影响保险公司正常的现金流，进而影响保险公司正常的资金运用的稳定性。

（3）对风险管理、偿付能力环节的要求

保险公司资金运用的初衷在于保险公司资产的保值增值，这要求保险公司有很强的资本运作能力和对保值增值度的把握。如果保险公司忽略资本市场和金融市场存在的高风险，把握不好保值增值的"度"，保险公司的正常经营就会面临很大的风险。这就要求资金运用必须完善风险管理制度，并在考虑公司偿付能力的前提下，进行合理安排。

3. 对保险企业辅助价值活动的要求

在任何一家保险企业，各种基本活动和辅助活动都在一定程度上存在，并对竞争优势起着一定的作用。对于保险企业，虽然基本活动和辅助活动的重要性是不同的，但辅助价值活动在价值链体系中一般不可缺少。辅助价值活动不但可能给保险企业带来有形及无形的价值，更大程度上的作用在于对基本活动的信息支持和平台保障上。

与保险资金运用相关的辅助价值活动包括资金管理人力资源的优化，资金运用的战略规划，资金托管、合作伙伴的选择，资金投资组合的研发等。这些辅助活动是整个价值体系中重要的组成部分。要做到保险资金的有序、高效运作，就应该加大对这些辅助价值活动、研究的投入，同时建立完善的辅助活动管理机制，为保险资金运用提供强有力的后勤保障。

（二）对外部价值链的作用

资金运用与价值链的联系还存在于企业价值链与供应商、渠道价值链和买方价值链之间，同时还包括与竞争对手的价值链联系。前者为纵向联系，后者为横向联系。对于保险资金运用而言，其价值链外部联系也包括纵向和横向两个方面，纵向联系主要是保险资金运用相关的上下游金融机构或其他企业；横向联系主要是与竞争对手的比较。因此，它们各自的活动以及它们与保险企业资金运用的价值链间的各种联系都会为增强企业的竞争优势提供机会和挑战。

1．纵向价值链分析

纵向联系是指客户价值链与供应商、销售渠道价值链之间的联系。后者往往对客户活动的成本和效益产生影响，反之亦然。通过纵向价值链分析，可以帮助企业制定整合上下游企业的策略，并有助于确定在宏观产业链条中企业的进入点及在该链条中应占有哪些环节。

对于保险资金运用而言，其外部纵向价值链联系取决于保险资金运用的方式。由于各国经济发展状况和法规管理上的差别，保险资金运用的方式也不完全相同，但一般来说都包括银行存款、债券、贷款、股票和不动产等方式，所以保险资金纵向价值链联系对象包括银行、政府、发行企业债券的公司、证券公司、信托公司、基金公司、不动产企业等。

对外部价值链联系的分析应该分三个层次：首先是选择资金运营模式，不同的资金运营模式决定了与联系对象的联系紧密度，在运营模式确定的前提下，就是对合作者和资金运用对象的选择，其资产规模及信用级别应该是首先考虑的方面；然后才是合作的方便性和优惠性；最后就是资产投资组合的选择，在安全性第一的前提下兼顾收益性和流动性。

2．横向价值链分析

企业竞争优势的取得主要基于两个战略，即低成本战略和差异化战略。横向价值链分析侧重于企业产品之间的差异化分析，差异化战略是横向价值链分析的核心内容。通过对自身和竞争对手的分析，创造或识别产品的差异性，并最大限度地利用这种差异性为实现企业经营目标服务。

对于保险资金运用而言，通过横向价值链可以分析比较竞争对手资金运用的相关价值链，确定其竞争状态和实力，从而制定出行之有效的竞争策略。对于不同的保险公司资金运用进行横向价值链分析，也要注重采取低成本化和差异化战略，在投资功能充满竞争力的前提下优化资金运用的价值链，降低各个环节的运用成本，形成成本优势；对资金运用价值链作业活动如资金运用管理模式、投资比例、金融服务合作伙伴实力等进行对比，以观察对手的竞争状态和实力，并分析其差异性，从而制定出有效的竞争策略。

综上，保险企业进行资金运用时，应对价值链的内部联系、外部联系给予高度的关注。对这些联系进行规划，既可以提供独特的成本优势，又可以此为基础将产品或服务与其他企业区分开来，实现差异化。而竞争者常常会仿效企业的某项活动或某个行为，但却很难抄袭到价值链之间的这些联系。保险资金运用越来越成为保险公司持续经营的保障,资金运用能力越强的保险公司,其竞争力就越强。

第九章

结 论

2004年底中国保险市场履行入世承诺，开始全面开放，中国保险业的竞争愈加激烈。在这种复杂的经营背景下，我们提出从价值链角度来研究保险企业经营竞争力。

首先，本书提出了对保险企业竞争力的科学评判方法。本书以此为切入点，面对多维度的保险企业竞争力系统，选取同样具有多维特性的衡量休系。本书以竞争力理论中的价值链理论作为本书的理论依据和分析工具，通过构造保险企业的经营价值链，将反映其竞争力的不同方面按照科学、合理的顺序在价值链上加以体现。也即本书进行了一个创造性的转化，将对保险企业竞争力的研究转向对保险企业经营价值链的研究，通过对保险企业价值链上关键要素的考察，得到其价值链优化的现实选择，由此提升保险企业经营竞争力。

在使用价值链理论研究时，本书非常突出保险企业的经营特点；同时，相对于其他研究保险企业竞争力的文献，本书又通过保险企业的价值链将经营各环节紧密联系，并找到了提升保险企业竞争力的一般规律和内在逻辑。本书从理论上和框架上对保险公司价值链和竞争力的逻辑关系进行了研究。运用价值链理论进行分析有助于保险企业明确认识其所面临的竞争优势和自身劣势所在。在保险行业里，不同的保险企业价值链总是千差万别的，通过引进战略管理的有关视角，将价值链理论的归宿和保险企业经营以及竞争力提升联系起来。

本研究最终得出关于价值链优化和竞争力提升两方面的结论。当然，这种区分并不是绝对的，因为价值链分析的目的就是对相应环节进行改进，实现价值链的优化。当价值链上各关键环节处于良好的匹配时，保险企业的资源得到更好的配置，竞争力必然获得提升。从这个角度看，价值链优化在先，是原因；竞争力提升在后，是结果。

首先，从保险企业价值链优化角度考察，得到如下结论：

第一，本书相比于其他研究来说，应用科学的方法与相对较新的数据，对中国财险公司与寿险公司竞争力指标体系进行经验分析。本书认为判断中国保险企业竞争力情况需要通过多指标的动态体系进行科学判断，不能仅凭主观推断，必须以科学合理的研究方法加以考察。分析的结果认为尽管当前中国保险市场仍然是规模与效率并重，但是财险市场与寿险市场各有特点，财险市场更加注重经营效益，寿险市场更加注重规模。

第二，保险企业的价值链系统包括了保险企业本身的价值活动和对现代保险商品价值实现至关重要的保险营销渠道，以及促成保险商品最终实现的消费者三方面内容。消费者的购买最终实现了保险产品的价值，再向上依次分配到营销渠道与保险企业中去。保险企业价值链主要价值活动构成了保险企业价值链的主体。在保险企业辅助价值活动中则包含了竞争力的提升与竞争策略的制定；此外，还有一些辅助活动作为保险企业价值链的重要组成。根据价值链理论，保险企业价值体系包括三个方面含义：一是保险企业各项活动之间都有密切联系,如新险种推出时机的计划性、及时性和协调一致性与保险企业对市场的研究、自身发展战略、偿付能力等有密切联系。二是扩展的价值体系中每项活动都能给保险企业带来有形无形的价值,如销售咨询这条价值链上的环节,如果密切注意消费者所需或做好核保理赔服务,就可以提高保险企业信誉从而带来无形价值,同时还可以控制保险公司的支出成本。三是保险企业价值体系不仅包括保险企业内部各价值链活动,而且更重要的是,还包括保险企业外部活动,如与银行等各种营销渠道之间的关系,与消费者之间的联系等等。

第三,根据不同情况,保险企业可以采取不同的竞争战略来提高自身竞争力。在中国,不同组织形式的保险企业有着不同的竞争优势以及价值链的结构,反映保险企业经营成本的具体指标的背后就隐藏着保险企业的关键战略。低成本是一个笼统的说法,对于不同组织形式,甚至任何一家独立的保险企业都有所差异。差异化可能表现为低成本环节不同和降低成本采取的方式不同。通过第五章的实证分析可以清晰地看出,一方面,无论在投入角度,还是产出角度,不同保险企业价值链差异明显。另一方面,发现可以降低成本的经营环节后,如何实施则是一个更加复杂的问题,这要视保险企业不同经营环节的运行规律而定,一般来说,既然不同环节负责不同任务,其改进方式也是各不相同的。

保险企业应用差异化战略提高竞争优势,在此战略的指导下,保险企业通过提供消费者密切关注的保险产品在产业内独树一帜。利用消费者对保险企业品牌的忠诚以及由此产生的对价格的敏感性下降,最终使保险企业避开恶性价格竞争。差异化经营来源于差异化,而保险企业之间最为基本的差异在于产权关系的不同,而这一差异反映在现有保险公司方面则是组织形式的不同。正是因为保险企业组织形式的不同,才造成其筹措资金、扩张规模的能力进而模式有所差异。而这又直接影响到保险公司经营行为，毕竟金融保险集团和中小规模股份制公司在产品开发、营销策略、投资等具体经营流程方面的行为模式反差是很大的。

保险企业还可以应用集聚战略提高竞争优势，实施该战略要求保险企业能够以更高的效率、更好的效果，为某一狭窄的战略对象服务。目标集聚战略更多地涉及中外资中小规模保险企业的经营与竞争力提升。

其次，从保险企业竞争力提升角度考察，得到如下结论：

第一，数据包络分析结果将 2005 年中国财险市场上的公司分为两大类——有效率的公司和没有效率的公司。有效率的公司指的是在既定保险市场竞争格局和经营价值链的配比下，没有必要调整价值链上关键竞争要素的比例关系和结构，即可保持其竞争优势的保险公司。无效率的保险公司在三个主要的投入要素方面都还存在可以进一步改进的空间。当前中国财险公司价值链存在的主要问题在于组织形式、治理结构以及综合因素，中国寿险公司价值链存在的主要问题在于人力资源、治理结构以及综合因素。通过对中国财险公司和寿险公司连续三年数据的观察，可以发现，中国当前保险市场上没有哪家保险公司可以保持长久的竞争优势，这是由保险市场中竞争环境变化过快和中国保险公司适应能力相对滞后共同导致的。

第二，组织形式的形成实际是制度选择问题，既是以前经营的结果，也是当前经营的背景。经营竞争力是在不同形式的保险组织的基础上得以维系的，不同组织形式的保险企业在经营竞争力的侧重点选择和相应的提升做法领域各不相同，也就是说，组织形式是经营竞争力的一个基础。当然，从降低交易成本角度考虑的话，组织形式也可以由此进入扩展的保险企业价值链体系。不同组织形式的保险企业应该结合企业形式的特点，通过整合价值链来充分发挥各个环节的作用，从而提升企业经营竞争力。正如本书所一直强调的，组织形式产生融资形式，进而决定资金流向，从而影响保险企业的经营行为。对组织形式特点的关注和研究最终有助于实现保险企业价值链优化和竞争力提升。

第三，保险企业通过进行与其他企业不同的风险管理活动或是构造与其他企业不同的风险管理体系来取得差异化经营的竞争优势。在内部制度的约束下，保险企业价值链得到改进，从而企业竞争力得到提升。如果说保险企业经营价值链上各环节是"结点"的话，那么以风险管理、内部控制、公司治理等为代表的内部制度可以认为是连接各结点的"关系"或"联系"运行的规律。本书观点是"关系"和"结点"至少同等重要。保险公司作为市场经营主体，经营风险的过程就是价值创造的过程，因此风险管理作为保险公司经营的业务本身就是价值链增值的过程。保险企业风险管理技术的差异是保险企业经营差异性的一个潜在体现。保险企业全面风险管理贯穿了企业的整个经营过程，在保险企业风险管理的价值活动中增进差异性就是要求保险企业能够控制和引领各种影响风险管理差异性的驱动因素。

第四，保险资金的运用是保险企业价值链系统中一个重要的环节，同时也是保险公司提高竞争力的重要手段之一。保险资金运用越来越成为保险公司持续经营的保障，资金运用能力越强的保险公司，其竞争力就越强。究其本质，投资可以确保保险企业在承保业务领域利润少时获得稳定的资金流入。进一步来说，如果从保险企业组织形式导致其融资结构的特点角度考察，作为资金运用的投资与组织形式也是统一的，最终都将提高保险企业的价值以及竞争力，只不过是资金流和价值流的差异而已；而且在根本上，资金流也可以归属于价值流。

最后，在本书完成的基础上尚存在需要进一步研究的问题和方向。保险公司的经营竞争力是一套复杂的、包括多主体的体系，不同的主体之间的关系并不是静止的，而是处于不断发展之中的。本书所进行的保险企业经营竞争力研究，是针对中国保险业特殊发展环境下的已经发生的情况所进行的研究。尽管可以很好地总结近年来中国保险企业竞争力的发展变化趋势，并从方法论角度对未来提高保险企业竞争力具有一定的借鉴作用，但仍然是一个相对静态的理论体系。而保险企业竞争力瞬息万变，未来的发展无法预测，因此仍需要进一步进行核心竞争力的动态管理研究，深入发掘影响保险企业经营竞争力的制度方面的因素。

参考文献

[1] 金碚. 竞争力经济学. 广东：广东经济出版社，2003

[2] 波特. 竞争战略. 北京：华夏出版社，2001

[3] 波特. 竞争优势. 北京：华夏出版社，2001

[4] 波特. 国家竞争优势. 北京：华夏出版社，2001

[5] 加里·哈梅尔，C. K. 普拉哈拉德，王振西译. 竞争大未来. 北京：昆仑出版社，1998

[6] 裴光. 中国保险业竞争力研究. 北京：中国金融出版社，2002

[7] 江生忠. 中国保险产业组织优化研究. 北京：中国社会科学出版社，2003

[8] 江生忠. 中国保险业发展报告2003～2005. 天津：南开大学出版社，2005

[9] 石新武. 开放条件下的保险业竞争力. 北京：中国财政经济出版社，2004

[10] 王慧炯. 产业组织及有效竞争——中国产业组织的初步研究. 北京：中国经济出版社，1991

[11] [德]柯武钢，史曼飞. 制度经济学——社会秩序与公共政策. 北京：商务印书馆，2003

[12] 康芒斯. 制度经济学（上）. 北京：商务印书馆，1998

[13] 陶存文. 中国保险交易制度成本研究. 博士论文复印本，2004

[14] [美]Y. 巴泽尔著，费方域等译. 产权的经济分析. 上海：上海三联书店，1997

[15] 林汉川. 中国中小企业发展机制研究. 北京：商务印书馆，2003

[16] 黄横学. 市场创新. 北京：清华大学出版社，1998

[17] 安德鲁·坎贝尔等. 核心能力战略：以核心竞争力为基础的战略（中译本）. 大连：东北财经大学出版社，1999

[18] 白树强. 全球竞争论. 北京：中国社会科学出版社，2000

[19] 彼得·诺兰，王小强. 战略重组：全球产业强强联手宏观透视. 北京：文汇出版社，1999

[20] 曹远征. 中国国际竞争力发展报告（1996）. 北京：中国人民大学出版社，1997

[21] 查尔斯·汉普-特纳，阿尔方斯·特龙佩纳斯. 国家竞争力：创造财富的价值体系. 海南：海南出版社，1997

[22] 陈宝森. 美国跨国公司的全球竞争. 北京：中国社会科学出版社，1999

[23] 陈禹，谢康. 知识经济的测度理论与方法. 北京：中国人民大学出版社，1998

[24] 大卫.J. 科利斯，辛西娅·蒙哥马利. 公司战略——企业资源与范围. 大连：东北财经大学出版社，2000

[25] 狄昂照，吴明录，韩松等. 国际竞争力. 北京：改革出版社，1992

[26] 韩中和. 企业竞争力——理论与案例分析. 上海：复旦大学出版社，2000

[27] 华伟. 世纪交锋——国家竞争力报告. 上海：东方出版中心，1999

[28] 黄顺基. 走向知识经济时代. 北京：中国人民大学出版社，1998

[29] 蒋学伟. 持续竞争优势. 上海：复旦大学出版社，2002

[30] 金碚. 中国工业化经济分析. 北京：中国人民大学出版社，1994

[31] 金碚. 中国工业国际竞争力——理论、方法与实证研究. 北京：经济管理出版社，1999

[32] 金碚. 产业组织经济学. 北京：经济管理出版社，1999

[33] 方开泰. 实用多元统计分析. 上海：华东师范大学出版社，1986

[34] 于秀林，任雪松. 多元统计分析. 北京：中国统计出版社，1999

[35] 李维安. 公司治理学. 北京：高等教育出版社，2005

[36] 李明辉. 公司治理：全球趋同研究. 大连：东北财经大学出版社，2006

[37] 曾小青. 公司治理——受托责任与审计委员会制度研究. 大连：东北财经大学出版社，2005

[38] [美]玛格丽特·M.布莱尔著，张荣刚译. 所有权与控制——面向 21 世纪的公司治理探索. 北京：中国社会科学出版社，1999

[39] [美]乔治·E.瑞达著，申曙光译. 风险管理与保险原理. 北京：中国人民大学出版社，2006

[40] [美]COSO 制订发布. 企业风险管理——整合框架. 大连：东北财经大学出版社，2005

[41] 孙蓉，彭雪梅. 中国保险业风险管理战略研究. 北京：中国金融出版社，2006

[42] 王一佳，马泓，陈秉正. 寿险公司风险管理. 北京：中国金融出版社，2003

[43] [德]D. 法尼. 保险企业管理学. 北京：经济科学出版社，2002

[44]　马明哲. 挑战竞争. 北京：商务印书馆，1999

[45]　[日]植村信保著，陈伊维等译. 日本财产保险业的变化及对策. 北京：机械工业出版社，2005

[46]　唐运祥. 中国非寿险市场发展研究报告（2005）. 北京：中国经济出版社，2005

[47]　吴定富. 中国保险业发展蓝皮书（2004～2005）. 北京：中国广播电视出版社，2006

[48]　李凤鸣. 内部控制学. 北京：北京大学出版社，2002

[49]　张宜霞，舒惠好. 内部控制国际比较研究. 北京：中国财政经济出版社，2006

[50]　陈文辉. 寿险公司内部控制建设与监管. 北京：人民出版社，2005

[51]　北京保监局. 寿险公司内部控制研究. 北京：经济科学出版社，2005

[52]　牛成喆. COSO 框架下的内部控制. 北京：经济科学出版社，2005

[53]　李心丹. 基于 DEA 方法的保险公司效率分析. 现代管理科学，2003，3

[54]　候晋，朱磊. 我国保险公司经营效率的非寿险的实证分析. 南开经济研究，2004，4

[55]　赵旭. 关于中国保险公司市场行为与市场绩效的实证分析. 经济评论，2003，4

[56]　江生忠. 回顾 2004 年中国保险市场. 中国商业保险杂志，2004，6

[57]　陈同扬，赵顺龙. 企业能力理论的演进与辨析. 学海，2004，3

[58]　唐运祥. 论经济全球化和内地保险业的发展. 保险研究，2002，2

[59] 顾锋,周甜. 诚信是保险公司发展的核心竞争力. 保险研究, 2002,8

[60] 林玉良. 入世后中国人保竞争力研究. 中国保险管理干部学校学报,2002,4

[61] 钱红. 论入世后中资保险公司核心竞争力的培育. 保险研究,2002,10

[62] 金碚. 产业国际竞争力研究. 经济研究,1996,11

[63] 林青松,李实. 企业效率理论与中国企业的效率. 经济研究, 1998,7

[64] 林毅夫. 现代企业制度的内涵与国有企业改革. 经济研究, 1997,3

[65] 刘兵,李光金,刘军琦. 企业成长与核心能力. 西南民族学院学报,2001,8

[66] 刘东. 核心竞争力:企业成长的超久能源. 企业改革与管理, 2000,5

[67] 刘力. 多元化经营及其对企业价值的影响. 经济科学,1997, 3

[68] 刘世锦,杨剑龙. 核心竞争力:企业重组中的一个新概念. 中国工业经济,1999,2

[69] 钱颖一. 理解现代经济学. 经济社会体制比较,2002,2

[70] 师萍,曾艳玲,张炳臣. 一种简便实用的经营业绩评价方法——沃尔比重法的使用与改进. 中国软科学,2000,2

[71] 张金昌. 中国的劳动生产率是高还是低. 中国工业经济, 2002,4

[72] 郑传均,李自如. 企业成长理论探讨. 湘潭大学社会科学学报,2001,4

[73] 郑玉歌. 全要素生产率的测算及其增长的规律. 数量经济技术经济研究,1998,10

[74] 肖芸茹. 构建优良的评价保险企业的指标体系. 南开经济研究, 1999, 2

[75] 施建祥, 赵正堂. 保险企业核心竞争力及其评价指标体系研究. 现代财经, 2003, 8

[76] 姚壬元. 保险公司竞争力评价指标体系的构建. 石家庄经济学院学报, 2004, 4

[77] 刘新立, 董峥. 论我国保险公司的整合风险管理. 保险研究, 2003, 2

[78] 邓静. 论保险公司整合性风险管理. 江西财经大学学报, 2006, 1

[79] 雷星晖, 杜学美. 保险公司全面风险管理系统研究. 上海管理科学, 2002, 1

[80] 费方域. 什么是公司治理. 上海经济研究, 1996, 5

[81] 欧伟. AIG 丑闻对我国保险经营的启示. 中国保险报, 2005-9-4

[82] 李克穆. 完善保险公司治理结构. 2004 年 5 月 19 日"北京国际金融论坛"讲话

[83] 李维安, 曹廷求. 保险公司治理: 理论模式与我国的改革. 保险研究, 2005, 4

[84] 张维功. 健全治理结构提高保险公司竞争力. 保险研究, 2005, 10

[85] 张茵仙, 王锦萍. 论完善国有保险公司的内部控制机制. 保险研究, 2004, 5

[86] 刘京生. 加强新形势下的保险公司内控制度建设. 中国金融, 2003, 3

[87] 张玉辉. "三个中心"管理模式带来的变化及思考. 中国保险报, 2004-2-12

[88] 王成辉, 江生忠. 我国保险业竞争力诊断指标体系及其应用.

南开经济研究，2006，5

[89] 江生忠，王成辉. 论相互制保险公司在中国的发展. 保险研究，2006，10

[90] Allen N. Berger & J. David Cummins & Mary A. Weiss & Hongmin Zi.Conglomeration versus Strategic Focus: Evidence from the Insurance Industry. Finance and Economics Discussion Series, 1999-40, 1999

[91] Berger, Allen N. & Cummins, J. David & Weiss, Mary A.The Coexistence of Multiple Distribution Systems for Financial Services: The Case of Property-Liability Insurance.Journal of Business, University of Chicago Press, Vol. 70(4), 1997

[92] Cummins, J.D., and M.A. Weiss.Analyzing Firm Performance in the Insurance Industry Using Frontier Efficiency and Productivity Models. In: G. Dionne, ed., Handbook of Insurance (Boston, MA: Kluwer Academic Publishers), 2001

[93] Cummins J. D., Nini Gregory P.Optimal Capital Utilization by Financial Firms: Evidence from the Property-Liability Insurance Industry.Journal of Financial Services Research, Vol. 21, 15-53, 2000

[94] Cummins, J. David, Maria Rubio-Misas and Hongmin Zi.The Effect of Organizational Structure on Efficiency: Evidence from the Spanish Insurance Industry. Journal of Banking and Finance. - ISSN 0378-4266. - 28 (2004), 12; str. 3113-3150, 2002

[95] Hardwick, Adams and Zou Hong.Corporate Governance and Cost Efficiency in the United Kingdom Life Insurance Industry.EMBS Working Paper 2003/1, European Business Management School, University of Wales Swansea, 2003

[96] Shazali Abu Mansor and Alias Radam.Productivity and Efficiency Performance of the Malaysian Life Insurance Industry.Jurnal Ekonomi Malaysia. 34:93-105, 2000

[97] Thitivadee Boonyasai, Martin F. Grace, Harold D. Skipper, Jr.The Effect of Liberalization and Deregulation on Life Insurer Efficiency.Working Paper No. 02-2, Center for Risk Management and Insurance Research, Georgia State University, Atlanta, GA, 2002

[98] Ahn, T., V. Arnold, et al., DEA and Ratio Efficiency Analyses for Public Institutions of Higher Learning in Texas, Research in Governmental and Nonprofit Accounting, 1989, 5: 165-185

[99] Dan Horsky, R. Rao.Estimation of Attribute Weights from Preference Comparisons. Management Science, 1984, 30(7): 801-822

[100] Muhittin Oral, Alevo. Zkan.An Empirical Study on Measuring Industrial Competitiveness. Journal of the Operational Research Society, 1986, 37:345-356

[101] Aneel Karani.Generic Competitive Strategies: An Analysis Approach, Strategic Management.Journal, 1984, 5:367-380

[102] Porter, Michael E.Competitive Strategy: Techniques for Analyzing Industries and Competitors, Free Press, New York, 1980

[103] Ari Ginsberg.Measuring and Modeling Changes in Strategy: Theoretical Foundations and Empirical Directions. Strategic Management Journal, 1988, 9:559-575

[104] Biplab K. Dutta, Willian R. King.A Competitive Scenario Modeling System.Management Science, 1980, 26(3):261-273

[105] G. Hamel, C.K. Prahalad, Competing For the Future, Harvard

Business School Press, Boston, MA, 1994

[106] Lee, Yong S.Technology Transfer and Public Policy in an Age of Global Economic Competition: Introduction to the Symposium.Policy Studies Journal, Vol. 22, No. 2, 1994

[107] N.Venkatraman, John E. Presscott. Environment-Strategy Coalignment: An Empirical Test of Its Performance Implications. Strategic Management Journal, 1990, 11, 1-23

[108] G.Edward Fox, Norman R. Baker.Economic Models for R&D Project Selection in the Presence of Project Interactions. Management Science, 1984, 320(7): 890-902

[109] Cummins, D. J., S. Tennyson, and M. A. Weiss.Consolidation and Efficiency in the US Life Insurance Industry.Journal of Banking and Finance, 23:2-4 (1999), 325-357

[110] David Cummins &Weiss.Measuring Cost Efficiency in the Property-Liability Insurance Industry.Journal of Banking and Finance 17, 463-481

[111] Andrew M. Yuengert.The Measurement of Efficiency in Life Insurance: Estimates of A Mixed Normal-gamma Error Model.Journal of Banking and Finance 17(1993), 483-496

[112] Boot & Thakor.Self-Interested Bank Regulation.American Economic Review, 1993, Vol.83

后 记

　　本书是在我的博士学位论文基础上进一步修改完成的。本书的完成，首先要感谢我的指导教师江生忠教授，江教授为人通达，睿智博学，治学严谨。多年来，恩师言传身教，我一路跟随恩师从硕士生读到博士生，得到学业上的悉心指导、提携和生活上的热心关爱、帮助。特别是在本书的写作和完善过程中，倾注了恩师大量的心血。对恩师的感激之情，一语难以言表。

　　感谢母校南开大学多年的培养，我先后于1996年、2002年、2007年获得理学学士、经济学硕士、经济学博士学位。学业上的进步以及留校工作的原因，使我深切感受到母校深厚的学术氛围和悠远的文化传承，受益匪浅。

　　本书的完成，还要特别感谢南开大学风险管理与保险学系的诸位老师，求学期间得到了刘茂山教授、肖芸茹教授、李秀芳教授、朱铭来教授、张连增教授、祝向军副教授、李冰清副教授等全系老师的鼎立支持。另外，还要特别感谢商学院的申光龙教授，他对本书中的管理学理论进行了指导和把关。这里，我愿借片纸来表达我对所有老师的诚挚感激之情。

　　此外，在本书的写作过程中，得到很多师兄弟们的大力帮助，他们是蒲成毅、张钦辉、邵全权、张兴、高志强、李多、范志法、何斌，他们在材料的收集等方面提供了无私的帮助。尤其是邵全权师弟提出了很多有益的建议，其中的实证分析内容许多都得益于他的启发和帮助。这里，再次感谢他们的帮助。还要感谢南开大学经济学院的出版资助，使本书得以顺利出版。

在我过去的三十多年中，父母、兄长和亲友们为我所作出的无私奉献，实在无法用语言描述。没有他们的支持和鼓励，就不可能有我的今天。感谢我的妻子王瑾，在我攻读研究生期间，她积极支持我的学习，生活上荣辱与共，其中甘苦、得失，外人是不可能理解和体会的。

作为学习的汇报和总结，本书献给所有指导、关心我的师长、领导、同学和亲人们！

由于本人知识所限，本书一定还存在诸多不足之处，敬请批评指正。

王成辉

2008 年 10 月